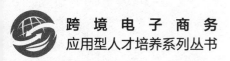
跨境电子商务应用型人才培养系列丛书

跨境电子商务运营与管理

主　编◎隋东旭　邹益民　段文奇

清华大学出版社
北京

内容简介

本书以培养适应跨境电子商务和网络经济发展需要的应用型、高层次专业人才为目标，根据跨境电子商务工作的主要内容以及能力要求设计教学内容。本书共包括九章，主要有跨境电子商务导论、跨境电子商务的经营策略、跨境电子商务平台分析、跨境电子商务平台选择、跨境电子商务平台（1）——Wish、跨境电子商务平台（2）——速卖通、跨境电子商务平台（3）——亚马逊、跨境电子商务平台（4）——eBay、跨境电子商务的其他平台。

本书主要供跨境电子商务、电子商务、市场营销、国际贸易等相关专业的学生学习"跨境电子商务运营"课程使用，也可作为企事业单位电子商务的培训教材，以及作为从事跨境电子商务相关工作的企业管理人员和业务人员的参考书。

本书封面贴有清华大学出版社防伪标签，无标签者不得销售。
版权所有，侵权必究。举报：010-62782989，beiqinquan@tup.tsinghua.edu.cn。

图书在版编目（CIP）数据

跨境电子商务运营与管理 / 隋东旭，邹益民，段文奇主编．—北京：清华大学出版社，2024.5
（跨境电子商务应用型人才培养系列丛书）
ISBN 978-7-302-66230-3

Ⅰ．①跨…　Ⅱ．①隋…　②邹…　③段…　Ⅲ．①电子商务—运营管理　Ⅳ．①F713.365.1

中国国家版本馆 CIP 数据核字（2024）第 096760 号

责任编辑：邓　婷
封面设计：刘　超
版式设计：文森时代
责任校对：马军令
责任印制：刘　菲

出版发行：清华大学出版社
网　　址：https://www.tup.com.cn，https://www.wqxuetang.com
地　　址：北京清华大学学研大厦A座　　　邮　编：100084
社 总 机：010-83470000　　　　　　　　　邮　购：010-62786544
投稿与读者服务：010-62776969，c-service@tup.tsinghua.edu.cn
质量反馈：010-62772015，zhiliang@tup.tsinghua.edu.cn
印 装 者：北京同文印刷有限责任公司
经　　销：全国新华书店
开　　本：185mm×260mm　　　印　张：13.75　　　字　数：325 千字
版　　次：2024 年 5 月第 1 版　　　　　　　印　次：2024 年 5 月第 1 次印刷
定　　价：59.80 元

产品编号：089026-01

前　言
Preface

互联网正在不断影响着传统国际贸易的方式与手段，而跨境电子商务作为一种新型国际贸易手段，使得位居不同国家的交易主体能够方便快捷地完成进出口贸易中的展示、洽谈与成交等活动，并通过跨境物流或异地仓储送达商品、完成交易，从而实现传统国际贸易流程的电子化、数字化和网络化，成为各国经济增长的新引擎，是开放型经济转型升级的新动力。

跨境电子商务作为国家积极推动的一种新型贸易发展方式，是培育外贸竞争新优势的重要举措之一。为支持跨境电子商务的发展，近年来，国家在出台的多个政策文件中都提到了要促进跨境电子商务发展，也先后出台了相关的扶持政策和补贴计划，商务部、中共中央网信办、国家发展改革委三部门联合发布的《"十四五"电子商务发展规划》中明确提出，支持跨境电子商务高水平发展。鼓励电子商务平台企业全球化经营，完善仓储、物流、支付、数据等全球电子商务基础设施布局，支持跨境电子商务等贸易新业态使用人民币结算。培育跨境电子商务配套服务企业，支撑全球产业链、供应链数字化，带动品牌出海。继续推进跨境电子商务综试区建设，探索跨境电子商务交易全流程创新。加快在重点市场海外仓布局，完善全球服务网络。补足货运航空等跨境物流短板，强化快速反应能力和应急保障能力。优化跨境电子商务零售进口监管，丰富商品品类及来源，提升跨境电子商务消费者保障水平。加强跨境电子商务行业组织建设，完善相关标准，强化应对贸易摩擦能力，为中国电子商务企业出海提供保障和支撑措施。系统地学习跨境电子商务基础知识，是高等学校学生以及行业从业者适应科学技术和社会与经济发展的必然要求。

跨境电子商务的发展已经得到了各级政府和社会公众的一致高度关注，通过"互联网+外贸"发挥我国制造业大国的优势，实现优进优出，扩大海外营销渠道，促进企业与外贸转型成功。在此形势下，我国跨境电子商务产业发展迅猛，需要对跨境电子商务平台有更深的掌握与了解，同时需要大量优秀跨境电子商务人才，为我国跨境电子商务的不断发展添柴加薪。

本书共包括九章，主要有跨境电子商务导论、跨境电子商务的经营策略、跨境电子商务平台分析、跨境电子商务平台选择、跨境电子商务平台（1）——Wish、跨境电子商务平台（2）——速卖通、跨境电子商务平台（3）——亚马逊、跨境电子商务平台（4）——eBay、跨境电子商务的其他平台。

本书具有如下特点。

（1）体系完整，内容全面系统，理论与实践相结合。本书每章下设若干个学习任务，通过知识框架图、学习目标、关键词、技能实训以及章节巩固与测评等环节有机结合，培养学生专业的岗位技能、综合的职业素质。

（2）本书注重知识的系统性与实践的时效性相结合，通过"材料穿插、学训结合"的内容编排方式，让教师教得轻松，容易掌握课堂节奏，让学生学得有趣，学得扎实。

（3）保持教材内容的前沿性。在内容选取时，我们参阅了大量相关的教材、文献，并与我们自身相结合，将其科学、合理地融入教材，力争反映跨境电子商务平台的最新成果和发展前沿，积极参考国外近期出版的与跨境电子商务平台相关的各类资料，力争与最新的教学内容保持一致。

（4）将教材建设与课程建设紧密结合。除纸质版教材之外，我们还随书附带相关的电子课件、电子教案、教学案例库、教学大纲、教学检测卷等配套内容。

本书由邹益民、隋东旭、段文奇担任主编，并进行全书的统稿工作。由于编者水平有限，书中难免存在错误和疏漏之处，敬请专家和读者不吝赐教。

编　者

目　　录
Contents

第1章　跨境电子商务导论 1
- 1.1　跨境电子商务的发展背景、概念与特点 2
  - 1.1.1　跨境电子商务的发展背景 2
  - 1.1.2　跨境电子商务的概念 3
  - 1.1.3　跨境电子商务的特点 3
- 1.2　跨境电子商务发展概述 5
  - 1.2.1　跨境电子商务的发展现状 5
  - 1.2.2　跨境电子商务发展中的现存问题及对策建议 5
  - 1.2.3　跨境电子商务的发展趋势 7
- 1.3　与跨境电子商务发展有关的产业链及政策 8
  - 1.3.1　跨境电子商务产业链 8
  - 1.3.2　与跨境电子商务有关的法律法规 9
- 技能实训 13
- 章节巩固与测评 13

第2章　跨境电子商务的经营策略 14
- 2.1　跨境电子商务的商业模式 15
  - 2.1.1　跨境电子商务的主要商业模式 15
  - 2.1.2　进口跨境电子商务模式 18
  - 2.1.3　出口跨境电子商务模式 18
- 2.2　跨境电子商务供应链管理 19
  - 2.2.1　供应链的概念 19
  - 2.2.2　跨境电子商务物流供应链管理 19
- 2.3　跨境电子商务的品牌构建 21
  - 2.3.1　品牌定位与识别 21
  - 2.3.2　品牌传播与推广 25
  - 2.3.3　品牌战略与组合 28
  - 2.3.4　品牌更新与危机管理 31
- 2.4　跨境电子商务支付方案 34
  - 2.4.1　跨境电子商务支付市场 34
  - 2.4.2　第三方跨境电子商务支付 36

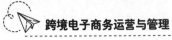

	2.4.3 跨境电子商务支付与外汇管理	39
	技能实训	41
	章节巩固与测评	42

第3章 跨境电子商务平台分析 ... 43

3.1 Wish 平台分析 ... 44
- 3.1.1 Wish 平台简介 ... 44
- 3.1.2 Wish 平台的优势 ... 44
- 3.1.3 Wish 平台的盈利模式 ... 45

3.2 速卖通平台分析 ... 45
- 3.2.1 速卖通平台简介 ... 45
- 3.2.2 速卖通平台的优势 ... 46
- 3.2.3 速卖通平台的盈利模式 ... 46

3.3 亚马逊平台分析 ... 47
- 3.3.1 亚马逊平台简介 ... 47
- 3.3.2 亚马逊平台的优势 ... 47
- 3.3.3 亚马逊平台的盈利模式 ... 48

3.4 eBay 平台分析 ... 48
- 3.4.1 eBay 平台简介 ... 48
- 3.4.2 eBay 平台的优势 ... 49
- 3.4.3 eBay 平台的盈利模式 ... 50

3.5 其他平台分析 ... 50
- 3.5.1 环球资源网 ... 50
- 3.5.2 中国制造网 ... 50
- 3.5.3 敦煌网 ... 51
- 3.5.4 Lazada 平台 ... 51

技能实训 ... 51
章节巩固与测评 ... 52

第4章 跨境电子商务平台选择 ... 53

4.1 跨境电子商务平台的选择标准 ... 54
- 4.1.1 目标客户 ... 54
- 4.1.2 平台卖家 ... 54
- 4.1.3 准入条件 ... 55
- 4.1.4 支付方式 ... 55
- 4.1.5 网上服务平台 ... 55
- 4.1.6 物流 ... 56
- 4.1.7 其他服务 ... 56

4.2 跨境电子商务平台的选择步骤 ... 56

4.2.1	了解各平台对于卖家的准入条件以及平台的相关规则	56
4.2.2	分析平台所针对的买家群体	57
4.2.3	掌握平台销售的商品信息和其他卖家的情况	57
4.2.4	熟悉网上服务平台的操作	58
4.2.5	了解平台所采用的支付方式	58
4.2.6	清楚平台的物流方式以及海外仓是否设立等情况	58
4.2.7	探索各大平台提供的其他服务	58

4.3 跨境电子商务不同类型平台的选择 59
    4.3.1 适合开展跨境 B2B 电子商务的平台 59
    4.3.2 适合开展跨境 B2C 电子商务的平台 61
    4.3.3 适合开展跨境 C2C 电子商务的平台 62
    4.3.4 适合开展进口贸易的电子商务平台 63
    4.3.5 跨境电子商务多平台运行的优势与难点 64

技能实训 66
章节巩固与测评 67

第 5 章 跨境电子商务平台（1）——Wish 68

5.1 Wish 平台的销售特点 69
    5.1.1 Wish 平台的商品推送原理 69
    5.1.2 Wish 平台的类目与商品策略 69
    5.1.3 Wish 平台的流量特点 69

5.2 Wish 平台的运营 70
    5.2.1 Wish 平台产品的刊登 70
    5.2.2 Wish 平台订单的发货与处理 73
    5.2.3 Wish 平台商品与店铺的优化要素 75
    5.2.4 Wish 平台的物流及售后 77

技能实训 79
章节巩固与测评 80

第 6 章 跨境电子商务平台（2）——速卖通 81

6.1 速卖通平台的运营策略 82
    6.1.1 速卖通平台的规则 82
    6.1.2 速卖通的客户服务 88
    6.1.3 速卖通的物流 92
    6.1.4 速卖通的收款与支付 96

6.2 速卖通平台的营销推广 102
    6.2.1 速卖通的店铺自主营销 102
    6.2.2 速卖通的平台活动 106
    6.2.3 速卖通的无线端营销 108

6.2.4 速卖通的推广与引流 108
6.3 速卖通平台的操作流程 115
　　6.3.1 速卖通平台的产品刊登与管理 115
　　6.3.2 速卖通的订单管理 126
　　6.3.3 速卖通的买家操作 141
技能实训 150
章节巩固与测评 151

第 7 章　跨境电子商务平台（3）——亚马逊 152

7.1 亚马逊平台的规则与费用 153
　　7.1.1 亚马逊平台的规则 153
　　7.1.2 亚马逊平台的费用 158
7.2 亚马逊平台的操作流程 158
　　7.2.1 亚马逊开店注册 158
　　7.2.2 亚马逊店铺操作 166
　　7.2.3 亚马逊运营优化策略 172
7.3 亚马逊的物流与推广 173
　　7.3.1 亚马逊物流 FBA 173
　　7.3.2 亚马逊站内推广 174
技能实训 177
章节巩固与测评 178

第 8 章　跨境电子商务平台（4）——eBay 179

8.1 eBay 平台的规则与费用 179
　　8.1.1 eBay 平台的规则 179
　　8.1.2 eBay 平台的费用 183
8.2 eBay 平台的物流与推广 184
　　8.2.1 eBay 平台的物流 184
　　8.2.2 eBay 平台的推广 186
技能实训 187
章节巩固与测评 187

第 9 章　跨境电子商务的其他平台 188

9.1 环球资源网 189
　　9.1.1 环球资源网平台的特点分析 189
　　9.1.2 环球资源网平台的操作 189
　　9.1.3 环球资源网平台的效果评估 193
9.2 中国制造网 194
　　9.2.1 中国制造网平台的特点分析 194
　　9.2.2 中国制造网平台的操作 194

9.2.3 中国制造网平台的效果评估 200
9.3 敦煌网 201
　　9.3.1 敦煌网平台的特点分析 201
　　9.3.2 敦煌网平台的操作 201
　　9.3.3 敦煌网平台的效果评估 205
9.4 Lazada 平台 205
　　9.4.1 Lazada 平台的操作 205
　　9.4.2 Lazada 的收付款 207
　　9.4.3 Lazada 的物流 207
技能实训 207
章节巩固与测评 208

参考文献 209

第1章 跨境电子商务导论

知识框架图

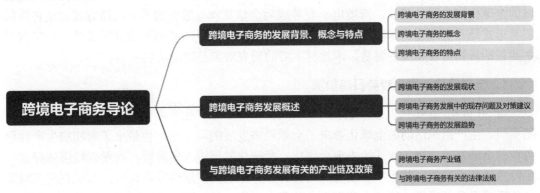

学习目标

- 了解跨境电子商务的概念;
- 掌握跨境电子商务的特点;
- 了解跨境电子商务的发展现状及发展趋势;
- 了解与跨境电子商务发展有关的产业链及政策。

关键词

跨境电子商务的概念　跨境电子商务的特点　跨境电子商务的现状及趋势　与跨境电子商务有关的产业链及政策

引例

打造外贸增长"新引擎"　连云港跨境电子商务通关环节全面打通

1.1 跨境电子商务的发展背景、概念与特点

1.1.1 跨境电子商务的发展背景

作为新型高效的交易环境和手段，电子商务正在从某一区域或经济体成员内部向跨境域的全球化交易服务延伸，跨境电子商务成为全球货物与服务的重要流通方式。这种新的贸易形式是在全球化、国际贸易和电子商务发展到新阶段的共同推动下形成的。跨境贸易主要包括货物贸易和服务贸易，本教材主要的研究对象是跨境货物贸易。

1. 全球经济一体化趋势日趋加深

自 20 世纪 70 年代以来，随着跨国公司的全球扩张，生产要素和活动在全球范围内开始重组，生产组织活动的全球化带来了全球经济发展的同步性，也带来了对相应生产性服务业的全球需求，服务业开始出现全球化，全球化发展进入新阶段；而新兴经济体经过一定阶段的高度发展，其生产和消费能力提升，开始逆向发展到发达地区，首先表现在对发达地区消费品的需求，这样全球生产、消费、市场一体化趋势愈加明显；国际组织和各国政府也在推动相关政策的制定，国家或区域间的自由贸易协定大量签订，推动贸易便利化以提高贸易过程中的效率。在多方面的推动下，全球信息和商品等流动更加自由，贸易全球化、无国界贸易进一步发展，跨境贸易日益频繁。

2. 跨境贸易进入转型期

近几年，贸易环境发生了较大的变化：一是敏捷生产和供应链管理理念的广泛应用，使得生产企业，尤其是跨国企业的全球采购行为发生变化，转向零库存管理；二是个人消费习惯的改变，伴随着信息技术而成长起来的新一代消费者，正在成为市场主力军之一，电子化、个性化、时尚化等思维特点正在驱动社会及商业领域的变革；三是风险规避需求的上升，尤其是近几年，经济发展高度不确定，这必然要求分散风险，推动传统跨境贸易形式发生变化。

因此，在跨境贸易的企业间市场，跨境贸易由大批量交易向小批量、多批次、短期、快速交易方式转变；在个人消费市场，由原有的自然人流动附带性购物转变为主动性、经常性的跨境购物，跨境交易快速增加，通常以快件和邮件的物流方式为主，使得个人小额、多次、多样化的碎片化交易跨境消费市场规模日益增长，从而推动商业化、规模化企业行为出现，逐渐形成新业态和产业，如海淘和跨境电子商务平台以及跨境电子商务服务商等。

3. 政府与政策红利的驱动

政府与政策的推力是巨大的，甚至能够起到决定性与导向性作用。在跨境电子商务成为全球热点后，各国政府纷纷开始重视跨境电子商务市场，出台了一系列政策推动其发展。跨境电子商务受到政策红利的驱动，进一步加快了发展步伐。以中国为例，据不完全统计，

近几年政府密集出台了诸多政策,旨在推动跨境电子商务的发展。2015年6月在圣彼得堡经济论坛期间,俄罗斯提出将拉动经济增长的源头从能源(石油、天然气、核电)开始转向互联网经济、物流与跨境贸易。在印度,政府实施新自由主义经济政策,涉及财政、货币、物价及外资等多个领域,为服务业的发展创造了环境。在澳大利亚,政府鼓励中小企业通过跨境电子商务渠道开拓海外市场,并通过中国电子商务平台"京东商城"与"1号店"促销试验。在拉美地区,中国电子商务平台与巴西等协商推动跨境电子商务业务等。

4. 电子商务逐渐由国内市场向国际市场拓展

电子商务具有天然的全球性,向全球市场的拓展是电子商务自身的必然发展。自经历了网络泡沫以后,美国等发达国家的电子商务保持长期上升趋势,电子商务的便利性已经成为个人消费者和企业的内在需求。

但近年来,一些领先地区国内市场的发展趋于饱和,网购渗透率提升空间已不大,这主要是由于北美和西欧地区的信息基础设施发展较为完善,市场发展较为成熟,网购渗透率比较高。而亚太等新兴地区电子商务增长远远超过上述地区,并在2012年首次超过西欧地区成为全球第二大市场。随着新兴地区信息基础设施的持续普及,新兴地区的电子商务领域将不断发展。这导致电子商务巨头目前纷纷高举国际扩张战略的大旗,积极走向全球化。同时,电子商务相关技术发展逐渐成熟,金融支付、物流体系等支撑体系日益完善,相关基础设施和法律体系逐渐形成,贸易便利化、电子数据交换与电子海关等政策、法规和标准在全球推行,使得跨境贸易电子商务的条件日益成熟。因此,在全球化进程加深,消费行为和习惯发生变化的背景下,电子商务成为跨境贸易转型的必然选择。

1.1.2　跨境电子商务的概念

跨境电子商务是指分属不同关境的交易主体,通过电子商务平台达成交易、进行支付结算,并通过跨境物流送达商品、完成交易的一种国际商业活动。

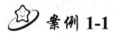

案例 1-1

杭州综试区直播公布首批 95 个海外服务网络试点企业

1.1.3　跨境电子商务的特点

跨境电子商务是基于网络发展起来的,网络空间相对于物理空间来说是一个新概念,是一个由网址和密码组成的虚拟但客观存在的世界。网络空间独特的价值标准和行为模式深刻地影响着跨境电子商务,使其不同于传统的交易方式而呈现出自己的特点。

1. 多边化

传统的国际（地区间）贸易主要表现为两国（地区）之间的双边贸易，即使有多边贸易，也是通过多个双边贸易实现的，呈线状结构。跨境电子商务可以通过 A 国（地区）的交易平台、B 国（地区）的支付结算平台、C 国（地区）的物流平台，实现其他国家（地区）间的直接贸易。与贸易过程相关的信息流、商流、物流、资金流由传统的双边逐步向多边演进，呈网状结构，正在重构世界经济新秩序。

2. 直接化

传统的国际（地区间）贸易主要由一国（地区）的进/出口商通过另一国（地区）的出/进口商集中进/出口大批量货物，然后通过境内流通企业的多级分销，最后到达有进/出口需求的企业或消费者。进出口环节多、时间长、成本高。跨境电子商务可以通过电子商务交易与服务平台，实现多国（地区）企业之间、企业与最终消费者之间的直接交易，其进出口环节少、时间短、成本低、效率高。

3. 小批量

跨境电子商务通过电子商务交易与服务平台，实现多国（地区）企业之间、企业与最终消费者之间的直接交易。由于是单个企业之间或单个企业与单个消费者之间的交易，相对于传统贸易而言，大多是小批量，甚至是单件。

4. 高频度

跨境电子商务是单个企业之间或单个企业与单个消费者之间的交易，而且是即时按需采购、销售或消费，相对于传统贸易而言，交易的次数或频率更高。

5. 数字化

传统的国际（地区间）贸易，主要是实物产品或服务交易。随着信息网络技术应用的不断深化，数字化产品（软件、影视、游戏等）的品类和贸易量快速增长，且通过跨境电子商务进行销售或消费的趋势更加明显。但关于"数字化"面临的一大挑战是，目前数字化产品的跨境贸易还没有纳入海关等政府相关部门的有效监管、贸易量统计、收缴关税的范围。

6. 快速演进

互联网是一个新生事物，在现阶段它尚处在幼年时期，网络设施和相应的软件协议的未来发展具有很大的不确定性。但税法制定者必须考虑的问题是网络，它像其他的新生儿一样，必将以前所未有的速度和无法预知的方式不断演进。基于互联网的电子商务活动也处在瞬息万变的过程中，在短短的几十年中，电子交易经历了从 EDI（电子数据交换）到电子商务零售业的兴起过程，而数字化产品和服务更是花样出新，不断地改变着人们的生活。

一般情况下，各国为维护社会的稳定，都会注意保持法律的持续性与稳定性，税收法律也不例外。这样一来，网络的超速发展与税收法律规范的相对滞后就会产生矛盾。如何将时刻都处在发展与变化中的网络交易纳入税法的规范，是税收领域的一个难题。网络的发展不断给税务机关带来新的挑战，税务政策的制定者和税法立法机关应当密切注意网络的发展，在制定税务政策和税法规范时要充分考虑这一因素。

跨国电子商务具有不同于传统贸易方式的诸多特点，而传统的税法制度却是在传统的贸易方式下产生的，必然会在电子商务贸易的管理层面漏洞百出。网络深刻地影响着人类社会，也给税收法律规范带来了前所未有的冲击与挑战。

1.2 跨境电子商务发展概述

1.2.1 跨境电子商务的发展现状

随着"互联网+"时代的来临，跨境电子商务已经站到了资本市场的风口上。跨境电子商务有望成为对冲出口增速下降的利器。近年来，随着国际贸易条件的恶化，以及欧洲、日本的需求持续疲弱，中国出口贸易增速放缓。而以跨境电子商务为代表的新型贸易近年来的发展脚步正在逐渐加快，并有望成为中国贸易乃至整个经济的全新增长引擎。

从结构上看，跨境出口电子商务的比例将长期高于跨境进口电子商务的比例，中国跨境电子商务的发展将始终以出口为主，以进口为辅。国家近年来力促跨境电子商务的发展，更多旨在扶持传统外贸企业借助互联网的渠道实现转型升级。

随着跨境物流、支付等环节问题的进一步突破和跨境电子商务企业盈利能力的进一步提升，未来行业将迎来黄金发展期。未来中国跨境电子商务重点将从B2C（企业对顾客）转向B2B（企业对企业），电子商务的B2B具有更大的发展潜力。特别是通过推动制造型企业上线，促进外贸综合服务企业和现代物流企业转型，从生产、销售端共同发力，成为跨境贸易电子商务发展的主要策略。

1.2.2 跨境电子商务发展中的现存问题及对策建议

1. 跨境电子商务发展中的现存问题

1）产品同质化严重

近几年跨境电子商务发展迅速，吸引了大量商家的涌入，行业竞争加剧。一些热销且利润空间较大的产品，如 3C 产品（计算机、通信和消费类电子产品三者结合，亦称信息家电）及附件等，众多跨境电子商务公司都在销售，导致产品同质化现象严重。各大跨境电子商务企业之间市场竞争十分激烈，尤其以价格竞争为主要手段，尝试着在发展初期快速抢占市场份额。价格恶性竞争，直接导致传统产品从"蓝海"快速跨越到"红海"，以消费电子产品、家用电器、服装与鞋类、化妆品、食物与饮料、婴幼儿用品等传统产品的表现最为明显。

2）缺乏品牌建设

跨境电子商务能发展起来，在很大程度上是源于中国制造大国的优势，即以价格低廉的产品吸引消费者。目前跨境电子商务行业中很多产品从一些小工厂出货，包括一些3C产品、服装等，整个产品质量控制相对来说存在一定的问题，大部分跨境电子商务企业还未涉及品牌化建设阶段。

3）通关壁垒

尽管基于互联网的信息流动畅通无阻，但货物的自由流动仍然受到关境的限制。对于各关境而言，对小额进出口货物的管理本身就是一个复杂的问题：完全放开小额进出口，不利于关境控制，容易给国家（地区）造成损失；而对小额进出口管制过严，必然会阻碍产业的发展，将出现更多不通过正规途径的地下交易。

4）跨境物流滞后

线上商品交易与线下货物配送是整个产业链中的上下两环，两者发展须相辅相成，当前跨境外贸电子商务的快速发展却让国际（地区间）物流运输渠道措手不及。跨境电子商务情况较复杂，且各国（地区）间政策差异较大，很难像内贸电子商务一样通过自建物流的方式来解决物流问题。跨境电子商务的物流周期是非常长的，中国到美国和欧洲一般要7~15天，到南美、俄罗斯会更长（25~35天）。除物流时间长之外，物流还存在投递不稳定的问题，收货时间波动很大，有时7天收到，有时20天收到。

5）人才缺失

跨境电子商务贸易在快速发展的同时，逐渐暴露出综合型外贸人才缺口严重等问题。跨境电子商务人才缺失主要有以下几个原因。

（1）语种限制。目前做跨境电子商务的人才主要还是来自外贸行业，以英语专业居多，一些小语种电子商务人才缺乏。但事实上，像巴西、俄罗斯、蒙古等国家，跨境电子商务具有很大的发展潜力，也是跨境电子商务企业应关注的重点。

（2）能力要求高。从事跨境电子商务业务的人才，除要突破语种的限制外，还要了解境外的市场、交易方式、消费习惯等，同时，还要了解各大平台的交易规则和交易特征。

基于以上两个原因，符合跨境电子商务要求的人才很少，人才缺乏已经成为业内常态。

2. 跨境电子商务发展的对策建议

1）构建跨境电子商务法律法规体系

与跨境电子商务规模快速发展形成鲜明对比的是，目前尚未建立针对跨境电子商务的法律法规体系。因此，构建跨境电子商务法律法规体系已经十分迫切。一方面，在跨境电子商务法律法规的制定过程中，既要以确定的安排弥补技术和信用的不足，又要给跨境电子商务发展创造相对宽松的法制环境，避免过度监管；另一方面，构建跨境电子商务法律法规体系，不仅需要新制定专门的法律法规，也需要合理解释原有法律和制定有利于跨境电子商务发展的配套法律法规。

2）完善跨境电子商务管理体制

跨境电子商务面临着比境内交易更为复杂的环境，我国在跨境电子商务的监管、结汇、税收等方面的管理还处于探索阶段，需要进一步完善管理体制。具体措施包括：制定与促进跨境贸易电子商务通关服务相关的配套管理制度和标准规范，完善跨境电子商务安全认证体系和信用体系，建立跨境电子商务的检验检疫监管模式，以及跨境电子商务产品质量的安全监管和溯源机制，优化海关、国检、国税、外管、电子商务企业、物流企业等之间的流程衔接。

3）打造跨境电子商务贸易平台

由于缺乏完善的跨境电子商务贸易平台，贸易双方的利益难以通过有公信力的第三方服务平台进行保障，特别是一直处于"半地下"状态的海淘。因此，建议打造公平、开放、具有公信力的跨境电子商务第三方服务平台，引进大型电子商务、进口免税、金融服务、百货企业、跨境物流等企业。通过监管服务模式创新、低成本便捷通关、便利缴税等举措，降低传统进出口环节成本，保证跨境交易具有质量保障、价格合理、税费透明、物流便捷、售后保障等优势，使平台能够成为全球商家面向中国消费者开展个性化服务的便利渠道。

4）加强跨境电子商务监管的国际（地区间）合作

跨境电子商务交易具有全球性特征，需要不同国家或地区之间有跨区域、跨文化、跨体制的监管合作。要探索针对跨境电子商务的新型国际（地区间）合作监管方式和方法，更好地保护消费者使用跨境电子商务服务的权益，促进跨境电子商务的健康发展。同时，还要积极参与跨境电子商务多边谈判，在跨境电子商务规则的制定中争取话语权，为境内企业参与竞争提供规则。

5）加强跨境电子商务行业自律

跨境电子商务行业的健康发展，固然离不开政策的规范指导及法律法规的约束，但也需要行业的自我约束。加强跨境电子商务行业自律，就是要鼓励跨境电子商务企业界、非营利性组织、第三方平台、评价机构等建立行业自律体系，推动跨境电子商务业务相关行业标准出台，对跨境电子商务的交易渠道、交易过程等环节进行内部规范，营造统一开放、竞争有序的跨境电子商务市场环境，促进跨境电子商务的快速、可持续、健康发展。

济南关区首单跨境电子商务保税零售进口　在潍坊综合保税区落地

1.2.3 跨境电子商务的发展趋势

在经济全球化以及电子商务快速发展的大趋势下，全球市场跨境网购需求空间巨大，国内跨境电子商务行业有望迎来新的发展契机。跨境电子商务行业成为整个电子商务行业追逐的热点，未来三年跨境电子商务规模增速有望超过30%。跨境电子商务交易平台也将向移动化、垂直化、本地化、高端化发展。

1. 移动化

中国电子商务研究中心监测数据表明,从欧美市场来看,移动消费需求巨大,消费者随时随地地享受购物为卖家带来更大的市场机会,而且移动端的交易具有更强的冲动性,因此转化率比传统 PC(个人计算机)端更高,利润也更高。

2. 垂直化

对于每一个跨境电子商务平台来说,都有自己的优势和忠实的用户群,或者是在某个国家或地区有重要的影响力,所以对特定的产品和用户群来说,对目标市场进行深耕细作也是十分重要的策略。从最近上线的跨境电子商务平台看,仅有少数几家是综合性的交易平台,其余都是在国家或者品类上垂直细分领域,其中以母婴、美妆、服饰类目最为普遍。

3. 本地化

随着物流配套的持续升级,尤其是海外仓模式的兴起,国内众多电子商务企业都在密集布局海外购物市场,将大宗货物直接备货在境外,让国外消费者享受本地化的物流和退换货服务。未来,跨境电子商务交易将提升本地化服务质量和水平。本地化服务竞争将成为未来跨境交易的关键点。

4. 高端化

全球市场对中国制造的选择也在逐渐发生转变,不仅只是以低价作为切入点,而是对中国制造的产品质量、品牌知名度、品牌影响力、信誉程度、产品价格等多方面因素进行综合考量。全球市场对中国制造选择的转变,表明全球市场对中国制造的进一步认可,且报以更高的期望,同时也表现出中国跨境电子商务未来发展的核心方向。

1.3 与跨境电子商务发展有关的产业链及政策

1.3.1 跨境电子商务产业链

1. 跨境电子商务的业务主体

1)跨境电子商务企业

跨境电子商务企业主要包括平台型企业和自营型企业两种。平台型企业主要提供信息服务和交易服务,包括 B2B 和 B2C 两种类型;自营型企业平台的所有商品均为海外生产或销售的正品,通过对商品的受欢迎程度和国内消费者一定时期内的购物记录进行大数据分析,有针对性地通过渠道批量采购商品至国内,最后在平台上架销售。自营型企业平台根据面向消费对象的不同分为 B2B 和 B2C 两种类型。

2)金融支付企业

跨境电子商务由于涉及跨境转账,其支付过程与国内电子商务采用的支付宝、微信支付、网银等收款方式差别较大。不同的跨境收款方式有不同的金额限制和到账速度。总体来看，跨境支付方式有两大类：一种是线上支付，包括各种电子账户支付方式和国际信用卡，由于线上支付手段通常有交易额的限制，所以比较适合小额的跨境零售；另一种是线下汇款模式，比较适用于大金额的跨境 B2B 交易。

3）物流运输企业

受制于地理、通关等因素，跨境电子商务的物流环节与国内电子商务有较大不同。目前常用的国际物流方式中，B2C 主要以商业快递（如 DHL、UPS、TNT 等）、邮政渠道（如中国邮政）、自主专线（如中东专线 Aramex、中俄专线 ZTO Express to Russia）等方式为主，B2B 主要以空运、海运和联运为主。

4）第三方综合服务企业

跨境电子商务第三方服务企业包括综合服务企业和营销、代运营企业。综合服务企业通常以电子商务公共服务平台为载体，为中小型企业提供进出口代理、通关、物流、退税、融资等外贸一站式外包服务，如世贸通、快贸通、易单网等。IT（信息技术）、营销、代运营企业主要为跨境电子商务企业提供跨境电子商务系统构建、技术支持、产品线运营、多渠道营销推广等服务，代表企业有四海商舟（BizArk）、畅路销（ChannelAdvisor）等。

2. 跨境电子商务产业链及各环节分析

生产厂商/制造商、批发商/零售商、金融支付企业、物流运输业以及第三方综合服务企业在跨境电子商务各类企业业务上的紧密衔接形成了跨境电子商务的产业链。

从事跨境电子商务的企业可以选择自营模式或借助跨境电子商务平台开展跨境电子商务业务，若需要获得技术、网络营销、代运营方面的支持，则可以借助第三方服务企业。跨境电子商务产业链中的物流企业和金融企业则分别为跨境电子商务业务提供物流和金融支持。

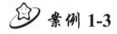

eWTP 比利时公共服务平台上线　为中欧跨境电子商务造风

1.3.2　与跨境电子商务有关的法律法规

跨境电子商务产业的快速发展给企业和社会带来了巨大的经济效益，同时也伴随产生了各种纠纷与问题，这既需要政府加强监管和引导，也需要经营者对跨境电子商务相关的法律法规有足够的了解，才能应对日益复杂的国际贸易。

当前，中国跨境电子商务法律法规可以分为三类。第一类是跨境电子商务法律法规，即跨境电子商务作为电子商务本身的法律法规，其关键在于应对新技术、新空间、新模式给电子商务带来的新挑战；第二类是跨境电子商务运营法律法规，主要涉及贸易、商务、运输等问题；第三类是跨境电子商务监管法律法规，主要针对跨境电子商务流程中的通关、商检、外汇税务等问题，对跨境电子商务交易和服务的参与者具有约束作用。

在这些法律法规中，《中华人民共和国电子商务法》（以下简称《电子商务法》）起到了统领性作用，自2019年1月1日起施行的《电子商务法》是中国电子商务领域的首部综合性法律，对以上三类法律法规的内容都有涉及，其施行标志着电子商务全面法制化时代的到来。

1. 跨境电子商务基础法律法规

跨境电子商务作为一种电子商务活动，活动的参与者需要遵守电子商务的基础法律法规。当前中国电子商务的基础法律法规可以分为以下几类。

1）促进跨境电子商务发展的相关法律法规

《电子商务法》第五章对促进跨境电子商务发展做了相关说明，第七十一条规定"国家促进跨境电子商务发展，建立健全适应跨境电子商务特点的海关、税收、进出境检验检疫、支付结算等管理制度，提高跨境电子商务各环节便利化水平"，特别强调"国家支持小型微型企业从事跨境电子商务"。

2）电子商务参与者的登记、准入和认定的相关法律法规

《电子商务法》第二章对电子商务经营者和电子商务平台经营者的登记、准入和认定做出了相关规定，强调依法办理相关手续。

因为跨境电子商务的很多参与者具有贸易主体的地位，所以包括跨境电子商务B2B在内的一些模式仍然适用于货物贸易的情形，需要受到《对外贸易法》和《对外贸易经营者备案登记办法》等法律法规的约束。针对货物进出口环节，中国还具体制定了《货物进出口管理条例》，规定了禁止进出口、限制进出口和自由进出口的货物的管理措施。

在《电子商务法》正式颁布之前，此类法律制度主要以部门规章或规范性指导文件的形式存在，参与交易的企业及第三方服务商都有一定的登记和准入要求，个人准入条件则较为模糊和宽泛。若涉及设立网站行为，应主要依据《电信条例》和《互联网信息服务管理办法》进行审批和登记；第三方平台服务商还需要符合《第三方电子商务交易平台规范》的其他准入条件；电子商务各项活动的参与者应参照《电子商务模式规范》中关于成立、注册、身份认定审核的条件；从参与交易或服务经营的角度，应符合国家工商总局出台的《网络商品交易及有关服务行为管理的暂行办法》。

3）知识产权的相关法律制度

关于知识产权，《电子商务法》第二章第四十一条规定，"电子商务平台经营者应当建立知识产权保护规则，与知识产权权利人加强合作，依法保护知识产权"。第四十二条规定，"知识产权权利人认为其知识产权受到侵害的，有权通知电子商务平台经营者采取删除、屏蔽、断开链接、终止交易和服务等必要措施，通知应当包括构成侵权的初步证据"。

除了《电子商务法》，知识产权保护还需要遵守《商标法》《著作权法》《专利法》的相关规定，并遵守一些关于域名管理及网络信息传播管理的相关规定。

此外，中国已加入或批准了《保护工业产权巴黎公约》及《商标国际注册的马德里协定》，在加入世界贸易组织（World Trade Organization，WTO）之后也受到了《与贸易有

关的知识产权协定》的约束，这些法律及国际公约详细规定了知识产权的性质、实施程序和争议解决机制。

4) 跨境电子商务综合试验区的政策

中国跨境电子商务综合试验区是中国设立的跨境电子商务综合性质的先行先试城市区域，旨在跨境电子商务交易、支付、物流、通关、退税、结汇等环节的技术标准、业务流程、监管模式和信息化建设等方面先行先试，通过制度创新、管理创新、服务创新和协同发展，破解跨境电子商务发展中的深层次矛盾和体制性难题，打造跨境电子商务完整的产业链和生态链，逐步形成一套适应和引领全球跨境电子商务发展的管理制度和规则，为推动中国跨境电子商务健康发展提供可复制、可推广的经验。

截至 2023 年 2 月，中国已先后设立了 7 批跨境电子商务综合试验区，跨境电子商务综合试验区的数量达到 165 个，基本覆盖全国。

2. 跨境电子商务运营法律法规

1) 电子商务合同、签名及认证的相关法律制度

《电子商务法》第三章对电子商务合同的订立与履行、签名及认证进行了相关规定，强调部分情况仍然适用《中华人民共和国民法总则》《中华人民共和国电子签名法》等法律。

此外，电子商务合同还可以借鉴国际上有关电子商务法律所规定的关于电子商务合同的条文，如联合国的《电子商务示范法》《联合国国际货物销售合同公约》和美国的《统一计算机信息交易法》等。当前国际上比较重要的公约是《联合国国际货物销售合同公约》，该公约具体规范了合同订立行为、货物销售、卖方义务、货物相符（含货物检验行为等）、买方义务方补救措施、风险转移、救济措施、合同无效的规定等。

2) 电子商务支付的法律制度

《电子商务法》第三章第五十三条规定，"电子商务当事人可以约定采用电子支付方式支付价款"。

《电子商务法》还对电子支付服务提供者提出了要求。第一，电子支付服务提供者应当确保电子支付指令的完整性、一致性、可跟踪稽核和不可篡改；第二，电子支付服务提供者应当向用户免费提供对账服务，以及最近三年的交易记录；第三，电子支付服务提供者提供电子支付服务不符合国家有关支付安全管理要求，造成用户损失的，应当承担赔偿责任。

对于《电子商务法》没有说明的电子商务支付的其他情况，可以参照中国人民银行发布的《电子支付指引》的相关规定。

3) 电子商务物流的法律法规

《电子商务法》第五十一条和第五十二条对快递物流做出了原则性规定，规定电子商务当事人可以约定采用快递物流方式交付商品。

跨境电子商务交易活动涉及较多的跨境物流和运输问题，涉及海洋运输和航空运输方面的法律，可以参照《海商法》《航空法》《货物运输代理业管理规定》。这些法律法规对承运人的责任、交货提货、保险等事项做了具体规定，同时也对国际贸易中的货物运输代理行为做了规范，厘清了代理人作为承运人的责任。关于货物运输代理行为，还可以参

照中国的《民法典》的相关规定。

4）争议解决方面的法律规定

关于电子商务争议，在《电子商务法》的"第四章 电子商务争议解决"中做出了一般性的规定，部分情况仍然适用《中华人民共和国消费者权益保护法》。《电子商务法》强调电子商务争议可以通过协商和解，电子商务平台经营者可以建立争议在线解决机制，积极协助消费者维护合法权益，并且提供原始合同和交易记录。

3. 跨境电子商务监管法律法规

《电子商务法》对跨境电子商务监管做了原则性规定，要求从事跨境电子商务的经营者应当遵守进出口监督管理的法律、行政法规和国家有关规定。

跨境电子商务监管法律法规具体可以分为以下几个方面。

1）跨境电子商务监管模式

2014年2月，海关总署发布了《关于增列海关监管方式代码的公告》，增列海关监管方式代码9610，全称为"跨境贸易电子商务"，简称"电子商务"，适用于境内个人或电子商务企业通过电子商务交易平台实现交易，并采用"清单核放、汇总申报"模式办理通关手续的电子商务零售进出口商品（通过海关特殊监管区域或保税监管场所一线的电子商务零售进出口商品除外）。

2014年7月，海关总署发布了《关于增列海关监管方式代码的公告》，增列海关监管方式代码1210，全称为"保税跨境贸易电子商务"，简称"保税电商"，适用于境内个人或电子商务企业在经海关认可的电子商务平台实现跨境交易，并通过海关特殊监管区域或保税监管场所进出的电子商务零售进出境商品［海关特殊监管区域、保税监管场所与境内区外（场所外）之间通过电子商务平台交易的零售进出口商品不适用该监管方式］。

2020年6月，海关总署发布了《关于开展跨境电子商务企业对企业出口监管试点的公告》，增列海关监管方式代码9710，全称为"跨境电子商务企业对企业直接出口"，简称"跨境电商B2B直接出口"，适用于跨境电子商务B2B直接出口的货物；增列海关监管方式代码9810，全称为"跨境电子商务出口海外仓"，简称"跨境电商出口海外仓"，适用于跨境电子商务出口海外仓的货物。

当前，海关对跨境电子商务监管的模式有四种，海关监管方式代码分别是9610、1210、9710和9810。

2）商检方面的法律法规

跨境电子商务货物商检的内容与一般贸易货物的商检内容基本相同，需要商检的货物由海关实施商检。

2005年8月通过了《中华人民共和国进出口商品检验法实施条例》，对商检拟定了细则，还出台了一些针对邮递和快件的检验检疫细则，如《进出境邮寄物检疫管理办法》和《出入境快件检验检疫管理办法》等；2019年3月通过了《国务院关于修改部分行政法规的决定》，原国家质量监督检验检疫总局的出入境检验检疫管理职责和队伍划入海关总署。

3）外汇管理的有关规定

跨境电子商务主要涉及向外汇管理部门、金融机构的结汇问题。当前的法律法规主要有《外汇管理条例》，其中所涉及的经常项目售汇、结汇条文会直接影响跨境电子商务的支付。

为了鼓励和支持"支付机构通过银行为小额电子商务（货物贸易或服务贸易）交易双方提供跨境互联网支付所涉及的外汇资金集中收付及相关结售汇服务"，国家外汇管理局已经批准了北京、上海、深圳、重庆、杭州 5 个城市的 22 家企业开展跨境电子商务第三方外汇支付试点。国家外汇管理局同时规定，试点支付机构为客户集中办理收付汇和结售汇业务，货物贸易单笔交易金额不得超过等值 1 万美元，留学教育、航空机票和酒店项下单笔交易金额不得超过等值 5 万美元。

 技能实训

了解跨境电子商务

一、实验目的

1. 通过本次实训，使学生对跨境电子商务有基础的了解，知道跨境电子商务讲的是什么。
2. 要求学生掌握跨境电子商务的特点、概念；了解跨境电子商务的发展现状以及与跨境电子商务发展有关的政策。

二、实验内容

1. 网上搜索关于跨境电子商务的资讯，对跨境电子商务最新的现状有所了解。
2. 网上搜索跨境电子商务，列出跨境电子商务不同于课本上的特点。
3. 要求：写一份关于跨境电子商务的调查报告，记录在实验报告上。

三、设备与所需软件

多媒体实验机房，配备每人一台可以访问互联网的计算机。

四、报告与考核

实验报告要求	实验考核要求
（1）实验目的； （2）实验内容及要求； （3）实验过程； （4）实验心得； （5）同学之间关于实验的交流	（1）学生根据实验要求提交实验报告； （2）教师根据实验报告评定单项实验成绩； （3）根据单项实验成绩和实验报告内容给出整体实验成绩； （4）整体实验成绩根据适当比例计入课程总分

 章节巩固与测评

1. 跨境电子商务的概念是什么？
2. 跨境电子商务的特点是什么？
3. 跨境电子商务发展的现存问题有哪些？
4. 跨境电子商务的业务主体包括哪些？

第 2 章 跨境电子商务的经营策略

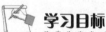

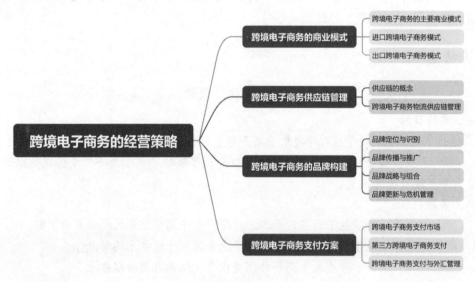

- □ 了解跨境电子商务的主要商业模式；
- □ 了解跨境电子商务供应链管理；
- □ 掌握跨境电子商务的品牌构建；
- □ 了解跨境电子商务支付方案。

商业模式　供应链　品牌构建　跨境电子商务支付

引例

印度 B2B 电子商务独角兽 Udaan 完成 3000 万美元融资

2.1 跨境电子商务的商业模式

2.1.1 跨境电子商务的主要商业模式

1. 跨境 B2B 模式

B2B 即 business to business,是指商家(泛指企业)对商家的电子商务,即企业与企业之间通过互联网进行产品、服务及信息的交换。通俗地说,B2B 是指进行电子商务交易的供需双方都是商家(企业),它们使用互联网技术或各种商务网络平台,完成商务交易的过程。具体过程包括发布供求信息、订货及确认订货、支付过程及票据的签发、传送和接收、确定配送方案并监控配送过程等。采用此类模式的代表网站有敦煌网、中国制造网、阿里巴巴国际站和环球资源网等。

1)跨境 B2B 模式的分类

跨境 B2B 模式又可分为以下三种。

(1)垂直模式。垂直模式即面向制造业或面向商业的垂直 B2B。垂直 B2B 可以分为两个方向,即上游和下游。生产商或商业零售商可以与上游的供应商形成供货关系,如戴尔电脑公司与上游的芯片和主板制造商就是通过这种方式进行合作的;生产商与下游的经销商可以形成销货关系,如思科公司与其分销商之间进行的交易。简单地说,这种模式下的 B2B 网站类似在线商店,其实就是企业网站,是企业直接在网上开设的虚拟商店。企业通过自己的网站可以大力宣传自己的产品,用更快捷、全面的手段让更多的客户了解自己的产品,促进交易。也可以是商家开设网站,这些商家在自己的网站上宣传自己经营的商品,目的是用更加直观、便利的方法促进并扩大交易。

(2)综合模式。综合模式即面向中间交易市场的 B2B。这种交易模式是水平 B2B,它是将各个行业中相近的交易过程集中到一个场所,为采购方和供应方提供一个交易的机会,如阿里巴巴、TOXUE 外贸网、慧聪网、中国制造网、采道网、环球资源网等。这类网站既不是拥有产品的企业,也不是经营商品的商家,它只提供一个平台将销售商和采购商放在一起,采购商可以在该网站上查到销售商及其商品的有关信息。

(3)自建模式。自建模式即行业龙头企业自建 B2B 模式,是大型行业龙头企业基于自身的信息化建设程度搭建以自身产品供应链为核心的行业化电子商务平台。行业龙头企业通过自身的电子商务平台串联整条行业产业链。供应链上下游企业通过该平台实现资讯、沟通、交易。但此类电子商务平台过于封闭,缺少产业链的深度整合。

在 B2B 模式下,企业运用电子商务以广告和信息发布为主,成交和通关流程基本在线下完成,本质上仍属传统贸易,已纳入海关一般贸易统计。该模式是电子商务中历史最长、发展最完善的商业模式。大多数 B2B 贸易订单的金额较大,进出口贸易的部分环节在线上完成,目前尚未实现完全的在线交易。虽然在线全流程的跨境贸易是未来的发展趋势,但今后几年,外贸 B2B 仍将以信息整合和信息化服务为主。

B2B 模式的优点在于相关企业或公司可以紧密地结合成一个网络，通过互联网快速反应，获得更全面的资讯、更多的选择、更好的服务或产品，从而促进所有相关联企业的业务发展，而且为企业提供便捷服务，无库存压力。

B2B 模式的缺点在于信息质量不高，网络交易认同度低，产品真实性难以保证，商家资质难以辨别。

2）跨境 B2B 模式的发展趋势

随着跨境电子商务的发展，B2B 跨境电子商务体现出以下三个趋势。

（1）订单碎片化成为新常态。随着 B2B 用户需求越来越垂直化，满足碎片化的订单成为跨境电子商务所面临的常态。提供更多高附加值的增值服务，将是新模式跨境 B2B 电子商务的一大特点。

（2）出口 B2C 模式有硬伤，阻碍其发展。虽然跨境 B2C 业务发展得如火如荼，但由于跨境电子商务的整个产业链很长，B2C 模式试图将中间环节全部扁平化，直接连接工厂和消费者，会对国外进口商和贸易商形成巨大冲击，且不向对方国家纳税，侵犯对方国家的经济利益。尽管国际上允许个人拥有海外采购的渠道，但控制注入的趋势已经出现，这对跨境 B2C 模式产生了不可逾越的障碍，且不以企业和平台的意志为转移。此外，从国家战略看，B2B 的前景也更加广阔，通过推动制造型企业上线，促进外贸综合服务企业和现代物流企业转型，从生产端和销售端共同发力，已经成为跨境电子商务发展的主要策略。

（3）商机对接仍是跨境 B2B 的核心，移动端重要性凸显。无论是国内品牌商找海外销售渠道，还是海外批发商和零售商找国内资源，商机对接仍是跨境 B2B 的核心，各跨境平台的主要精力聚集在用新方法、新模式解决渠道缺失和沟通信任的问题上。

2. 跨境 B2C 模式

B2C 模式即 business to customer，是企业通过互联网为消费者提供一个新型购物环境——网上商店，消费者通过网络进行购物、支付等消费行为。目前跨境 B2C 模式下，我国企业直接面对国外消费者，以销售个人消费品为主，物流方面主要采用航空小包、邮寄、快递等方式，其报关主体是邮政或快递公司，目前大多未纳入海关登记。速卖通、DX、兰亭集势、米兰网、大龙网等都属于此类。

B2C 跨境电子商务模式主要有"保税进口+海外直邮"模式、"自营+招商"模式和"直营"模式三种类型。

1）"保税进口+海外直邮"模式

"保税进口+海外直邮"模式的典型平台主要有亚马逊、天猫和 1 号店等。亚马逊是美国最大的电子商务公司，成立于 1995 年。亚马逊分为北美平台、欧洲平台和亚洲平台。亚马逊专家类型分为专业专家和个人卖家。亚马逊电子商务平台通过和上海自由贸易区的合作，在各地保税物流中心建立跨境物流仓，压缩了消费者从订单到接货的时间，提高了海外直发服务的便捷性。这也是目前最受青睐的模式。

2）"自营+招商"模式

"自营+招商"模式相当于发挥最大的企业内在优势，在内在优势缺乏或比较弱的方面采取外来招商以弥补自身不足。"自营+招商"模式的典型平台主要有苏宁。苏宁选择该模式,结合了自身现状,在传统电子商务方面发挥其供应链和资金链的内在优势,同时通过全球招商来弥补国际商用资源上的不足。2014年年初,苏宁成为国内电子商务企业首家取得国际快递牌照的企业。凭借苏宁线上线下的资源,国外品牌商借助苏宁进军中国市场也会有更大的发挥空间。

3)"直营"模式

"直营"模式就是跨境电子商务企业将直接参与采购、物流、仓储等海外商品的买卖流程,对物流监控和支付都有自己的一套体系。"直营"模式的典型平台有聚美优品。在物流上,聚美优品"海外购"先发制人,整合全球供应链的优势,直接参与采购、物流、仓储等海外商品的买卖流程,或独辟"海淘"自营模式。

利用保税区建立可信赖的跨境电子商务平台,提升供应链管理效率,破解仓储物流难题,无疑是对目前传统"海淘"模式的一次革命,让商品流通不再有渠道和国家之分。B2C模式主要是保税自营加直接采购,优势在于平台直接参与货源组织、物流仓储等买卖流程,销售流转高,时效性好。其缺点在于市场规模小、资金不足。目前B2C模式提供的种类繁多,而且服务完善,如一站购物、评价机制完善、服务态度好等,因此是网购的首选。

3. 跨境C2C模式

C2C模式即customer to customer,是个人与个人之间的电子商务,即一个消费者通过网络交易,把商品出售给另一个消费者的交易模式。C2C模式下的购物流程:搜索商品→联系卖家→购买商品→服务评价。目前采用C2C模式的主要有eBay、淘宝全球购等公司。

C2C模式的优点是用户群体广泛,卖家用户的门槛比较低。其缺点是卖家用户不易管理,商家竞争大,产品质量良莠不齐。现在有很多海外买手(代购)入驻平台开店,使资源得到最大化利用。C2C的交易模式相对更自由,是现在最能满足消费者个人需求的模式。

4. 跨境O2O模式

O2O模式即online to offline,是近年来兴起的一种电子商务新商业模式,即将线下商务与互联网结合在一起,让互联网成为线下交易的前台。这个概念最早源于美国,在我国已经形成一定的规模。

O2O的概念非常广泛,只要产业链中既涉及线上,又涉及线下,就可以通称为O2O。2013年O2O进入高速发展阶段,开始了本地化及移动设备的整合,于是O2P商业模式横空出世,成为O2O模式的本地化分支。O2P商业模式类似O2O,又区别O2O,它和O2O模式的区别是在线下消费。消费者通过网站或者在线下商家店中的移动端了解相关资讯后,再到线下的商家去消费。消费者可在简单地了解之后再决定消费与否,或者在体验之后再支付,该类模式很适合大件商品的购买和休闲娱乐性消费。O2O是将线下商务机会与互联网结合在一起,让互联网成为线下交易的前台。这样线下服务就可以在线上揽客,消费者可以在线上筛选服务,成交可以实现在线结算,推广效果可查,每笔交易可跟踪。

对于传统企业来说,开展O2O模式的电子商务主要有以下三种运作方式:第一种方式是自建官方商场+连锁店的形式,消费者直接向门店的网络店铺下单购买,然后线下体验服务。在这一过程中,品牌商提供在线客服及随时调货支持(在缺货情况下),加盟商收款发货，此方式适合全国性连锁型企业。O2O 模式的优点是可以线上线下店铺一一对应。O2O 模式的缺点是投入大，需要很大的推广力度。第二种方式是借助全国布局的第三方平台，实现加盟企业和分站系统的完美结合，并且借助第三方平台的巨大流量，迅速推广并带来客户。第三种方式是建设网上商城，开展各种促销和预付款的形式，实现线上销售线下服务，这种形式适合于本地化服务企业。

2.1.2 进口跨境电子商务模式

1. MC 模式

MC 模式即 manufacturers to consumers（生产厂家对消费者），是生产厂家通过网络平台直接对消费者提供自己生产的产品或服务的一种商业模式。该模式的优点是用户信任度高，商家需有海外零售资质和授权，商品海外直邮，并且提供本地退换货服务；该模式的缺点是大多为代运营，价位高，品牌端管控力弱。采用这种模式的典型企业如天猫国际。

2. 保税自营+直采模式

采用该模式的电子商务平台直接参与货源的组织、物流仓储买卖流程，采购商品主要以爆款商品为主，物流配送方面采用在保税区自建仓库的方式。该模式的优点是售后更完善、价格更低、可以定制。该模式的缺点是品类受限，同时还有资金压力，无论是上游供应链、物流清关时效，还是在保税区自建仓储，又或者做营销，补贴用户提高转化复购，都需要充裕的现金流支持。采用这种模式的典型企业如京东、聚美优品等。

3. 海外买手制

在该模式中，海外买手（个人代购）入驻平台开店，从品类来看，以长尾非标品为主。该模式最大的问题是商品真假难辨，在获取消费者信任方面还有很长的路要走。采用这种模式的典型企业如淘宝全球购、洋码头、海蜜等。

4. 内容分享/社区资讯模式

该模式借助海外购物分享社区和用户口碑提高转化率，以内容引导消费，实现自然转化。其优势在于能够形成天然海外品牌培育基地，将流量转化为交易。采用这种模式的典型企业为小红书等。

2.1.3 出口跨境电子商务模式

1. 基于 B2B 的信息服务平台和交易服务平台模式

在信息服务平台模式中，通过第三方跨境电子商务平台进行信息发布或信息搜索完成交易撮合的服务，盈利模式包括会员服务和增值服务。其代表企业有阿里巴巴国际站、环球资源网等。在交易服务平台模式中，买卖双方能够在跨境电子商务平台完成网上交易和在线支付，其主要盈利模式包括收取佣金和展示费，代表企业有敦煌网、大龙网等。

2. 基于 B2C 的开放平台和自营平台模式

开放平台开放的内容包括出口电子商务商品、店铺、交易、物流、评价、仓储、营销推广等各环节和流程的业务，实现应用和平台系统化对接，并围绕平台建立自身开发者生态系统。其代表企业有亚马逊、速卖通、eBay、Wish 等。

自营平台对其经营的产品进行统一的生产或采购、产品展示、在线交易，并通过物流配送将产品投放到最终消费者。其代表企业有兰亭集势、环球易购、米兰网等。

2.2 跨境电子商务供应链管理

2.2.1 供应链的概念

供应链是指围绕核心企业，通过信息流、物流、资金流的控制，从采购原材料开始，制成中间产品及最终产品，最后由销售网络把产品传递到消费者手中的，将供应商、制造商、分销商直至最终客户连成一个整体的功能网链结构。

2.2.2 跨境电子商务物流供应链管理

1. 跨境电子商务物流供应链管理的概念

供应链管理（supply chain management）是指对供应链中的物流、商流、价值流、资金流和信息流进行的计划、组织、协调及控制。供应链管理的目标是使整条供应链从原材料采购、加工生产、分销配送，到商品销售给顾客的各个环节都能高效地协同工作，从而建立一个最优的商品供应体系，降低整条供应链上的物流成本，大大提高经营效益，提高对顾客的服务水平。具体地说，供应链管理是一种集成的管理思想和方法，在整条链上运用系统的观念从全局出发，可实现供应链各企业的最佳化，即整体最佳，而非局部最佳。供应链管理强调合作关系，争取双赢（win-win）的效果。

2. 跨境电子商务物流供应链管理的特征与目标

1）跨境电子商务物流供应链管理的特征

跨境电子商务物流供应链管理与传统企业管理模式不同，其特征如下。

（1）分析问题的角度不同。跨境电子商务物流供应链管理是从整个供应链的角度出发，来寻求供应链物流成本与客户服务之间的均衡。

（2）管理的内容不同。跨境电子商务物流供应链管理涉及整个供应链的所有成员组织，其管理内容包括从初始供应物流到终端的分销物流及反向物流。

（3）侧重点不同。跨境电子商务物流供应链管理更侧重于供应链成员企业间接口物流活动的管理优化，这也是跨境电子商务物流供应链管理的利润空间所在。

（4）管理难度更高，管理思想和方法更丰富。跨境电子商务物流供应链管理涉及众多成员企业的协调与合作，无论是从纵向（长度）考虑，还是从横向（宽度）考虑，跨境电子商务物流供应链管理更复杂，难度更高。因此，跨境电子商务物流供应链管理需要应用更多的管理思想和方法，如系统理论与集成思想、准时制（JIT）、快速反应（QR）、有效客户反应（ECR）等。

跨境电子商务物流供应链的基本概念是建立在这样一个合作信念之上的，即它能够通过分享信息和共同计划使整体物流效率得到提高。跨境电子商务物流供应链管理使渠道安排从一个松散地连接着的独立企业的群体，变为一种致力于提高效率和增加竞争力的合作力量。从本质上看，它是将每一个独立参与者进行存货控制变为一种渠道整合和管理。跨境电子商务物流供应链管理的背后动机是增加渠道的竞争力。

2）跨境电子商务物流供应链管理的目标

跨境电子商务物流供应链管理的目标是在满足客户需要的前提下，对整个供应链，即从供货商、制造商、分销商到消费者的各个环节进行综合管理。例如，从采购、物料管理、生产、配送、营销到消费者整个供应链的货物流、信息流和资金流，把物流成本与库存成本降到最小。

跨境电子商务物流供应链管理就是要通过对供应链的管理和优化，最终满足客户需求，降低成本，实现利润，具体表现在以下几个方面。

（1）提高客户满意度。提高客户满意度是跨境电子商务物流供应链管理与优化的最终目标，跨境电子商务物流供应链管理和优化的一切方式方法都是朝向这个目标而努力的，这个目标同时也是企业赖以生存的根本。

（2）提高企业管理水平。跨境电子商务物流供应链管理与优化的重要内容就是流程上的再造与设计，这对提高企业管理水平和管理流程具有不可或缺的作用。同时，随着企业供应链流程的推进、实施和应用，企业管理的系统化和标准化将会有极大改进，这些都有助于企业管理水平的提高。

（3）节约交易成本。结合电子商务整合供应链，将大大降低供应链内各环节的交易成本，缩短交易时间。

（4）降低采购成本，促进供应商管理。由于供应商能够方便地取得存货和采购信息，采购管理人员可以从这种低价值的劳动中解脱出来，从事具有更高价值的工作。

（5）收入和利润增加。通过组织边界的延伸，企业能履行合同，增加收入，并维持和增加市场份额。

3. 跨境电子商务物流供应链管理的策略

1）跨境电子商务物流供应链的协同战略

跨境电子商务物流的供应链尚处于构建阶段，其商品主要来自境外线上线下零售企业或生产企业。跨境电子商务企业与这些企业维持了相对独立的状态。跨境电子商务企业可以采取供应链协同战略，通过收益共享合同，按照一定比例将收益共享给供应商，以换取较低的采购价格。较低的采购价格带来更多的市场份额，提高跨境电子商务企业的收益。同时，销量提升带来收益提升，加上收益补贴，供应商也能获得更多的收益。供应链协同战略还能够帮助降低市场价格，有利于跨境电子商务企业的竞争发展。

2）跨境电子商务供应链的整合战略

跨境电子商务物流供应链结构冗长、提前期长，涉及多个第三方主体，导致总体效率较低，影响了终端用户的购物体验，而供应链的整体竞争力也较低。为此，一些有实力的跨境电子商务物流可以选择供应链整合战略，将许多环节整合在一起，进行总体上的统筹规划，以实现高效的供应链运作。目前采用跨境电子商务物流供应链整合战略的主要是亚马逊。亚马逊几乎整合了供应链的所有环节。从供应商（各地亚马逊网站）到物流仓储服务，到跨境支付，到最终的零售平台，都由亚马逊构建的体系进行掌控。亚马逊还搭建了庞大的物流信息系统，可实现实时跟踪。因此，亚马逊的供应链效率是极其高效的，客户体验也是非常好的。对于国内的大型跨境电子商务企业而言，应该学习亚马逊的供应链整合战略。

3）跨境电子商务物流供应链的分散化战略

面对风云突变的国际政治经济形势，跨境电子商务企业在供应链优化时还应该考虑风险管理。跨境电子商务企业的风险来自方方面面。供应链的分散化战略能够帮助跨境电子商务企业降低风险。当风险发生时，分散化的战略布局能将损失降到最低。供应链的分散化战略主要有以下几条途径：由单一化的供应商结构向多元化的供应商结构转变；由集中式的仓库网络向分散式的仓库网络转变；由单一化的市场结构向多元化的市场结构转变。从中可以发现，分散化战略下的供应链结构两端的主体更加分散、更加多元化，仓储物流网络也更加复杂。

2.3 跨境电子商务的品牌构建

2.3.1 品牌定位与识别

1. 品牌的概念

全球著名管理大师彼得·德鲁克说："21世纪的组织只有依靠品牌竞争了，因为除此之外它们一无所有。"美国广告专家莱瑞·莱特指出："未来的营销是品牌的战争，以品牌互争长短的竞争，拥有市场比拥有工厂更重要。拥有市场的唯一办法就是拥有市场主导地位的品牌。"管理大师汤姆·彼得斯在其著作《创新圈》中写道："品牌！品牌！品牌！！！这就是赋予20世纪90年代末及以后的信息。"这些预言在今天已经成为现实。在经过产品竞争、价格竞争、广告竞争、服务竞争之后，商业竞争已跨入品牌竞争时代。如今，品牌已经成为营销界最热门的主题。

品牌的英文"brand"的原意并不是"品牌"的意思，而是"烙在牛马身上的烙印"。在古代，人们为了证明牲口的所有权，就在牲口的屁股上打上烙印。在1865年之前，"brand"只是用来指代烙印，根本没有品牌的含义。所以品牌的诞生就带有了一定的偶然性，同时也是一个必然的过程。

直到20世纪50年代，现代意义上的品牌概念才由美国奥美广告公司创办人大卫·奥格威第一次提出。从此,学者、专家开始注重对品牌的研究。

我们认为:品牌是一种识别标志、一种精神象征、一种价值理念,品牌是一种名称、术语、标记、符号或图案,或是它们的相互组合,用以识别企业提供给某个或某群消费者的产品或服务,并使之区别于竞争对手的产品或服务。品牌反映了一个产品、服务或者主体的属性、利益、文化个性及消费者类型,体现的是一个产品、服务或者主题的核心价值、差异化、质量和信誉的保证及其溢价能力。培育和塑造品牌也是一个不断创新的过程,通过这一过程,企业能够巩固原有的品牌资产,进而多层次、多角度、多领域地参与竞争,在全球化市场上立于不败之地。

2. 品牌定位

1) 品牌定位的含义

定位是定位理论中最核心、最基础、最早的概念和观点,正是定位这个概念和观点奠定了定位理论的基础,以至于人们把这种视心智为战场,打造品牌就是要在这场心智战争中取得主导地位的理论称为定位理论。

品牌定位就是对品牌进行总体的规划设计,明确品牌的方向和基本活动范围,进而通过对企业资源的战略性配置和对品牌理念持续性的强化传播,来获取市场(包括消费者、竞争者、社会公众等)各方的认同,从而实现预期的品牌优势和品牌竞争力。

2) 品牌定位的策略

对品牌进行定位是为了使潜在的消费者能够对品牌产生有益的认知,从而形成对品牌的偏好和持续的购买行为。美国的著名营销学者杰克·屈特认为:定位的基本原则并不是去塑造新而独特的东西,而是去操作原已在人们心目中的想法,打开联想之门,目的是在顾客心目中占据有利的位置。所以,掌握品牌定位的策略方法就十分必要。

(1) 类别定位。依据产品的类别建立起品牌联想,称作类别定位。类别定位力图在消费者心目中形成该品牌等同于某类产品的印象,以成为某类产品的代名词或领导品牌。当消费者有了这类特定需求时就会联想到该品牌。

(2) 比附定位。比附定位,即通过与以竞争品牌的比较来确定自身市场地位的一种定位策略。比附定位的目的是通过品牌竞争提升自身品牌的价值与知名度。企业可以通过各种方法和同行中的知名品牌建立一种内在联系,使自己的品牌迅速进入消费者的心智,使自己的品牌生辉。

(3) 档次定位。不同的品牌常被消费者在心中分为不同的档次。品牌价值是产品质量、消费者心理感受,以及各种社会因素(如价值观、文化传统等)的综合反映,档次具备了实物之外的价值,如给消费者带来自尊和优越感等。高档次品牌往往通过高价位来体现其价值。

(4) 消费者定位。按照产品与某类消费者的生活形态和生活方式的关联作为定位的基础,深入了解目标消费者希望得到什么样的利益和结果,然后针对这一需求提供相对应的产品和利益。

(5) 比较定位。比较定位的策略是指企业为了突出品牌的特性,抓住知名竞争对手的弱点来向消费者推销自己的优点,从而获取市场认可的方法。

（6）功能性定位。功能性定位是将品牌与一定环境、场合下产品的使用情况联系起来，以唤起消费者在特定情境下对该品牌的联想。

3）品牌定位的步骤

定位就是使品牌实现区隔。今天的消费者面临太多选择，经营者要么想办法做到差异化定位，要么就要定一个很低的价格才能生存下去。其中关键之处在于能否使品牌形成自己的区隔，在某一方面占据主导地位。电子商务企业一定要切实地厘清自己的区隔，并按照以下四个步骤来建立定位。

（1）分析行业环境。你不能在真空中建立区隔，周围的竞争者们都有着各自的要领，你要切合行业环境才行。

首先，你要从市场上的竞争者开始，弄清他们在消费者心中的大概位置，以及他们的优势和弱点。你可以进行调查，就某个品类的基本属性，让消费者从 1 到 10 给竞争品牌打分，这样可以弄清不同品牌在人们心中的位置，也就是建立区隔的行业环境。同时需要考虑的是市场上正在发生的情况，以判断推出区隔概念的时机是否合适。就像是冲浪，太早或太迟，你都可能葬身大海。把握住最佳时机，才有可能得到一个好的区隔。

（2）找到支持点。有了区隔概念，还要找到支持点，让它真实可信。任何一个区隔概念都必须有据可依。例如可口可乐说"正宗的可乐"，是因为它就是可乐的发明者。

区隔不是空中楼阁，消费者需要你证明给他看，你就要提供一些别人所没有的服务，以便支撑起自己的概念。

（3）传播与应用。并不是说有了区隔概念，就可以等着顾客上门。企业要靠传播才能将概念植入消费者心中，并在应用中建立起自己的定位。

企业要在每一方面的传播活动中，都集中体现出区隔的概念。当你的区隔概念被别人接受，而且在企业的销售、产品开发、设备工程，以及任何成员可以着力的地方都得到贯彻时，才可以说，你为品牌建立了定位。

4）品牌定位的意义

品牌定位对电子商务企业来说是至关重要的，其意义有以下几个方面。

（1）品牌定位是形成市场区隔的根本。准确的品牌定位能使你的品牌与其他品牌区别开来，从众多同类或同行业的品牌中脱颖而出，从而在消费者心目中形成一定的地位。

（2）品牌定位有利于树立品牌形象。品牌定位是针对目标市场及目标消费者确定和建立起来的独特品牌形象的结果。它是人们在看到、听到某一品牌后所产生的印象，是消费者通过对品牌感觉、认知和理解，在脑海中储存的品牌信息。而品牌定位是对企业的品牌形象进行整体设计，从而在目标消费者心中占据一个独特的有价值的地位。

（3）品牌定位有利于塑造品牌的个性。品牌定位不但有利于向消费者提供个性化的服务，而且有利于塑造品牌的个性。品牌和人一样都有个性，品牌个性的形成与其定位是息息相关的，也可以说，品牌定位是品牌个性的前提和条件。

（4）品牌定位有助于与消费者沟通。品牌定位，说得通俗一点，就是企业要弄明白"我是谁、我做什么、我该怎么做"的过程。要想与消费者沟通，取得消费者的认可，首先要告诉消费者"我是谁、我能为你做什么"，就是品牌定位。只有说清楚你是谁，消费者才能根据自己的情况，看看是不是需要你，要不要接触你、了解你。

(5) 品牌定位有利于企业占领市场和开发市场。一个品牌的成功定位，对企业的占领市场、拓展市场具有很大的引导作用。品牌定位已远远超出了产品的本身，产品只是承载品牌定位的物质载体，人们使用某种产品，在很大程度上是体验品牌定位所表达的情感诉求。

3. 品牌识别

1）品牌识别的概念

品牌识别（brand identity），是一个较新的概念，它并不是由营销和传播理论家凭空想出的新潮词语，而是对品牌有真正重要意义的新概念。

我们认为，品牌识别是指从产品、企业、人、符号等层面定义出能打动消费者并区别于竞争者的品牌联想，它与品牌核心价值共同构成丰满的品牌联想。品牌识别，也可以称之为品牌期待，是留在消费者心中的联想。一个强势品牌必然有丰满、鲜明的品牌识别。科学完整地规划品牌识别体系后，品牌的核心价值就能有效落地，并与日常的营销传播活动（价值活动）有效对接，企业的营销传播活动就有了标准与方向。

2）品牌识别的作用

（1）明确企业所设想的品牌理想状态的品牌识别，将成为策划、评价品牌有关方案时的可靠依据，并据此来判断是否适应品牌战略发展，企业中的任何成员都能进行共同标准的判断，从而促进整个公司内部对品牌战略的共同认识。

（2）明确从消费者立场出发的规定要素的品牌识别，将有利于实现基于品牌识别而形成的品牌战略，并唤起消费者的购买行为等效果。

（3）明确市场竞争中的规定要素的品牌识别，将揭示企业竞争优势的源泉是什么，从而更有效地突出消费者所能察觉的并与其他竞争品牌相区别的核心要素。

3）建立有效的品牌识别系统

了解如何建立有效的品牌识别系统，首先要弄清什么是产品、什么是品牌、什么是成功的品牌。

（1）产品（product）。产品是指可以满足消费者在功能方面需求的任何事物，它可以是一种有形的产品，也可以是某种形式的服务。

（2）品牌（brand）。品牌可以被定义为一些名称、符号和设计，通常这些元素组合在一起用以区别特定的生产厂商的产品。

（3）成功的品牌（successful brand）。成功的品牌应被定义为不仅在功能上满足消费者的需求，而且能够同时提供满足消费者某些心理需求的附加价值的品牌。成功的品牌可以用计算公式表示为

$$S = P \times D \times AV$$

式中：S 是成功的品牌；P 是有效的产品；D 是与众不同的品牌识别系统；AV 是附加价值。

由此我们可以得出这样的结论：一个企业要想建立成功的品牌，首先是生产过硬的产品，其次是建立有效品牌的识别系统，最后为消费者带来除产品使用功能之外的附加价值。

目前，欧美学术界有以下两种比较流行的方法用以分析和规划品牌识别系统。

（1）品牌金字塔。凯普福乐（Kapfferer）在他的《战略品牌管理》一书中提出了品牌金字塔，并经由其他学者加以完善。品牌金字塔将品牌构成分为四个层面，分别是品牌根

基（brand root）、品牌定位（brand position）、品牌主旨（brand theme）和品牌执行（brand execution）。品牌根基是品牌核心，是随着品牌延续而不断完善的过程。品牌定位是一个品牌区别于其他品牌，并将自身根植于消费者心智中的过程。品牌定位是构成品牌根基的重要元素，同时它也是品牌根基的延伸。品牌主旨是品牌定位的视觉及文字的表达。品牌执行是传播品牌的各种手段，如影视广告、公共关系、促销、POP（售点广告）等。通过品牌金字塔，我们可以从策略和执行层面分析和规划品牌。

（2）品牌环状图（brand circle）。戴维森（Davidson）在他的《攻势营销》一书中提出了品牌环状图。这个环状图由四个区域组成，它们由内向外依次是品牌的内部核心、品牌的外部核心、品牌可延伸的领域和品牌不可延伸的领域。

品牌的内部核心包含了品牌中固有的决定性元素，是品牌根本策略的表达。品牌的外部核心则包含了一些品牌中可选择的元素，这些元素是品牌基本元素的补充，它们不是品牌最本质的核心内容。品牌的内部核心和外部核心体现了当前的品牌状况。品牌可延伸的领域包含了品牌今后可能发展并延伸的方向，也就是说，品牌在这些方向上发展和延伸是安全的。品牌不可延伸的领域则提示了一些方向，一旦品牌涉及这些方向，不但会使得形象变得模糊，而且可能给品牌带来严重的损害。

以上方法可应用于新品牌建立，有助于我们把握品牌的定位，并在品牌建立的初期就对品牌的未来发展进行规划。对于已有的品牌，运用这种方法可以对品牌的现有定位进行分析，同竞争对手进行比较，及时发现问题，并对品牌的发展和延伸进行有目的的规划，从而使品牌得到良性的发展。针对问题品牌，以上的方法同样可以应用于品牌的再定位。目前，国内的一些企业在品牌的建设上急于求成，过分强调炒作，却并不重视品牌的内涵建设。这样的品牌即使一时声名鹊起，却难有长久稳定的发展。这也是许多中国品牌只能各领风骚三五年的真正原因所在。总之，品牌建设是漫长的过程，在这个过程中，需要我们不断运用科学的手段对其进行规划和维护，这样我们的品牌才可能长久而不衰。

2.3.2 品牌传播与推广

1. 品牌传播的概念

所谓"品牌传播"，就是企业以品牌的核心价值为原则，在品牌识别的整体框架下，选择广告、公关、销售、人际等传播方式，将特定品牌推广出去，以建立品牌形象，促进市场销售。品牌传播是企业满足消费者需要，培养消费者忠诚度的有效手段，是目前企业家们高擎的一面大旗。

品牌传播是企业的核心战略，也是超越营销的不二法则。品牌传播的最终目的就是要发挥创意的力量，利用各种有效发声点在市场上形成品牌声浪，有声浪就有话语权。传播是品牌力塑造的主要途径。

品牌传播的宗旨是运用新闻媒体为企业宣传的一种新型推广方式，相对于硬性广告或传统的 B2B 平台宣传等，网络迅速发展到今天，广大网民用户对新闻的接受程度要高很多，同样是做宣传和营销，同样都是希望找到并影响、打动潜在客户，何不以新闻的形式做宣传，让公众在不知不觉中接受信息？这种传播模式就是品牌传播的最新趋势。

2．品牌传播的过程

1）明确品牌在企业中充当的角色

品牌通常被定义为通过创造顾客忠诚，确保未来收入的一种关系。由此，整合品牌传播的起始点包括分析品牌所充当和能充当的角色，以确保获得更高的忠诚度。要评估品牌的价值，对企业战略的审视，以及顾客、雇员和关键股东等因素，都需要考虑进去。

这个步骤对一些传统意义上关于商业发展关键驱动要素的假定提出了挑战。这些传统理念包括："价格是我们唯一的附加价值""我们仅仅是一个产品提供商""我们不能疏远了分销伙伴"等，这些理念需要根据其可能性，而不是它曾经怎样发挥过良好效果，进行重新的审视。

2）理解品牌价值的构成要素

一直以来，执行管理层在寻求一个可以对营销传播的投资回报进行量化的工具，而得到的结论是仅仅被告知无法单独地获得这类数据。在整合品牌传播的范式下，这种情况将会得到改观。整合品牌传播计划给管理人员提供一套和企业其他投入的资产相关的，用以判断品牌资产投资绩效的工具。

一些公司通过品牌价值评估的方式来判断投入的绩效，这种方式可得出一个以基准（benchmark）品牌价值为目标的测量方法。但是，在整合品牌传播过程中的价值"评估"并不需要计算出原始的数字。因为品牌价值评估可以识别出品牌价值的作用要素，它可以帮助显示或测量传播活动对品牌价值的影响效果，或者进行预测。

通过对从一个测量周期到另一个测量周期品牌价值相对变化的测量，我们可以客观地对建立和促进品牌方面所进行投入的回报进行量化，从而评估整合传播计划的整体效果。

3）明确谁是品牌信息期望到达的人群

品牌的角色明确之后，接下来至关重要的一步是要找出关键的目标受众。要区分优先次序，很有必要辨别出哪些是驱使企业成功的受众，哪些仅仅是对企业成功起一定的影响作用的人。

有时，如果你成功地影响了核心受众，由此获得的企业绩效足以强大到激发那些起一定作用的受众的关注和反应。首要的挑战在于要设计一个联系核心受众的品牌战略，还有一个联系功能受众的传播计划。

4）形成"大创意"

大创意是指独特的价值诉求。传播千篇一律的信息是对现有资源的一种浪费，传播意味深长的独特性则是成长的催化剂。大创意源于对受众需要、市场动态及企业商业计划的一种清楚理解。大创意与企业用以迎合关键受众需要的策略是相匹配的。伟大的创意需要符合四个基本标准：符合受众需要、诉求区别于竞争对手、诚实可信，并且具备能够随着企业业务的发展而发展的内在张力。

5）改变认知获得大创意

一旦顾客形成了和品牌的忠诚关系，受众将逐渐被纳入这个过程中。在这个过程中，新形成的感知可能妨碍对品牌独特承诺的反应能力。这种"感知障碍"需要有所突破,以传达"大创意"。

在这些障碍中,有一部分显得尤其难以克服。如果这种障碍是和认知关联的,可以通过增加信息的曝光度来解决这个问题。但是,如果遇到的是信任方面的问题,就需要改变目标受众看待品牌价值的态度。

6）通过信息传播改变消费者认知

改变消费者对品牌的认知并不是一件容易的事情,它需要一种传播上的努力,这种努力需要具有穿透消费者每日因接触过载信息所形成的"防卫墙"的能力。要想获得他们的注意,传播者必须通过精心准备的信息以消除混乱,并促使他们改变心理预设。

一个携带大创意的驱动性信息,可以在媒介预算适度的情况下获得良好的传播效果。在媒介投放之前,务必确认信息的准确性,这将有助于优化投入回报。

7）利用媒介改变认知态度

一旦获得大创意,就需要使用合适的传播媒介。通常,在每一个卷入的阶段都需要使用个性化的媒介来适应受众的需要。

广告和公关是建立品牌认知的有力工具,它们对品牌相关性的形成也有潜移默化的作用。接触频率高的媒体,间接的、直接的或者是互动的,对于品牌相关性和逐渐形成独特价值的感知,也很有帮助。

一旦购买决策形成,直接的互动是形成满意度和忠诚度最有效的手段。但是这么做也有一定的挑战性,需要平衡各种媒体的作用力量,以建立一种整合的、可以最有效地传播信息的媒体解决方案。

8）确定最佳媒介组合

执行的最根本的挑战,在于确定最佳媒介组合以促使目标受众形成强烈的品牌忠诚度。诀窍是在有限的媒介预算的前提下,优化信息传播的力量。这将有助于产生一种驱动性的投入回报,并确保未来的收益。

创造性的媒介计划,用以合理使用媒介预算,将是影响成功的一个非常重要的技巧,特别是在头一年。然后,作为一个示范性的结果,在接下来的第二年及再往后,将成为进行品牌投入的一个预算参考。

9）效果测量

投入需要在清楚了解事实的前提下进行。在和其他投资的比较中,要使人相信整合品牌传播上的投入是一种投资而非花销,就需要展示一个相应的令人满意的投入回报。通过定量的方法了解信息和媒体的传播效果,将有助于在接下来的几年中优化传播效果。

10）从第五步开始,重复整个过程

整合品牌传播是一个有机的过程,通过积极深入展开,可以使之得到滋长并变得更加强大。测量了首次效果后,返回到整合品牌传播活动的初始,并考虑进一步提升的机会。

重新回到对信息的考量上,探求使它们更具有驱动性的机会；重新回到媒介计划上,考量是否到达目标受众；重新回到媒介预算上,考量这些预算是否被合理配置；最后,重新回到评估工具上,确定它们是否能有助于对推动和管理计划的深入了解。

2.3.3 品牌战略与组合

1. 品牌战略

品牌是目标消费者及公众对某一特定事物产生的心理的、生理的、综合性的肯定性感受和评价的结晶物。人和风景、艺术家、企业、产品、商标等，都可以发展成为品牌对应物。我们在市场营销中说的品牌，指的是狭义的商业性品牌，即公众对某一特定商业人物，包括产品、商标、企业家、企业四大类型商业人物的综合感受和评价结晶物。

一些意识超前的企业纷纷运用品牌战略这一利器，取得了竞争优势并逐渐发展壮大，从而确保企业的长远发展。在科技高度发达、信息快速传播的今天，产品、技术及管理诀窍等容易被对手模仿，难以成为核心专长。而品牌一旦树立，不但有价值，而且不可模仿，因为品牌是一种消费者认知，是一种心理感觉，这种认知和感觉不能被轻易模仿。

品牌战略的关键点是管理好消费者的大脑，在深入研究消费者的内心世界、购买此类产品时的主要驱动力、行业特征、竞争品牌的品牌联想的基础上，定位好以核心价值为中心的品牌识别系统，然后以品牌识别系统统率企业的一切价值活动。

1）单一品牌战略

单一品牌又称为统一品牌，是指企业所生产的所有产品都同时使用一个品牌的情形。这样，在企业不同的产品之间形成了一种最强的品牌结构协同，使品牌资产在完整意义上得到最充分的共享。

单一品牌战略的优势不言而喻，商家可以集中力量塑造一个品牌形象，让一个成功的品牌附带若干种产品，使每一个产品都能够共享品牌的优势。例如，大家熟知的"海尔"就是单一品牌战略的代表。

单一品牌的另一个优势就是品牌宣传的成本要低，这里面的成本不仅指市场宣传、广告费用的成本，还包括品牌管理的成本，以及消费者认知的清晰程度。单一品牌更能集中体现企业的意志，容易形成市场竞争的核心要素，避免消费者在认识上发生混淆，也不需要在各个品牌之间进行协调。

当然，作为单一品牌战略，也存在着一定的风险，它具有"一荣共荣"的优势，同样，也具有"一损俱损"的危险。如果某一品牌名下的某种商品出现了问题，那么在该品牌下附带的其他商品也难免会受到株连，至此整个产品体系可能面临着重大灾难。作为单一品牌缺少区分度，差异性差，往往不能区分不同产品的特征，这样不利于商家开发不同类型的产品，也不便于消费者有针对性地选择，因而在单一品牌中往往出现"副品牌"。

2）副品牌战略

品牌咨询界大师翁向东是副品牌理论的创始人，他认为副品牌几乎不花钱就让消费者感受到全新一代和改良产品的问世，创造全新的卖点，妙趣横生而获得了新的心理认同。副品牌战略只要巧加运用，便能在不增加预算的前提下低成本推动新产品的成功。副品牌还能给主品牌注入新鲜感和兴奋点，提升主品牌的资产。副品牌战略的基本特征和运用策略如下。

（1）重心是主品牌，副品牌处于从属地位。企业必须最大限度地利用已有的成功品牌。相应地，消费者识别、记忆及产生品牌认可、信赖和忠诚的主体也是主品牌。这是由企业必须最大限度地利用已有成功品牌的形象资源所决定的，否则就相当于推出一个全新的品牌，其成本高、难度大。

当然，副品牌经过不断地推广，当驱动消费者认同和喜欢的力量上与主品牌并驾齐驱时，主副品牌就演变成双品牌的关系。当超过主品牌时，副品牌就升级为主品牌，原先的主品牌就成为担保品牌和隐身品牌。

（2）副品牌分描述型和驱动型两种。对产品的品类和特点进行描述，但没有实际性增进消费者对产品认同和喜欢的，一般称之为描述型副品牌。如海尔电熨斗的副品牌"小松鼠"亲切、可爱，特别适用于小家电，但仅仅增加了消费者接触"小松鼠"的兴趣感，对吸引消费者实质性认同和喜欢海尔电熨斗的作用十分有限。

能彰显产品的个性并有效驱动消费者认同的副品牌，称之为驱动型副品牌。如海尔洗衣机的副品牌"小小神童"能栩栩如生地彰显出产品的卖点，消费者会因为副品牌的内涵而认同乃至购买该产品。

（3）副品牌具有口语化、通俗化的特点。副品牌采用口语化、通俗化的词汇，不仅能起到生动形象地表达产品特点的作用，而且传播快捷、广泛，易于较快地打响副品牌。

（4）副品牌一般不额外增加广告预算。采用副品牌后，广告主进行广告宣传的重心仍是主品牌，副品牌从不单独对外宣传，都是依附于主品牌联合进行广告活动。这样，一方面，能尽享主品牌的影响力；另一方面，副品牌识别性强、传播面广且张扬了产品个性形象。因此，只要在不采用副品牌的情况下，把本来也要用于该产品宣传的预算用于主副品牌的宣传，其效果就会超过只用主品牌的策略。

3）多品牌战略

一个企业同时经营两个以上相互独立、彼此没有联系的品牌的情形，就是多品牌战略。一个企业使用多种品牌，所具有的功能不仅是区分其他的商品生产者，也包括区分自己的不同商品。多品牌战略为每一个品牌各自营造了一个独立的成长空间。

很明显，它可以根据功能或者价格的差异进行产品划分，这样有利于企业占领更多的市场份额，面对更多需求的消费者；彼此之间看似是竞争的关系，但是实际上很有可能壮大了整体的竞争实力，增加了市场的总体占有率；避免产品性能之间的影响，如把卫生用品的品牌扩展到食品上，消费者从心理上就很难接受。而且，多品牌可以分散风险，某种商品出现问题了，可以避免殃及其他的商品。

该战略的缺点：宣传费用高昂，企业打造一个知名的品牌需要财力、人力等多方面的配合，如果想成功打造多个品牌，自然要有高昂的投入作为代价；多个品牌之间会发生自我竞争；品牌管理成本高，也容易在消费者中产生混淆。

2. 品牌组合

品牌组合是指一个组织所管理的所有品牌，它包括主品牌、担保品牌、子品牌、品牌化的差异点、联合品牌、品牌化的活力点及公司品牌。

企业在进行品牌组合时主要考虑以下几点：品牌组合中的品牌是否存在重叠或不足，

是否能够在不影响利润和增长的情况下剔除一个品牌,是否有一个优势品牌能够带动某一市场的开发,是否有一个品牌可以作为其他品牌的后盾(防御品牌),是否有一个区域品牌和全球品牌的最佳组合等。总的来说,涉及品牌组合的问题就是数量和质量(构成或关系)问题。

1)品牌组合的增量管理

品牌组合的增量管理是指企业为了区别新市场或进入新市场,通过一定的途径增加品牌数量,使之提高品牌组合的效益和效率的过程。其途径包括以下几种。

(1)自创新品牌:为不同类型的产品在不同市场启用新的品牌名,塑造新的品牌形象,用于区别不同市场的个性和偏好。

(2)购并品牌:企业为了迅速进入某个市场,从而购并这个市场中已有品牌的做法。如宝洁公司收购"吉列"品牌进入剃须刀市场。

(3)联盟品牌:企业为了利用他人的资源打开某个市场,通过合资或合作的形式,共同建立一个混合品牌或联盟品牌。

企业对不同增量途径的选择。无论是自创新品牌、购并品牌还是联盟品牌在速度、控制和投资上都各有优势和劣势。企业品牌组合增量的理想方式应是快速地进入和占领市场、严格的控制(确保品牌形象不受损害)和最低的投资。

企业应该根据这三种方式的不同特点,再结合自身在品牌组合管理方面的经济和能力、金融方面的实力、产品和市场的特点以及企业要达到的目标,选择不同的增量途径。

2)品牌组合的减量

当一个品牌组合中的品牌成员已经多到影响企业资源利用、绩效产出,超出其管理能力时,适当的减量管理势在必行。

总之,品牌组合的增量管理着眼于企业如何利用市场机会的问题,减量管理则着眼于如何提高盈利效率和资源利用效率的问题。无论是增量管理还是减量管理都要着眼于企业整体资源的利用和竞争能力的提高上。

3)品牌组合中质的管理

(1)母子品牌的管理。母品牌也称为主品牌,一般是公司品牌或族品牌(品牌系列),代表公司形象和企业产品的总体形象,具有很高的声誉,在市场上的号召力比较强;而子品牌也称为副品牌,一般是公司的产品品牌,代表的是某种产品的个性和形象。母品牌和子品牌的搭配,既可借助母品牌的声誉和实力,又可拥有特色,防止出现"一荣俱荣,一损俱损"的后果。

对其管理要注意建立和维护母品牌的形象,防止母品牌被滥用,具体办法是:要建立母品牌的优势形象,母品牌不应使用在性质差别很大的产品类别当中,不应使用在市场前景不好的市场中;又要使子品牌真正反映产品的特点,在市场上建立相应的个性和形象,做到"名实相符"。

(2)多品牌的管理。多品牌指的是在同一产品类别上引入多个品牌,如宝洁公司在一种洗衣粉上使用了 9 个品牌。多品牌组合可以满足人们对同一产品的不同需求或不同利益的追求,在同一品类的不同市场上形成竞争和合作的态势,既能提高品牌的活力,又能有效地防止竞争对手在销售渠道和细分市场的攻击。对多品牌的管理要注意合理定位。品牌的合理定位是将不同子市场组合成一个统一的品类市场的重要工具。它使多个品牌之间既有竞争又有互补，对品牌的边界进行严格管理。企业在价格区间、目标人群、品牌定位、产品设计、产品品质、风格特色、销售渠道、服务等方面要对品牌进行尽可能的差异化管理。

（3）外来品牌和自有品牌的管理。在企业的品牌组合中，有的是自创品牌，有的是购并的、租用的或联盟的品牌，企业对这些品牌在感情上可能存在不同的反应，但在实际的应用中应摒弃感情因素，从实用的角度去管理这两种品牌。一方面，要明确外来品牌的作用：是为了进入新的市场，还是作为防御品牌；是为了利用外部资源，还是为了消除竞争。另一方面，要明白外来品牌和自有品牌之间的关系：是互补关系，还是竞争关系，或是二者皆有。若是互补关系，则应充分利用相互的资源，挖掘品牌的潜力；若是互相竞争关系，则要进行评估，然后进行选择性发展；若是既有竞争又有互补，则参照多品牌管理法则进行。

（4）受托品牌和托权品牌的管理。在品牌组合中还有一些品牌组合是"受托品牌"（endorsed brand）+"托权品牌"（endorser brand），受托品牌是经托权品牌认可的独立品牌，托权品牌一般是公司品牌或族品牌。在表达中，受托品牌在前，托权品牌在后，知名品牌的托权给受托品牌带来信誉和支持。

（5）全球品牌和区域品牌的管理。全球品牌是企业在全球范围内营销，对全球市场有一定影响力的品牌；而区域品牌是在区域范围内营销，对区域市场有影响力的品牌。显然，全球品牌的市场规模和影响力都比区域品牌要大，但二者是有紧密联系的，可以说，全球品牌是建立在优势区域品牌基础上发展而来的。企业在处理品牌的地理影响范围时，要注意全球品牌和区域品牌的搭配，因为全球品牌一旦面临市场萎缩，也可能成为区域品牌，区域品牌一旦发展良好，也可能成为全球品牌，二者的相互搭配可以弥补品牌组合中品牌的市场覆盖范围和影响力范围，提高企业的品牌资源配置效率和效益。

品牌组合的管理是动态的艺术，必须随着环境的变化而不断调整，但成功的品牌组合管理一定是在品牌组合的量与质上取得平衡的管理，一定是提高品牌组合效益和企业市场竞争能力的管理。

2.3.4 品牌更新与危机管理

1. 品牌更新

1）品牌更新的含义

品牌更新是指随着企业经营环境的变化和消费者需求的变化，品牌的内涵和表现形式也要不断变化发展，以适应经济社会发展的需要。品牌更新是经济社会发展的必然。只要经济社会环境在发展变化，人们的需求特征在趋向多样化，社会时尚在变，就不会存在一劳永逸的品牌，只有不断设计出符合时代需求的品牌，品牌才有生命力。

品牌更新是品牌自我发展的必然要求，是克服品牌老化的唯一途径。基于内部和外部原因，企业品牌在市场竞争中的知名度、美誉度下降，以及销量、市场占有率降低等品牌失落的现象，称为品牌老化。现代社会，技术进步愈来愈快，在一些行业内，产品生命周期也越来越短，同时社会消费意识、消费观念的变化频率也逐渐加快，这些都会影响产品的市场寿命。

企业在进行品牌更新时，要综合考虑两个方面的影响因素：一方面，要考虑品牌更新成本，即把企业自己的品牌从一个品牌定位点转移到新的品牌定位点，或者更有效地维持原有的品牌形象所支付的成本费用。在通常情况下，更新后的品牌形象与原形象的距离越远，其更新成本就越高。另一方面，要考虑市场对品牌新形象的认可与接受程度，即品牌新形象所增加的收入。

2）品牌更新的策略

（1）形象更新。形象更新，顾名思义，就是品牌不断创新形象，适应消费者心理的变化，从而在消费者心目中形成新的印象的过程。通常有以下几种情况。

① 消费观念变化导致企业积极调整品牌战略，塑造新形象。如随着人们环保意识的增强，消费者已开始把无公害消费作为选择商品、选择品牌的标准，企业这时可重新塑造产品形象，避免涉及环保内容或采用迎头而上的策略，更新品牌形象为环保形象。

② 档次调整。企业要开发新市场，就需要为新市场而塑造新形象，如日本小汽车在美国市场的形象，就经历了由小巧、省油、耗能低、价廉的形象到高科技概念车形象的转变，给品牌的成长注入了新的生命力。

（2）定位的修正。从企业的角度看，不存在一劳永逸的品牌；从时代发展的角度看，要求品牌的内涵和形式不断变化。品牌从某种意义上就是从商业、经济和社会文化的角度对这种变化的认识和把握。所以，企业在建立品牌之后，会因竞争形势变化而修正自己的目标市场，有时也会因时代特征、社会文化的变化而引起修正定位：第一，竞争环境使得企业扬长避短，修正定位；第二，时代变化而引起修正定位。

（3）产品更新换代。现代社会，科学技术作为第一生产力、第一竞争要素，也是品牌竞争的实力基础。企业的品牌想要在竞争中处于不败之地，就必须保持技术创新，不断地进行产品的更新换代。

（4）管理创新。管理创新是企业生存与发展的灵魂。企业与品牌是紧密结合在一起的，企业的兴盛发展必将推动品牌的成长与成熟。品牌的维系，从根本上说，是企业管理的一项重要内容。管理创新是指从企业生存的核心内容来指导品牌的维系与培养，它包含多项内容，如与品牌有关的观念创新、技术创新、制度创新、管理过程创新等。

3）品牌更新的步骤

（1）调查分析阶段。品牌经营者在实施品牌更新之前，必须进行调查分析，以便了解该品牌自身的情况、消费者和竞争对手及宏观政策等方面，为准确的品牌更新打下有利的基础。

（2）明确品牌的劣势和弊端。品牌经营者在调查分析的基础上，进行适当的研究，明确品牌的弊端和劣势，并要了解产生该劣势和弊端的根本原因。

（3）寻找验证措施。针对问题，需要不断地寻找对策以及对对策进行比较分析、验证，明确方法和措施存在哪些优势和劣势，实施会产生哪些正面影响和负面影响，在此基础上进行下一步操作。

（4）执行实施阶段。实施阶段是最复杂、最困难的一环，实施得好坏关系品牌的命运和前程，因此计划的实施，除需要及时、高效外，还需要灵活、认真、科学。

2. 品牌危机管理

1) 品牌危机的定义

品牌危机是指由于企业内部和外部的诸多可变性因素,使得品牌产品在设计、生产、原料、配方等环节上出现有损消费者身心健康的隐患,甚至直接损害消费者的生命安全,从而造成品牌形象受损和品牌价值降低的意外情形,从而引发的突发性品牌被市场吞噬、毁掉直至销声匿迹,公众对该品牌的不信任感增加,销售量急剧下降,品牌美誉度遭受严重打击等现象。

2) 品牌危机管理

品牌危机管理已成为品牌管理战略的一个重要课题。成功的危机管理可以使品牌化险为夷、渡过难关,甚至大大提高品牌的知名度、美誉度;相反,失败的危机管理则会使一个正在走俏的品牌一下子遭遇冷落,甚至就此销声匿迹。

(1) 品牌危机预警系统。品牌危机预防着眼于未雨绸缪、策划应变,建立品牌危机预警系统,及时捕捉企业危机征兆,并为各种危机提供切实有力的应对措施。其具体措施如下。

① 建立信息监测系统。建立高度灵敏、准确的信息监测系统,及时收集相关信息并加以分析、研究和处理,全面清晰地预测各种危机情况,捕捉危机征兆,为处理各项潜在危机指定对策方案,尽可能确保危机不发生。危机信息监测系统要便于对外交流,适于内部沟通。其信息内存要突出"优",信息传递速度要强调"快捷",信息质量要求"再确认"。分析后的紧急信息或事项要实施"紧急报告制度",将危机隐患及时报告主管领导,以便能及时采取有效对策。

② 建立品牌自我诊断制度。通过建立这一制度,从不同层面、不同角度进行检查、剖析和评价,找出薄弱环节,及时采取必要措施予以纠正,从根本上减少乃至消除发生危机的诱因。这种自检自诊不是有了问题才检查,而是通过检查以防止问题的发生。一个有效的办法就是调查研究品牌危机的历史,其目的有两个:一是以自己或他人的历史为前车之鉴,避免再犯类似的错误;二是从以往的危机处理中吸取经验、教训,找出解决危机的有效方法。

(2) 品牌危机处理。首先,迅速组成处理危机的应变总部。在危机爆发后,最重要的是应该冷静地辨别危机的性质,有计划、有组织地应对,因此迅速成立处理危机的应变总部,担负起协调和指挥工作就是十分必要的。一般来讲,这类机构应该包括以下各种小组:调查组、联络组、处理组、报道组等。每个小组的职责要划定清楚。一旦危机事件发生,调查组要立即对事件进行详细的调查,并尽快做出初步报告。

其次,迅速启动"产品召回"制度。产品质量问题所造成的危机是最常见的危机。一旦出现这类危机,企业要迅速启动"产品召回"制度,不顾一切代价收回所有在市场上的不合格产品,并利用大众媒体告知社会公众如何退回这些产品的方法。

最后,进行积极真诚的内、外部沟通。面对各种突发性的品牌危机,企业要处变不惊,沉着冷静,正确把握危机事态的发展,有条不紊地开展危机公关工作,才能处理好内部公众关系,避免出现人心涣散、自顾不暇、各奔前程的局面。企业要迅速组建由首席执行官领导的危机公关小组,小组成员由企业相关部门人员组成,必要时可以根据情况聘请社会专业公关资源做顾问进行协助，制订出公关方案，统一口径对外公布消息。同时，要通过媒体向所有受影响的消费者及公众致以诚挚的歉意，公布处理和改正措施，承担应有的责任，最大限度地争取公众的谅解。即使责任不在企业，也要给消费者以人道主义的关怀，为受害者提供应有的帮助，以免由于消费者的不满，他们的关注点会转移到事件之外，使危机升级。

（3）品牌危机善后。在平息品牌危机事件后，管理者就要着手进行品牌的恢复与重振工作。

① 吸取教训，制订危机管理计划。危机的发生是任何企业都不愿遭遇的，无论是处理危机，还是重新获得公众好感，恢复形象，都需要投入大量的时间和精力，花费巨大。特别是对于那些临阵磨枪、仓促上阵的电子商务品牌，必须吸取深刻的教训，危机过后应立即着手制订品牌危机管理计划，必要时请专家和公共关系公司进行指导和帮助，这样才不至于再犯同样的错误。

② 实事求是地兑现企业在危机过程中对公众做出的承诺。这体现了企业对诚信原则的恪守，反映了企业对完美品牌形象和企业信誉的一贯追求。承诺意味着信心和决心，企业通过品牌承诺，将企业的信心和决心展现给顾客及社会公众，表示企业将以更大的努力和诚意换取顾客及社会公众对品牌、企业的信任，是企业坚决维护品牌形象与企业信誉的表示；承诺也意味着责任，企业通过品牌承诺，使人们对品牌的未来有了更大、更高的期待。

③ 要继续传播品牌信息，举办富有影响力的公关活动，提高品牌美誉度，制造良好公关氛围。企业与公众之间的信息交流和沟通是企业获得公众了解和信任，争取公众支持与合作的有力手段。在危机期间，品牌形象和企业信誉大为减损。企业在经历危机考验之后更需要加强企业对外信息传播，消除公众心理和情感上的阴影，让顾客及社会公众感知品牌新形象，体会企业的真诚与可信，提高企业美誉度。

2.4　跨境电子商务支付方案

2.4.1　跨境电子商务支付市场

目前，我国跨境电子商务企业在跨境商品交易中主要有五种不同的商业模式：传统跨境大额交易 B2B 平台模式、门户型 B2B 跨境电子商务平台模式、综合型垂直跨境 B2C 小额平台模式、第三方服务平台（代运营）模式、垂直型跨境小额交易网站（独立 B2C）模式。与当前跨境电子商务平台模式相对应，跨境电子商务支付方式也有所不同。

1. 传统跨境大额交易 B2B 平台模式支付市场

传统跨境大额交易 B2B 平台模式主要为中国外贸领域规模以上 B2B 电子商务企业服务，如为境内外会员商户提供网络营销平台，传递供应商或采购商等合作伙伴的商品或服务信息并最终帮助双方完成交易。

传统跨境大额交易平台的典型代表有 eBay、阿里巴巴国际站、环球资源网、中国制造网等。大宗交易平台仅提供卖家和买家信息,提供商家互相认识的渠道,不支持站内交易。外贸交易主要以线下支付为主,金额较大。因而,线下支付一般采用 T/T、L/C、西联等方式。

电汇(telegraphic transfer,T/T)是指汇出行应汇款人申请,拍发加押电报电传或 SWIFT 给在另一国家的分行或代理行(即汇入行)指示解付一定金额给收款人的一种汇款方式。

信用证(letter of credit,L/C),是指开证银行应申请人(买方)的要求并按其指示向第三方开立的载有一定金额的、在一定的期限内凭符合规定的单据付款的书面保证文件。信用证是国际贸易中最主要、最常用的支付方式。

西联汇款(Western Union)是国际汇款公司的简称,是世界上领先的特快汇款公司,迄今已有 150 年的历史,它拥有全球最大、最先进的电子汇兑金融网络,代理网点遍布全球近 200 个国家和地区。西联公司是美国财富五百强之一的第一数据公司(FDC)的子公司,中国农业银行、中国光大银行、中国邮政储蓄银行、中国建设银行、浙江稠州商业银行、吉林银行、哈尔滨银行、福建海峡银行、烟台银行、龙江银行、温州银行、徽商银行、浦发银行等多家银行是西联汇款中国合作伙伴。使用这种方式支付大概要花费 3~5 天的时间。

2. 门户型 B2B 跨境电子商务平台模式支付市场

门户型 B2B 跨境电子商务平台模式主要提供交易在线物流、纠纷处理、售后等服务。目前,这种跨境电子商务平台主要有敦煌网、AliExpress、eBay、慧聪网等。门户型平台的市场集中度较高,敦煌网的市场份额超过 60%。这种平台模式多采用线上支付,支付方式主要包括 PayPal 等方式。

PayPal(在中国内地的品牌为贝宝)是美国 eBay 公司的全资子公司,由 Peter Thiel 及 Max Levchin 建立,是一个总部在美国加利福尼亚州圣何塞市的互联网服务商,允许使用电子邮件来标识用户身份,转移资金,避免了传统的邮寄支票或者汇款的方法。PayPal 也和一些电子商务网站合作,成为它们的货款支付方式之一,但是用这种支付方式转账时,会被收取一定数额的手续费。

3. 综合型垂直跨境 B2C 小额平台模式支付市场

综合型垂直跨境 B2C(含部分 B2B)小额平台模式主要提供交易、在线支付、物流、纠纷处理、售后等服务,以小额批发零售为主。这种模式的代表性平台有兰亭集势、米兰网、大龙网、Chinavasion、Tomtop 等。这种模式普遍采用线上支付,如 PayPal、信用卡、借记卡等。

借记卡(debit card)是指先存款后消费(或取现),没有透支功能的银行卡。

借记卡是一种具有转账结算、存取现金、购物消费等功能的信用工具。使用借记卡跨境支付时,一般需要在银行柜台签署相关协议。

4. 第三方服务平台(代运营)模式支付市场

第三方服务平台(代运营)模式,不参与电子商务的交易过程,专门为各类小额跨境电子商务公司提供整体解决方案,协助客户提供交易后台的支付、物流及客服服务,属于专业平台技术支持方和运营方。

支付方式按客户需求，可有多种选择。B2C 跨境电子商务平台模式，其主要业务包括交易、物流、支付、客服等。这种模式与 B2B 跨境电子商务平台模式一样，普遍采用线上支付如 PayPal、信用卡、借记卡、VISA、万事达卡等。VISA 和万事达卡是两个国际信用卡组织。

在国际上主要有威士国际组织（VISA International）、万事达卡国际组织（MasterCard International）两大组织及美国运通国际股份有限公司（American Express）、大来信用证有限公司（Diners Club）、JCB 日本国际信用卡公司（JCB）几家专业信用卡公司。在各地区还有一些地区性的信用卡组织，如欧洲的 Europay、我国的银联等。

威士国际组织是目前世界上最大的信用卡和旅行支票组织。威士国际组织的前身是 1900 年成立的美洲银行信用卡公司。威士国际组织拥有 VISA、Electron、Interlink、Plus 及 VISA Cash 等品牌商标。

万事达卡国际组织本身并不直接发卡，MasterCard 信用卡是由参加万事达卡国际组织的金融机构会员发行的。我国的各大商业银行均加入了这两个国际信用卡组织。

银联是经中国人民银行批准的、由 80 多家国内金融机构共同发起设立的股份制金融服务机构，注册资本 16.5 亿元人民币。公司于 2002 年 3 月 26 日成立，总部设在上海。银联在线支付跨境购物服务由中国银联通过延伸全球的"银联在线支付"系统，与境外主流银行卡收单服务机构联合推出。持卡人可在与中国银联合作的境外收单服务机构旗下网上商户，通过"银联在线支付"，方便、快捷地购买到正宗的海外商品。使用银联卡进行跨境网上支付，将直接扣除相应的人民币金额，持卡人无须支付任何货币转换费，节约支付成本。目前支持"银联在线支付"的境外网上商户已超过百万家，主要分布于中国香港以及日本、美国等市场。

5．垂直型跨境小额交易网站（独立 B2C）模式支付市场

阿里巴巴全球速卖通除使用 VISA、万事达国际卡通过支付宝进行担保交易外，还与俄罗斯 Qiwi Wallet 等机构达成合作，促进境外消费者本地化便捷支付。2012 年 6 月，阿里巴巴与俄罗斯电子支付公司 Qiwi Wallet 签署战略合作协议，俄罗斯买家可以先对自己的 Qiwi Wallet 账户进行充值，再到阿里巴巴旗下的速卖通平台购买商品，待支付成功之后卖家便可发货。

跨境电子商务的业务模式不同，采用的支付结算方式也存在着差异。跨境电子支付业务会涉及资金结售汇与收付汇。从支付资金的流向来看，跨境电子商务进口业务（包括个人消费者海淘）涉及跨境支付购汇，购汇途径一般有第三方购汇支付、境外电子商务接受人民币支付、通过国内银行购汇汇出等。跨境电子商务出口业务涉及跨境收入结汇，其结汇途径主要包括第三方收结汇、通过国内银行汇款、以结汇或个人名义拆分结汇流入等。

2.4.2　第三方跨境电子商务支付

跨境电子商务的快速发展和巨大潜力，为跨境电子商务企业提供了获利空间，推动着

第三方支付平台提供更优质服务和更专业的资金管理能力。

1. 第三方跨境电子商务平台的支付流程

1）第三方支付机构跨境电子商务购汇支付流程

境内消费者登录境外网购平台选购商品或服务，并向境外电子商务企业下订单；境外电子商务企业将订单信息发送给第三方支付平台，第三方支付平台获取境内消费者电子认证信息后，境内消费者将与订单对应的人民币款项支付给第三方支付平台；第三方支付平台随即通知境外电子商务企业已收到订单款项，境外电子商务企业按照订单发送货物或提供服务，境内消费者收取货物或服务后通知第三方支付平台；向托管银行发送支付信息，托管银行办理购汇手续后支付外汇给境外电子商务企业，境外电子商务企业收款后通知第三方支付平台，交易结束。

2）第三方支付机构跨境电子商务收汇支付流程

境外消费者登录境内网购平台选购商品或服务，并向境内电子商务企业下订单；境内电子商务企业将订单信息发送给第三方支付平台，第三方支付平台获取境外消费者电子认证信息后，境外消费者将与订单对应的外汇款项支付给第三方支付平台；第三方支付平台随即通知境内电子商务企业已收到订单款项，境内电子商务企业发送货物或提供服务，境外消费者收取货物或服务后通知第三方支付平台向托管银行发送支付信息，托管银行办理结汇后将人民币支付给境内电子商务企业，境内电子商务企业收款后通知第三方支付平台，交易结束。

2. 第三方跨境电子商务支付优势及问题

1）第三方跨境电子商务支付的优势

在中国消费者常用的跨境电子商务支付方式中，第三方支付相较于金融机构支付、专业汇款公司支付更受青睐。第三方跨境电子商务支付在商户资源覆盖、交易支付安全、业务流程规范等方面的优势也更加明显。

（1）信用安全保障。第三方支付机构通过实名认证核实买家身份信息和银行账户信息，并采用在买方确认收货后再付款给卖方的担保支付结算方式，可以有效地弥补交易双方信用缺失的问题，保障交易安全。

（2）交易支付便利。传统境外购物的支付环节需要首先进行货币兑换，申请手续烦琐。在第三方支付机构支持的跨境交易中，境外商家可以收到外币货款，境内买家则可以人民币支付货款，还能实时获取境外商家的人民币报价信息，从而为交易带来极大的便利。

（3）业务涵盖全面。具有互联网支付业务许可证的第三方支付企业可开展的业务范围包括企业进出口业务、境内消费者境外购物业务、境外消费者境内购物业务、旅游服务业务、对外支付学费和其他业务等，涵盖了消费者跨境支付的大部分需求。

2）第三方跨境电子商务支付的问题

第三方跨境电子商务支付业务为消费者和商家提供了支付便利和安全保障，但同时由于自身的特点，也带来了巨大挑战。

（1）市场准入机制不完善。第三方支付机构在跨境交易中，既承担着与银行类似的外汇收支管理职责，是外汇管理政策的执行者，又承担着第三方担保支付职责，是交易行为的监督者。因此，对第三方跨境电子商务支付机构的市场准入进行规范显得尤其重要。国家职能部门希望以发放牌照和许可证的方式来提高第三方跨境电子商务支付的市场准入门槛，中国人民银行也要求第三方支付机构制定具体的支付清算业务办法，以建立健全风险管理和内部控制制度。但是，目前对第三方支付机构的市场资质还未有明确管理规定。一旦有支付机构出现违规经营、系统故障、信息泄露等情况，便会引发客户外汇资金及业务风险。

（2）市场监管力度不到位。第三方支付机构并不属于金融机构，但其在资金清算、支付、结算方面的职能却与金融机构有着同等效力，需要接受法律法规和相关职能部门的监督管理，才能保证境外支付的有序开展。

① 监管法律欠缺。第三方跨境电子商务支付是一项新兴业务，目前还缺乏有针对性的监管法律。一方面，在国家外汇管理局、国家税务总局、工商行政管理局、商务部、人民银行等部门和机构颁布的相关法律法规中，虽然明确了鼓励第三方支付产业发展的态度，但并未明确跨境支付的详细管理要求；另一方面，跨境支付中所牵涉的外汇管制和资产外流等问题使得立法、司法和执法都呈现出新特点，使监管法律法规的制定更加复杂化。

② 信息审核不全面。在第三方跨境电子商务支付中，交易方的购汇、结汇业务均由第三方支付机构代理完成，银行因为不直接与境内外交易双方联系而无法对其身份的真实性进行审核，国家监管部门对第三方支付机构提供的资金流转正常性和交易合法性也无法深入审核，这给境内外非正当资金的流转提供了可能，存在洗钱风险。

③ 国际收支申报困难。因为第三方担保交易和国际物流的需要，第三方跨境电子商务支付业务中的资金结算具有周期性和延迟性，且一次支付的金额包含多笔交易资金，使得我国现行规定中"国际收支需逐笔申报"的要求难以实施，这加大了资金跨境监管的难度。

（3）风险防控机制不全面。跨境电子商务交易具有虚拟化、高效率和无国界的特征，交易资金可以迅速通过第三方跨境电子商务支付实现转移，但也容易成为非法资金的流通通道，给风险防控工作带来困难。一方面，在第三方跨境电子商务支付业务中，买家所支付的资金由于结算周期原因成为沉淀资金，而这部分资金的控制权完全在第三方支付机构的掌握中，如果缺乏有效的资金管理规定，则可能存在资金安全和支付风险；另一方面，个别第三方支付机构在业务处理过程中存在违规操作现象，这给国际信用卡恶意透支和套现、资金非法出入、跨境欺诈交易和违法交易提供了渠道，而不够完善的相应风险防控机制使得上述风险防不胜防。

（4）支付产业链尚未融合。在跨境电子商务交易中，第三方支付机构是为境内外收付款人之间的真实交易需要转移人民币资金提供支付服务，而此产业链中的主要参与方（包括境内外消费者、境内外商户、第三方支付机构、银行和各相关职能部门等）的合作目前尚未打通，商务环境还有待进一步完善。传统的境外贸易多数是通过国际信用卡支付方式实现的，第三方跨境电子商务支付方式的介入必须与海外的商务系统进行融合，以解决销售结汇问题。但由于第三方支付工具的限制，境外商品所属组织目前还很难与第三方支付机构融合，加之支付市场还要受制于物流、关税、汇率等问题影响，使得与海关等职能部门的融合加大了产业链形成的难度。

3. 第三方跨境电子商务支付机构

我国第三方跨境电子商务支付主要有两种机构：一是境内第三方支付平台，如支付宝、财付通等，这些均由外汇管理局批复；二是提供全球在线收付款的境外支付企业，如 PayPal 等第三方支付系统。

PayPal 是全球使用最广泛的跨境电子商务交易在线支付工具，它为我国跨境外贸电子商务提供外币在线支付服务已有多年，被认为是国内外贸从业者的必备支付工具。目前，PayPal 作为全球最大的在线支付公司，在第三方支付机构中占据重要地位。当前，PayPal 业务支持全球 190 个国家和地区的 25 种货币交易，尤其在欧美普及率极高。同时，PayPal 还是在线支付行业标准的制定者，在全球支付市场中获得认可，拥有很高的知名度和品牌影响力。中国跨境交易的用户，也受此影响，更多地选择了 PayPal。尤其是个人海淘用户和跨境 B2C 出口对其使用率更高。

在跨境电子商务支付领域中，PayPal 在我国的跨境电子商务支付绝对领先地位已经开始遭受挑战。目前，已获得中国人民银行许可证的第三方支付机构约 250 家，其中 23 家获得跨境支付业务牌照，主要包括银联、支付宝、拉卡拉、通联支付、快钱、财付通等第三方支付机构。它们可以通过银行为小额电子商务交易双方提供跨境互联网支付所涉及的外汇资金集中收付及相关结售汇服务。

支付宝凭借国内第三方支付的良好基础，逐步进军跨境电子商务支付。2007 年 8 月，支付宝与中国银行等银行合作，推出跨境电子商务支付服务。从 2009 年开始，支付宝先后和威士（VISA）和万事达卡（Master）进行合作，这两大全球发卡机构在我国港澳台地区的持卡用户都可通过支付宝在境内的淘宝网进行购物，从而完成双向的跨境支付服务。目前，支付宝的跨境支付服务已覆盖 34 个国家和地区，支持美元、英镑、欧元、瑞士法郎等十多种外汇结算。国内第三方支付机构开始广泛介入跨境电子商务在线交易及跨境电子支付业务。

财付通与美国运通（American Express）合作，其网络支付服务能够借道美国运通，实现在美国、英国的 Global Eshop 等热门购物网站上跨境在线购物、支付。快钱则推出适合外贸电子商务用户的一揽子跨境支付、国际收汇服务方案，通过与西联汇款的合作，实现自动化的汇款支付处理，帮助外贸电子商务企业消除烦琐的结汇流程并规避风险。

2.4.3 跨境电子商务支付与外汇管理

1. 电子商务在外汇管理政策层面需明确界定的问题

跨境电子商务支付的兴起，给基于传统外贸交易特征的外汇管理体制与政策带来了新的挑战，基于与传统贸易的差异，电子商务在外汇管理政策层面存在以下三个突出问题需要予以明确界定。

（1）电子商务交易贸易性质的归属管理问题。从电子商务交易形式上看，跨境电子商务交易在本质上属于服务贸易范畴，国际社会普遍认可将其归入 GATS 规则，按服务贸易分类进行统计和管理。而对于仅通过电子商务方式完成订购、签约、交易等，但要通过传统的运输方式将货物运送至购买人的，则将被归入货物贸易范畴，属于GATT规则的管理范畴。由于我国尚未出台服务贸易外汇管理办法及跨境电子商务外汇管理法规，导致有关方面对跨境电子商务涉及的外汇交易归属管理范畴的把握有些模糊。

（2）跨境电子商务支付机构相关外汇业务资格问题。跨境电子商务及其支付业务借助电子信息技术突破时空限制，将商务交易延伸到世界的各个角落，使交易资讯和资金链条汇集成大数据平台。交易主体一旦缺乏足够的支付能力或出现信用危机、违规经营、信息泄露、系统故障等问题，则会引发交易主体外汇资金风险。因此，对跨境电子商务及其支付机构进行外汇市场准入管理显得十分重要与迫切。

（3）跨境电子商业支付机构外汇管理与监管职责问题。如何对第三方支付机构所提供的跨境外汇收支服务进行有效的管理与准确的职能定位，急需外汇管理部门在法规中加以明确，从而使其在制度框架下规范运行。

2. 跨境电子商务支付给外汇管理带来的新挑战

随着跨境电子商务的快速发展，针对传统国际贸易的业务特点而设计的现行贸易外汇管理政策，已经难以适应电子商务在交易形态和支付方式方面给外汇管理带来的新要求、新挑战。

1）交易的虚拟性和无纸化带来单证审核困难

在跨境电子商务中，双方交易信息和契约要素均以电子形式予以记录和传递，而电子单证很容易被修改而不留任何线索和痕迹，导致传统的单证审核方式难以跟上新的形势变化。而虚拟特性更为突出的虚拟游戏物品等交易产品，其交易的真实性和可测性更是难以把握。目前，除了货物贸易，服务贸易利用跨境电子商务平台进行交易也日益活跃。按照现行外汇管理规定，电子通信、信息服务、无形资产等服务贸易项下售付汇业务，需要提供主管部门的批件或资质证明。如果按照传统服务贸易那样向外汇指定银行提交贸易纸质单证，则难以做到相应配套，同时也无法体现出跨境电子商务的优势，即信息流、物流、资金流的高效性和便捷性。

2）跨境电子商务支付国际收支申报存在困难

一方面，通过电子支付平台境内外电子商务企业的银行账户不直接发生跨境资金流动，且支付平台完成实质交易资金清算通常需要 7~10 天，因此由交易主体办理对外收付款申报的规定较难实施。另一方面，不同的交易方式下对国际收支申报主体也产生不同的影响。例如，代理购汇支付方式实际购汇人为交易主体，应由交易主体进行国际申报，但实施起来较为困难；线下统一购汇支付方式实际购汇人为第三方支付机构，可以第三方支付机构为主体进行国际收支申报，但此种申报方式难以体现每笔交易资金实质，增加了外汇审查和监管难度。货物贸易外汇改革后，外汇管理部门通过贸易外汇监测系统，全面采集企业货物进出口和贸易外汇收支逐笔数据，定期比对、评估货物流与资金流的总体匹配情况。与传统货物贸易相比，跨境电子商务的物流方式以快递为主，难以取得海关报关单据等合法凭证，也难以获得与资金流相匹配的货物流数据，进而增加了外汇监管工作的复杂性和工作量。

3）银行直接对跨境电子商务交易进行真实性审核困难

跨境电子商务的无纸化、虚拟性导致外汇管理部门对跨境电子商务交易的真实性、支付资金的合法性难以审核，增大了跨境资金异常流动和反洗钱监管难度。特别是第三方支付机构的介入，原本银行了如指掌的交易流程被割裂为难以看出关联的繁杂交易。由于缺乏对交易双方的资讯了解，外汇指定银行无法直接进行贸易真实性审核。例如在境外收单业务中，客户的支付指令由支付机构掌握，银行按照支付机构的指令，将资金由客户账户划入人民币备付金账户，通过银行购汇入外汇备付金账户，再将资金由外汇备付金账户汇入目标账户。即便发生在同一系统，银行也很难确定各项电子交易的因果关系。

4）跨境电子商务支付外汇备付金账户管理困难

随着跨境电子商务及支付机构的发展，机构外汇备付金管理问题日益突显，而我国当前对外汇备付金管理没有相关的明确规定。例如，外汇备付金是归属经常项目范畴，还是归属资本项目范畴，没有明确；外汇备付金账户开立、收支范围、收支数据如何报送，没有明确；同一机构本外币备付金是否可以轧差结算等无统一管理标准，易使外汇备付金游离于外汇监管体系外，这些都需要通过出台相关规定予以解决。

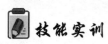

跨境电子商务的品牌维护

一、实验目的

1. 通过本次实验，使学生理解本章所介绍的跨境电子商务的品牌定位、品牌传播与推广、品牌战略与组合以及品牌维护。
2. 要求学生能够掌握如何维护跨境电子商务品牌。
3. 要求学生为给定的企业设计品牌维护方案。

二、实验内容

选择一个跨境电子商务企业，设计其品牌维护策略。

三、实验报告内容

将选择的跨境电子商务企业的品牌维护策略分析结果撰写成实验报告，实验报告内容可参照以下内容。

1. 企业简介。
2. 品牌定位与识别。
3. 商业模式分析。
4. 品牌传播与推广。
5. 品牌维护。

四、设备与所需软件

多媒体实验机房，配备每人一台可以访问互联网的计算机。

五、报告与考核

实验报告要求	实验考核要求
（1）实验目的； （2）实验内容及要求； （3）实验过程； （4）实验心得； （5）同学之间关于实验的交流	（1）学生根据实验要求提交实验报告； （2）教师根据实验报告评定单项实验成绩； （3）根据单项实验成绩和实验报告内容给出整体实验成绩； （4）整体实验成绩根据适当比例计入课程总分

 章节巩固与测评

1. 跨境电子商务主要商业模式有哪些？
2. 供应链的概念是什么？
3. 品牌更新策略有哪些？
4. 品牌危机如何善后？

第 3 章 跨境电子商务平台分析

知识框架图

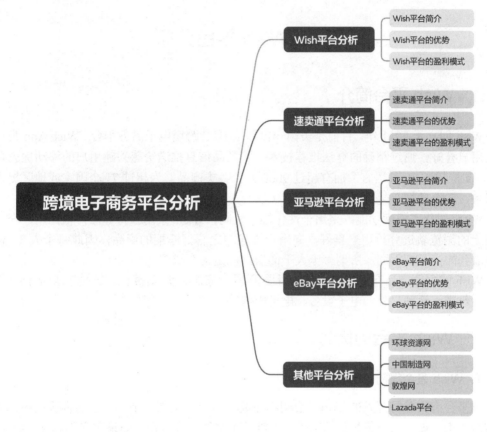

学习目标

- 了解 Wish 平台的优势；
- 掌握速卖通平台的盈利模式；
- 了解 eBay 平台；
- 了解亚马逊平台的盈利模式。

关键词

Wish　速卖通　亚马逊　eBay

亚马逊/速卖通/eBay/Wish 开店要求及费用

3.1 Wish 平台分析

3.1.1 Wish 平台简介

Wish 创立于 2011 年,目前是美国一家移动 B2C 跨境电子商务平台。Wish App 是一款根据用户喜好,通过精确的算法推荐技术,将商品信息推送给感兴趣用户的移动优先购物 App,支持超过 30 种语言,拥有超过 9000 万件各类商品,为超过 71 个国家或地区提供购物服务,在全球拥有超过 1 亿名用户。

Wish 弱化了搜索功能,采用个性化推送机制,Wish 采用独特算法,根据用户在社交网络上的浏览轨迹分析用户喜好,向用户推送与之喜好匹配的商品,因此每个人在 Wish 首页看到的商品都不同。所谓"千人千面",就是这个道理。

Wish 的主营产品有女装、男装、母婴/玩具、家居、美妆/健康、饰品钟表/服饰配件、鞋类、包类、运动户外、电子设备、电子配件等。

3.1.2 Wish 平台的优势

1. Wish 是个很简单的平台

该平台有简单易开发的 API(应用程序编程接口)文档。平台自己的客服已经把大部分客户咨询(如要求退款)都搞定了,不需要卖家做太多工作。如果客户不满意,Wish 可直接退款给客户,客户不需要承担任何损失。

2. 价格战完全不适用于 Wish 平台

首先,Wish 的基因决定了价格不是最重要的权重。其次,Wish 是个简单的移动端平台,页面展示的空间也有限,不提供比价功能。如果在两个账号上卖完全一样的产品,其中一个账号的价格都比另一个账号的价格低,那么销售情况基本上不会因为在另一个账号上卖得价格低,而使那个账号的销售暴涨。所以,使用 Wish 首先要厘清思路,看明白 Wish 的规则,不要用 eBay 和速卖通的思路去使用 Wish。

3. 平台机会面前人人平等

Wish 的毛利润率目前设置在 30%~40%,但也可以随着团队的大小自己定位。Wish

不要卖得太便宜，或者为了短时间内提高销量而平价或者亏本销售。Wish 低门槛的亲民政策，倡导无行业局限，易于立足。

总结起来，Wish 平台的特征为"四易、三防、三重心、三新规"。

（1）四易：易入驻、易操作、易跟卖、易成长。

（2）三防：防关联、防仿品、防低劣数据。

（3）三重心：重产品、重价格、重物流。

（4）三新规：海外仓、营销排位赛、诚信店铺指标多维度。

案例 3-1

Wish 推出"精选产品"板块　鼓励商户自选产品参与 FBS 项目

3.1.3　Wish 平台的盈利模式

该公司从网站或应用的商品销售中收取 15%的费用。

3.2　速卖通平台分析

3.2.1　速卖通平台简介

速卖通一般称为全球速卖通，是阿里巴巴为了更好地服务于全球市场所推出的跨境电子商务平台，于 2010 年 4 月正式上线。速卖通平台主要面向海外买家，帮助中小企业接触海外终端批发零售商，所以很多商家也将全球速卖通称为"国际版淘宝"。基于中国这个制造大国的背景，速卖通一经推出就在服装、家居、手机通信等领域受到热捧。速卖通是通过支付宝国际账户进行担保交易，并使用国际快递进行发货，是全球第三大英文在线购物网站。经过多年的发展，速卖通已成长为中国最大跨境出口 B2C 平台，拥有世界 17 种语言站点，用户遍及 224 个国家和地区。

一般来说，只要是支持国际快递发货的产品都可以在该平台上销售，这些产品一般具有体积小、附加值高的特点，主要包括服装、珠宝首饰、3C 产品及配件、玩具等产品。此外，速卖通还有禁限售产品，包括酒类制品、烟草、保健产品、药品及医疗器械、军警用品、无形物品及服务、化工产品、矿产品、大型机械、生鲜食品等。

速卖通类目招商新入驻的卖家必须符合以下要求。

(1)企业：卖家须拥有一个企业支付宝账号，通过企业支付宝账号在速卖通完成企业认证，不接受个体工商户的入驻申请。

(2)品牌：卖家须拥有或代理一个品牌经营，根据品牌资质，可选择经营品牌官方店、专卖店或专营店。

(3)技术服务年费：卖家须缴纳技术服务年费，各经营大类的技术服务年费不同；经营到自然年年底，拥有良好的服务质量及不断壮大经营规模的优质店铺将有机会获得年费返还奖励。

3.2.2　速卖通平台的优势

1．平台放款

速卖通平台放款是根据卖家的综合经营情况来评估订单放款时间，通常有三种放款时间：一是在发货后的一定期间内进行放款，最快放款时间为发货 3 天后；二是买家保护期结束后放款；三是账号关闭的，不存在违规违约情形的，在发货后 180 天放款。但是如果平台依据合理理由判断订单或卖家存在欺诈等风险的，平台有权延长放款周期。

2．增值和营销服务

速卖通平台为卖家提供直通车、数据纵横等营销工具，可以帮助卖家查看买家最关注的产品，更有针对性地优化商品，让买家快速找到卖家，快速提升卖家店铺流量。

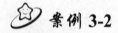案例 3-2

速卖通哪些产品、类目好卖

3.2.3　速卖通平台的盈利模式

速卖通平台的盈利模式主要有以下几种。

(1)每单收取 5%的交易佣金，类似于天猫。

(2)速卖通直通车，靠点击付费，类似于淘宝直通车。

(3)联盟推广，卖家设置佣金比例，吸引国外网站推广，按成交付费，类似于阿里妈妈淘宝联盟。

(4)提现手续费：卖家每操作提现一次收取 15 美元的手续费，15 美元收入为速卖通和新加坡花旗银行分摊。

3.3 亚马逊平台分析

3.3.1 亚马逊平台简介

亚马逊公司（Amazon，简称亚马逊）是美国最大的一家网络电子商务公司，位于华盛顿州的西雅图，是网络上最早开始经营电子商务的公司之一。亚马逊成立于1995年，一开始只经营网络的书籍销售业务，现在则扩及了范围相当广的其他产品，已成为全球商品品种最多的网上零售商和全球第二大互联网企业，在公司名下，也包括Alexa Internet、A9、Lab126和互联网电影数据库（Internet Movie Database，IMDb）等子公司。

亚马逊及其他销售商为客户提供数百万种独特的全新、翻新及二手商品，如图书、影视、音乐和游戏、数码下载、电子和计算机、家居园艺用品、玩具、婴幼儿用品、食品、服饰、鞋类和珠宝、健康和个人护理用品、体育及户外用品、玩具、汽车及工业产品等。

2012年，亚马逊将"全球开店"项目引入中国，致力于将中国最优秀的企业、最优秀的卖家引入亚马逊海外站点上，让中国卖家直接面对海外消费者。经过亚马逊团队的努力，该平台已经开辟出美国、加拿大、日本市场，这就意味着中国卖家只要将相关资料提交给亚马逊招商团队，就能直接在这些海外市场上进行销售和消费。

3.3.2 亚马逊平台的优势

1. 重产品，轻店铺

在亚马逊平台随处可见的是产品，但体现店铺的按钮和链接却很少；卖家要把主要的运营资源放在产品或者listing上，影响listing的每一个相关因素都需要精心打磨；对于初级卖家来说，初期少做产品、精做产品是更有效率的运营手段。

2. 重推荐，轻广告

亚马逊的大数据计算能力非常强大，又非常重视用户体验；基于后台数据的关联推荐和排行榜流量是亚马逊运营推广较为有效的推广方式。给卖家的启示是要重视产品品质以及买家反馈，如果是好产品，又有好口碑，亚马逊就会推荐你的产品，销量自然不会差。

3. 重产品详情，轻客服咨询

亚马逊鼓励客户自助购物，故不设置在线客服。买卖双方没有即时在线沟通方式，一般以邮件沟通（24小时之内回复）；而产品详情页就是卖家传递产品信息给买家的最重要窗口。好的详情页标题要做到突出产品核心卖点且具备可读性；五个关键词需要尽可能体现产品核心卖点；产品的图片需清晰，突出细节，彰显产品品质；详细有效的产品描述有助于买家了解你的产品；合理有效地利用Q&A（问答）；想办法提升review（评价）的好评率。

4. 重视客户反馈

亚马逊认为客户是一切的核心,所以特别重视客户反馈。亚马逊有以下两套评论体系。

(1)商品评论:商品评论会呈现在产品详情页,直接影响转化率。

(2)买家反馈:主要是客户对于卖家提供的服务质量评级会显示在卖家详情页上。这个评级会影响卖家绩效。对于卖家的意义在于一定要重视客户的购物体验,以最宽的尺度保证买家的购物体验。

5. 大数据

亚马逊是全球第二大的互联网公司,也是全球第七大的大数据公司,具有关联数据、预测性物流等专利技术。对于新卖家来说,一定要利用亚马逊后台提供的产品、店铺、库存预警等数据支撑,为运营销售和备货提供依据。另外,在选品环节,新卖家还可以借助谷歌、Keyword Tool 等产品关键词或者数据挖掘工具进行针对性选品。

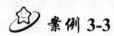

案例 3-3

亚马逊广告上线三大全新功能　满足商户推广需要

3.3.3 亚马逊平台的盈利模式

(1)巨大的长尾给亚马逊带来超额利润:常规的最大的书店只有几十万本书,亚马逊书店有 310 万本书,长尾理论挑战传统的 20%的重度消费者购买 80%产品的营销理论,互联网的低成本让 80%的低度消费者成为利润的重要来源。

(2)"亚马逊模式":口口宣传的模式会转移到网络上,只要你的个人网站上有亚马逊的链接,用户通过你的链接最终购买了亚马逊的产品,你能获得消费额的 3%~7%的奖金、海量的用户点评和信息。

(3)由低价批发到产品定制:收集用户的购物信息和购物喜好,主动定制产品。

(4)亚马逊 Kindle 3 电子书平台的搭建:亚马逊 Kindle 3 电子书用户已超百万,完成从卖硬件到卖内容的盈利模式。

(5)转型购物网站:拥有 1000 万用户之后,网上书店成功转型为网络购物平台。

3.4　eBay 平台分析

3.4.1　eBay 平台简介

eBay(中文电子湾、亿贝、易贝)是一个可让全球民众上网买卖物品的线上拍卖及购物网站。作为全球商务与支付行业的领先者，eBay 为不同规模的商家提供共同发展的商业平台。eBay 在线交易平台是全球领先的线上购物网站，拥有 1.45 亿活跃用户，遍布全球 100 多个国家和地区。目前 eBay 有 20%的交易额属于跨境交易，其中每三个新用户中就有一个进行跨境交易。

eBay 集团旗下的主要业务包括三大块：在线交易平台 eBay、在线支付工具 PayPal 以及为全球企业提供零售渠道和数字营销便利的 eBay Enterprise。

eBay 的电子支付品牌 PayPal 在 193 个国家和地区拥有超过 1.48 亿活跃用户，支持 26 种货币的收付款功能。

借助强大的平台优势、安全快捷的支付解决方案及完善的增值服务，自从 2007 年以来，数以万计的中国企业和个人用户通过 eBay 在线交易平台和 PayPal 支付解决方案将产品销向全球 200 多个国家和地区。

每天都有数以百万的家具、收藏品、计算机、车辆在 eBay 上被刊登、贩售。有些物品稀有且珍贵，但大部分的物品可能只是个布满灰尘、看起来毫不起眼的小玩意儿。这些物品常被他人忽略，但如果能在全球性的大市场贩售，那么其身价就有可能水涨船高。只要物品不违反法律或不在 eBay 的禁止贩售清单之内，即可以在 eBay 刊登贩售。服务及虚拟物品也在可贩售物品的范围之内。可以公允地说，eBay 推翻了以往那种规模较小的跳蚤市场，将买家与卖家拉在一起，创造了一个永不休息的市场。大型的跨国公司，如 IBM 会利用 eBay 的固定价或竞价拍卖来销售他们的新产品或服务。资料库的区域搜寻使运送更加迅捷或是便宜。软件工程师们借着加入 eBay Developers Program，得以使用 eBay API，创造许多与 eBay 相整合的软件。

3.4.2　eBay 平台的优势

1．客服很专业

对于卖家来说，eBay 具有专业的客服，可通过电话联系或网络会话的形式进行沟通交流。

2．低门槛

相比亚马逊等其他平台，eBay 开店的门槛较低，注册 eBay 个人店铺只需要身份证，不需要营业执照。

3．销售方式多样

eBay 的销售模式除一口价、拍卖两种方式外，还有两者结合的模式等，销售模式的选择是比较灵活的。

4．排名方式多样化

eBay 的产品排名方式多样，不是销量较高其排名就一定比较靠前，卖家还可以通过拍卖的方式获取曝光度。

案例 3-4

eBay "新卖家金鹰计划" 六大专属服务优化升级

3.4.3 eBay 平台的盈利模式

eBay 平台的盈利模式主要来源于收取买家和卖家购物手续费,以及提供额外服务,如拍卖、保险、礼品卡、物流服务等。eBay 的费用结构分为两个部分,即拍卖费用和定价费用。拍卖费用是买家在 eBay 上购买物品时需要支付的费用,它是 eBay 直接收取的费用,并将其用于支付 eBay 的运营成本。定价费用是 eBay 收取给卖家,用于支付 eBay 的运营成本。

3.5 其他平台分析

3.5.1 环球资源网

环球资源网是一家多渠道整合推广的 B2B 媒体公司,致力于促进中国的对外贸易。环球资源网为其所服务的行业提供最广泛的媒体及出口市场推广服务,公司的核心业务是通过一系列英文媒体,包括环球资源网站、印刷及电子杂志、采购资讯报告、买家专场采购会、贸易展览会等形式促进亚洲各国的出口贸易。环球资源网同时提供广告创作、教育项目和网上内容管理等支持服务。

在未来规划方面,环球资源网将继续扩大网上外贸交易中枢业务,在地区及行业层面上充分扩展其范围,为贸易社群中的所有成员提供一个全套的网络市场交易中枢。同时,环球资源网将继续发力跨境业务,积极适应经济全球化的浪潮,大力开拓海外市场。

3.5.2 中国制造网

中国制造网是一个中国产品信息荟萃的网上世界,是由焦点科技股份有限公司运营的国内领先的综合性第三方 B2B 电子商务服务平台,面向全球提供中国产品的电子商务服务,旨在利用互联网将中国制造的产品介绍给全球采购商。

中国制造网内贸站为买卖双方提供信息管理、展示、搜索、对比、询价等全流程服务,同时提供第三方认证、广告推广等高级服务,帮助供应商在互联网上展示企业形象和产品信息,帮助采购商精准、快速地找到诚信供应商。

中国制造网面向全球，以推广中国企业产品为己任，努力营造良好的网络商业环境，搭建更为宽广的网上贸易平台，为国内贸易的繁荣开启一扇方便的电子商务之门。

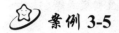

中国制造网跨境运营中心落户杭州空港经济区

3.5.3 敦煌网

敦煌网是国内首个为中小企业提供 B2B 网上交易的网站。它采取佣金制，免注册费，只在买卖双方交易成功后收取费用。

（1）平台的特色：作为中小额 B2B 海外电子商务的创新者，敦煌网采用 EDM（电子邮件营销）的营销模式低成本、高效率地拓展海外市场，自建的 DHgate 平台为海外用户提供了高质量的商品信息，用户可以自由订阅英文 EDM 商品信息，在第一时间了解市场最新供应情况。

（2）平台的应用范围：覆盖全球 227 个国家和地区。

（3）平台的基本业务流程：在敦煌网，买家可以根据卖家提供的信息生成订单，既可以选择直接批量采购，也可以选择先小量购买样品，再大量采购。这种线上小额批发一般使用快递，快递公司一般在一定金额范围内会代理报关。

3.5.4 Lazada 平台

Lazada 平台是东南亚地区最大的在线购物网站之一，总部位于新加坡，它的目标客户主要是印度尼西亚、马来西亚、菲律宾以及泰国用户。

（1）平台的特色：Lazada 只收成交费用，平台成交费用是佣金的 6%～10%，加 2% 的支付费用。

（2）平台的应用范围：马来西亚（首站）、新加坡、泰国、印度尼西亚、越南、菲律宾。

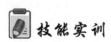

典型跨境电子商务平台的认识

一、实验目的

1. 通过本次实验，使学生了解本章介绍的跨境电子商务平台，熟悉各跨境电子商务平台的基础知识。

2. 要求学生了解各平台的优势,理解各平台的盈利模式。

二、实验内容和步骤

1. 熟悉各跨境电子商务平台的基本操作,了解每个平台的服务以及盈利模式等。
2. 通过浏览跨境电子商务平台和网络信息,了解各平台的优势。

三、实验心得

选取一个你所感兴趣的行业,以卖家的角度从上述几个跨境电子商务平台中选取一个平台销售自己的产品,并说明选择理由,对选择的平台进行详尽的平台优劣势分析。

四、设备与所需软件

多媒体实验机房,配备每人一台可以访问互联网的计算机。

五、报告与考核

实验报告要求	实验考核要求
(1) 实验目的; (2) 实验内容及要求; (3) 实验过程; (4) 实验心得; (5) 同学之间关于实验的交流	(1) 学生根据实验要求提交实验报告; (2) 教师根据实验报告评定单项实验成绩; (3) 根据单项实验成绩和实验报告内容给出整体实验成绩; (4) 整体实验成绩根据适当比例计入课程总分

章节巩固与测评

1. Wish 平台的优势是什么?
2. 速卖通平台的盈利模式是什么?
3. 亚马逊平台的优势是什么?
4. eBay 平台的盈利模式是什么?

第4章 跨境电子商务平台选择

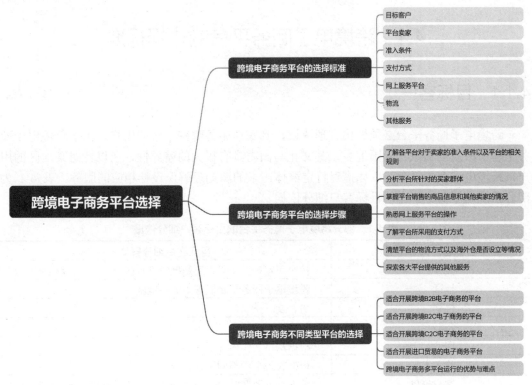

- ❏ 掌握跨境电子商务平台的选择标准；
- ❏ 了解跨境电子商务平台的选择步骤；
- ❏ 能够选择不同类型的跨境电子商务平台。

跨境电子商务平台的选择标准　跨境电子商务平台的选择步骤

跨境电子商务平台汇总

4.1 跨境电子商务平台的选择标准

4.1.1 目标客户

跨境电子商务平台必须做出合理决议,到底该服务哪些地区的用户。由于跨境电子商务平台所涉及的买家在异国他乡,其文化与国内具有极大的差异性,所以针对某地区的用户,跨境电子商务平台可以凭借对特定群体需求的深刻理解,设计相应的服务。表 4-1 为部分跨境电子商务平台的目标客户细分依据。

表 4-1 部分跨境电子商务平台的目标客户细分依据

目标客户细分依据	目标客户细分群体
类型	按照买家是属于零售还是批发进行区分
地区	跨境电子商务平台服务于哪些地区
性别	男、女
年龄	年轻人、中年人、老年人
职业	根据从事工作内容不同划分
收入水平	根据收入金额不同进行划分
客户价值	根据最近消费时间、消费频率、消费金额等指标进行评估

4.1.2 平台卖家

平台卖家在选择跨境电子商务平台时,也需要考虑在同一平台的其他卖家的情况,如数量、质量、销售的产品种类、公司规模、经营情况等,如表 4-2 所示。

表 4-2 平台卖家考虑因素

平台卖家细分依据	平台卖家细分群体
类型	是个体还是企业卖家
地区	来自于哪个地区或哪个国家
产品种类	销售的产品属于电子产品、服装、汽配等哪类
公司规模	大、中、小公司
公司经营情况	公司的销售量、顾客数量等

4.1.3 准入条件

首先,各大跨境电子商务平台对于卖家的要求不尽相同,部分平台只接受企业卖家,不接受个人卖家或者对个人卖家的要求甚是严格,个人卖家在进入该平台之前必须首先考虑这一因素。此外,各大平台的收费方式也有着显著的差异,收费方式主要有年费、交易佣金、服务费等,不同的平台收费模式也大相径庭。

4.1.4 支付方式

做跨境电子商务除保证自身的产品质量和服务以外,更需要去了解客户的需求,其中支付就是这些需求当中很重要的一部分。全球各地区的人们在网上购物时,所使用的支付方式是有差异的。表 4-3 简单罗列了以下各地区的消费者习惯的支付方式,供读者在查看跨境电子商务平台是否符合消费者的支付习惯时进行参考。

表 4-3 各地区常用的支付方式

地 区	常用的支付方式
北美地区（泛指美国和加拿大）	熟悉各种先进的电子支付方式,网上支付、电话支付、邮件支付等,信用卡是在线使用的常用支付方式之一
欧洲	欧洲人最习惯的电子支付方式除威士（VISA）和万事达（MasterCard）等国际卡外,还喜欢使用当地卡,如 Maestro（英国）、Solo、Laser（爱尔兰）、Carte Bleue（法国）等
日本	以信用卡付款和手机付款为主,支持 20 种货币的 JCB 常用于网上支付
澳大利亚、新加坡、南非和南美地区	最习惯的电子支付方式是威士和万事达,也习惯用 PayPal 电子账户支付款项
其他欠发达地区	如东南亚、南亚、非洲的中北部等欠发达地区,一般也是使用信用卡支付。但是风险较大,要充分利用第三方支付商提供的反欺诈服务,事先屏蔽掉恶意欺骗或有风险的订单

4.1.5 网上服务平台

网上服务平台也就是我们通常所说的网站,在近几年更加注重用户体验。本书主张从用户体验角度出发对跨境电子商务平台进行评价,用户体验主要可以分为感官体验、交互用户体验、情感用户体验三类。感官体验是呈现给用户视听上的体验,强调舒适性。一般在色彩、声音、图像、文字内容、网站布局等方面进行呈现。交互用户体验是界面给用户使用、交流过程的体验,强调互动、交互特性。交互用户体验的过程贯穿浏览、点击、输入、输出等过程给访客产生的体验。情感用户体验是给用户心理上的体验,强调心理认可度。例如,现在很多网站设立客服,客服的回答及时性、解决问题的快速性等都影响着用户的情感体验。如果让用户通过站点能认同、抒发自己的内在情感,那说明用户体验效果较深。

案例 4-1

2020 年 11 个 "潜力股" 跨境电子商务平台

4.1.6 物流

跨境电子商务众多平台都涉及了国际物流，基本上会选择第三方国际物流，但其选择的第三方物流公司具有各自不同的特点，如物流时间、物流成本等，并且很多跨境电子商务平台在国外设立了海外仓，缩短了物流时间，提高了办事效率，促进了海外客户在海外仓进行线下购买。所以，海外仓也是需要考虑的关键因素。

4.1.7 其他服务

跨境电子商务平台的主要服务是产品销售，但是围绕产品销售，平台会根据自身情况和用户需求提供其他相应的服务，但各大平台提供的服务有较大的差异性，卖家需要根据自身情况选择适合自己的平台。跨境电子商务平台的其他服务如表 4-4 所示。

表 4-4 跨境电子商务平台的其他服务

其他服务	说 明
个性化定制	如兰亭集势网站的突出点在于婚纱的个性化定制，这一特点吸引了广大适婚人士在网站上进行注册和购买
产品收货、分拣、打码、质检等预加工处理服务	为卖家提供了便利，提高了效率
跨国贸易结算、通关代理等服务	能减少卖家所走的烦琐程序
信贷服务	解决卖家和买家资金难的困扰，如敦煌网与 DHCredit 合作
培训	跨境电子商务所从事的人员需要较强的外语能力以及专业知识储备，平台为新手提供培训
营销推广	为卖家提供提高产品曝光的营销工具，包括定价广告、竞价广告、展示计划等
代运营服务	针对商家提供店铺装修及优化、账号托管等服务

4.2 跨境电子商务平台的选择步骤

4.2.1 了解各平台对于卖家的准入条件以及平台的相关规则

卖家分为企业卖家和个人卖家，国内的跨境电子商务平台，如敦煌网、速卖通等接受个人和企业卖家，对卖家的要求比较低。只需要通过实名认证即可。但是国外的很多跨境电子商务平台，如 eBay、亚马逊等，对卖家的要求相对比较高，eBay 在注册时需要提交相关的证明，如你所即将销售的物品的发票、银行账单等，企业卖家需要提供营业执照等相关证明进行认证。同时，也会收取一定的交易费用。

敦煌网的卖家都来自于中国，敦煌网能做到较为公平地对待买家和卖家，风控经验丰富（控制买家欺诈是做得最好的）；速卖通作为阿里巴巴的一大平台，也是比较公平地对待买家和卖家，但是其规则会根据实际情况发生一些变化，卖家需要及时地进行了解；eBay、亚马逊作为国外的知名跨境电子商务平台，其规则对于卖家较为严厉，充分保障买家的权益。例如，买家投诉卖家卖仿牌产品，eBay 和亚马逊会立刻冻结卖家账号，只有等卖家提供相应的证据证明自己所销售的不是仿牌产品时，eBay 和亚马逊才会将账号解冻，但其间会消耗比较长的时间。

4.2.2 分析平台所针对的买家群体

买家群体大致上分为零售和小额批发商，考虑自己的产品特点以及企业特点，如果企业主要销售给个人，可以选择 B2C 的平台，如兰亭集势、米兰网、敦煌网等，国外的主要有 eBay、亚马逊等。

各大平台的精力是有限的，所以其推广的地区也有其针对性，各地区的买家对于平台的使用频率略有差异。另外，产品品牌知名度也在各大地区存在差异，卖家应对平台在国外地区的知名度等进行考虑，从而选择适合自己产品销售地区的平台。例如，敦煌网主要的买家在欧美、澳大利亚、俄罗斯、南美等地；速卖通的买家主要分布在俄罗斯、南美地区；eBay 作为世界有名的平台，买家分布于全球；亚马逊是美国人创立的平台，其买家也主要在欧美。如果公司的产品主要销往美国，则可以考虑美国买家群体较大的亚马逊或者 eBay。

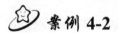

七个国家七大跨境电子商务平台发展概况

4.2.3 掌握平台销售的商品信息和其他卖家的情况

从销售产品品类看，跨境电子商务企业销售的产品品类从服装服饰、3C 电子产品、计算机及配件、家居园艺、珠宝、汽车配件、食品药品等便捷运输产品向家居、汽车等大型产品扩展。eBay 数据显示，eBay 平台上增速最快的三大品类依次为家居园艺、汽配和时尚。eBay、亚马逊等网站所销售的产品种类多种多样，但也有很多网站在主打某类产品，如兰亭集势只开放服装类品牌。

有人可能会问"为什么要了解其他卖家的情况",因为在每个细分市场里,存在几十家竞争对手是非常常见的。对这些平台上的竞争对手进行简单的实力评估,最好能做份表格进行记录。例如,制作竞争对手产品分析表,可以包含的分析参数有地址、联系方式、价格、支付、最低零售价、主产品线构成及价格、附属产品构成及价格、运费等。当完成这一张表后,在产品方面,你与竞争对手之间的优势和劣势就一目了然了。通过对卖家的详细分析,以后无论是在发展战略上,还是在具体的操作战术上,都可以有的放矢了。

4.2.4 熟悉网上服务平台的操作

之前在评价标准的小节中,我们提出评价网上平台主要可以从用户体验角度出发:① 感官体验,主要考虑网页色彩搭配、布局给人的舒适感程度。② 交互用户体验。通俗地讲,就是网站的操作难易度,目前,敦煌网和速卖通对于中国的卖家而言,符合中国人的操作习惯,是比较容易上手操作的。eBay、亚马逊是国外创立的网站,对于国内卖家而言,操作相对复杂,因为其卖家来自全世界,平台需要适应全世界卖家的习惯。③ 情感用户体验,通过客服的回复是否及时、网页上是否有比较详尽的 FAQ(常见问题解答)设置等来感受。例如兰亭集势网站在美国、西班牙、波兰等聘请服务市场当地的客服,目前已覆盖二十多个国家。此举措与当地的买家建立了更好的互动,提高了买家的情感用户体验。

4.2.5 了解平台所采用的支付方式

这主要从买家的角度出发,看平台的支付方式是否符合买家的需求。

4.2.6 清楚平台的物流方式以及海外仓是否设立等情况

例如,大龙网在海外开设俄罗斯莫斯科、巴西圣保罗、印度新德里、加拿大蒙特利尔、澳大利亚堪培拉等多个海外销售办公室,拥有两百多名外籍员工,负责海外的销售和推广工作。还在各地设立仓储,在国内长三角、珠三角等拥有仓库,在东莞拥有公共监管仓,仓内对接海关和检验检疫,可实现一站式通关出口;在黑龙江省拥有合作配送点,为外贸企业的俄罗斯市场开发提供更多便利;此外,在俄罗斯、印度、英国、美国、澳大利亚等国家拥有海外仓。这极大地提高了物流的便利性。

4.2.7 探索各大平台提供的其他服务

敦煌网除提供基于平台的基本服务外,也在优化一体化服务,如三十多种支付方式、二十多种物流方式、信贷服务以及其他的增值服务。大龙网的特点在于其属于跨境O2O模式,建立了云库房,实现了本土化运营;兰亭集势的特点在于其供应链优势、营销能力及本地化举措。在选择时,需根据自己产品的特点以及所需的服务和平台的特点进行匹配,看哪个平台最符合自己的要求。

4.3 跨境电子商务不同类型平台的选择

4.3.1 适合开展跨境 B2B 电子商务的平台

目前，在中国跨境电子商务市场交易规模中，B2B 跨境电子商务市场交易规模占总交易规模中 90%以上。在跨境电子商务市场中，企业级市场处于主导地位。从客户的角度来看，B2B 跨境电子商务平台所面对的客户多为经销商；从企业规模看，大企业一般走的是 B2B 模式，由于其品牌效应，产品的流通渠道已经打开，但好多中小企业也在运用 B2B 平台进行推广。目前，适合开展跨境 B2B 电子商务的平台主要有阿里巴巴国际市场、敦煌网、环球资源网、中国制造网、环球市场集团、浙江网盛生意宝、Directindustry、全球采购网、美国进口网等。下面介绍最知名的两个电子商务平台。

1. 阿里巴巴国际站

讲到平台，绕不过中国的"大佬"阿里巴巴，也就不得不提阿里巴巴国际站。"阿里巴巴国际站"是帮助中小企业拓展国际贸易的出口营销推广、全球领先的企业间电子商务网站。阿里巴巴国际站贸易平台通过向海外买家展示、推广供应商的企业和产品，进而获得贸易商机和订单。

阿里巴巴作为全球最大的 B2B 贸易市场，主要的优势在于以下几个方面：第一，庞大的国内供应商群体。阿里巴巴的集聚效应是非常突出的，目前阿里巴巴有十多万的国内供应商。第二，强大的品牌效应。它在行业内已形成较高的知名度和良好的口碑。第三，创新的思维角度。通过新建、并购等方式不断对会员客户推出创新增值服务，如搜索功能、支付功能、管理软件功能。当然，阿里巴巴目前也面临很多问题，如大众化局限，通常不能根据各外贸企业所在的产品行业的特点、竞争对手、国外市场、卖家客户分析、营销突破点上给予定制化服务；质量保障较低，卖家询盘采用群发方式，询盘质量不高等问题。阿里巴巴国际站的情况分析如表 4-5 所示。

表 4-5 阿里巴巴国际站的情况分析

平 台 卖 家	十多万的国内供应商
准入条件	出口通会员 29 800 个，全球宝会员 59 800 个
网上服务平台	国际站英文版面，可设置多国语言，符合世界普通用户的审美和需求
支付方式	银行转账、信用卡、第三方支付等都可以
目标客户	俄罗斯、巴西等金砖国家；美国、欧洲、澳大利亚、加拿大等国家和地区
物流	采用第三方物流及贸易服务商；Shipping 国际物流服务平台
其他服务	提供集合认证、信息、交易、营销、供应链金融等的完整服务体系

案例 4-3

借力数字化 阿里巴巴国际站一年助六百余家渝企"出海"

2. 敦煌网

敦煌网主要的目标客户是欧美、澳大利亚等发达市场,因为发达国家的消费水平较高,具有较大的需求量,并且线上支付方式环境非常成熟。国内卖家由本来以中小企业为主,慢慢进行扩展,目前很多的外贸企业、工厂、品牌商家也都在敦煌网上进行销售推广。对于平台卖家,敦煌网的要求较低,只需要实名认证即可。

在敦煌网卖家免费注册、免费上传产品、免费展示,只在买卖双方交易成功后按交易额收取买家的佣金。其佣金模式采用单一佣金率模式,按照平台类目分别设定固定佣金比例来收取佣金,并实行"阶梯佣金"政策,当单笔订单金额达到 300 美元,平台佣金率统一为 4.5%。另外,平台为卖家在商家入驻开店、平台运营、营销推广、资金结算等方面提供一系列的服务并收取相应的服务费。其网上服务平台操作简单,符合中国人的操作习惯。针对欧美等发达国家手机购物也较多的情况,2011 年,敦煌网上线跨境电子商务领域第一款买家端移动 App,随后推出买家端 WAP 平台和卖家端 App,并在硅谷成立移动实验室。

其他服务主要有:营销推广,为卖家提供提高产品曝光的营销工具,包括定价广告、竞价广告、展示计划等,采取购买敦煌币的方式付费;代运营服务,针对商家提供的培训、店铺装修及优化、账号托管等服务,根据服务类型不同收取不同的费用;一体化外贸服务,提供互联网金融服务、物流集约化品牌、国内仓和海外仓的仓储服务、通关、退税、质检等一套服务,并收取一定的服务费。敦煌网的情况分析如表 4-6 所示。

表 4-6 敦煌网的情况分析

平台卖家	个人卖家、中小商户、外贸企业、工厂和品牌商家等 120 万家国内供应商,2500 万种商品
准入条件	固定佣金比例来收取佣金,并实行"阶梯佣金"政策
网上服务平台	网页感官设计比较符合中国人的口味,操作也较为简单,另外,也推出了移动端
支付方式	DHpay 对接全球三十多种支付方式
目标客户	欧美、澳大利亚等发达市场
物流	在线发货,DHlink 支持 EMS、UPS、DHL 等二十多种物流方式,也可提供仓库及集运服务
其他服务	营销推广;代运营服务;提供互联网金融服务、物流集约化品牌、国内仓和海外仓的仓储服务、通关、退税、质检等一套服务

4.3.2 适合开展跨境 B2C 电子商务的平台

不少卖家提出的问题是:"产品是做 B2B 好,还是做 B2C 好?"从产业体系来看,像工业生产体系中,最上游的钢材、原油大宗原材料产业,以及大型装备制造业、机械、电子、化工工业品生产制造企业等,这些属于价值链上端的企业,面对的客户多为经销商,比较适合 B2B 模式;而流通企业、消费品企业则面向最终客户,比较适合 B2C 商业模式。从企业规模来看,中小型企业和发展中企业,因为本身品牌没有竞争力,所以比较适合 B2C 的营销模式,有利于中国品牌利用跨境电子商务试水"走出去"战略,熟悉和适应海外市场,将中国制造、中国设计的产品带向全球,开辟新的战线。

另外,B2C 模式直接面对终端消费者,有利于更好地把握市场需求,为客户提供个性化的定制服务。还有一大优势是市场广阔:与传统产品和市场单一的大额贸易相比,小额的 B2C 贸易更为灵活,产品销售不受地域限制,可以面向全球 200 多个国家和地区,可以有效地降低单一市场竞争压力,市场空间巨大。

B2C 跨境电子商务平台众多,主要有速卖通、亚马逊、eBay、Wish、兰亭集势、敦煌网、DX、米兰网、大龙网等。

这里选取定位明确的兰亭集势作为代表进行分析。兰亭集势成立于 2007 年,是目前我国最大的外贸 B2C 网站。兰亭集势最初以销售定制婚纱礼服为主,后来进行品类扩张,目前销售产品品类涵盖服装、电子产品、玩具、饰品、家居用品等十四大类,主要市场为欧洲、北美洲等。

兰亭集势的卖家主要是国内线下传统品牌、互联网品牌和外贸工厂,但只开放服装品类(主要是成衣),不包括兰亭集势的核心品类婚纱。未来平台成熟后,不排除开放更多的品类。商家进入后不收取年费,只收取商家销售额的 15%作为分成。兰亭集势主打低价的婚纱定制,国外的婚纱价钱昂贵,买一套一般的婚纱至少要 1000 美元;兰亭集势上的价格大概是 100~400 美元。

另外,本地化也是兰亭集势主打的特色。2014 年年初,兰亭集势在美国设立海外办公室;在美国、西班牙、波兰等招聘本土雇员,通过自主打造的"虚拟公司"网上协作平台,建立遍布全球的员工协作网络。客服本土化,聘请服务市场当地的客服,目前已覆盖二十多个国家。通过本地网盟及社会化营销等营销方式,建立并强化公司在当地市场的品牌知名度与美誉度。兰亭集势的情况分析如表 4-7 所示。

表 4-7 兰亭集势的情况分析

平台卖家	只开放服装品类(主要是成衣),不包括兰亭集势的核心品类婚纱
准入条件	无年费,兰亭集势收取商家销售额的 15%作为分成
网上服务平台	页面多图,色彩鲜艳,年轻化,迎合西方人的审美,主打产品低价
支付方式	多种支付方式,与 PayPal、VISA 等合作,满足国外购物者的需求
目标客户	欧洲、北美洲等发达市场
物流	在欧洲、北美建立仓储;设立海外办公室
其他服务	当地客服;本地化营销;开放数据

案例 4-4

兰亭集势扭亏为盈 是昙花一现还是柳暗花明?

4.3.3 适合开展跨境 C2C 电子商务的平台

大多数人开始海淘的原因很简单,就是为了购买安全、有品质的商品。当他们发现海外购买的商品,哪怕加上关税和转运费,价格也比国内购买便宜时,这个群体开始迅速扩大。与国内状况相一致,品质高、价格便宜、品种繁多的国内商品也如潮水一般涌入国际市场。

相比综合类 B2C,C2C 模式更强化了商品丰富度的问题,大量非标品、个性化商品源源不断地通过 C 端产出。由单一个体主导,极大地降低了运营、仓储和物流成本。主要依靠第三方服务平台,一些跨境电子商务主流平台,如 eBay、亚马逊、速卖通等开展业务。

作为全球最大的国际贸易电子商务平台,eBay 具有跨时代的意义。eBay 是一个可让全球民众上网买卖物品的线上拍卖及购物网站。eBay 于 1995 年 9 月 4 日由 Pierre Omidyar 以 Auctionweb 的名称创立于加利福尼亚州圣何塞。人们可以在 eBay 上通过网络出售商品。发展到目前为止,它已在美国、英国、澳大利亚、中国、阿根廷、奥地利、比利时、巴西、加拿大、德国、法国、爱尔兰、意大利、马来西亚、墨西哥、荷兰、新西兰、波兰、新加坡、西班牙、瑞典、瑞士、泰国、土耳其等地建立了站点,虽然在中国大陆由于受到淘宝的竞争而落败,但在其他国家和地区基本上处于第一的位置,所以对于国内卖家而言,如果想进入国际的零售市场,eBay 是最好的选择之一。但是在 eBay 平台上,卖家只能对买家打好评或者放弃评论,是不能打差评的,如果存在买家诈骗,借口说没收到你寄的东西,或者找借口说你卖的东西有问题,要你退钱或赔款,并给卖家打差评,卖家的上货就会受到限制。向 eBay 投诉后需要较长的处理时间。

在费用方面,卖家注册 eBay 是完全免费的,并且 eBay 不设任何月租费或最低消费限额。主要的收费方式有刊登费、特殊功能费和店铺费等,以美国站点为例,当你在 eBay 美国站刊登物品时,eBay 会向你收取一定比例的刊登费;物品售出后,将需缴付小额比例的成交费。根据选择的物品刊登形式的不同——是拍卖方式还是一口价方式,产生的费用也会有所区别。此外,还可以为物品添加一些特殊功能,但需缴付相应的功能费。如果开设 eBay 美国站店铺,每月需支付相应的店铺月租费,根据所选的店铺级别不同,月租费也不尽相同。此外,PayPal 费用将会单独通过 PayPal 来收取。eBay 的情况分析如表 4-8 所示。

表 4-8　eBay 的情况分析

平台卖家	来自于全世界
准入条件	刊登费、成交费、功能费、店铺月租费等
网上服务平台	拥有 37 个独立的站点及门户网站,支持全球 23 种语言
支付方式	通过 PayPal 提供的跨地区、跨币种和跨语言的支付服务
目标客户	覆盖 190 多个国家和地区,1.52 亿活跃用户
物流	卖家自主选择第三方物流
其他服务	提供跨境交易认证、业务咨询、疑难解答、外贸专场培训及电话培训、外贸论坛热线、洽谈物流优惠等一系列服务

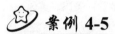

案例 4-5

eBay 确认正在出售其分类广告业务

4.3.4　适合开展进口贸易的电子商务平台

对于卖家而言,如果要进口国外商品,可以选择国外的 B2B 平台或者阿里巴巴国际站等具有众多国际商家的电子商务平台,本书对部分国外的网站进行了整理说明,卖家可以根据自己所要进口产品的情况进行选择。适合开展进口贸易的电子商务平台如表 4-9 所示。

表 4-9　适合开展进口贸易的电子商务平台

网　站　名	说　　明
环球资源	它的前身是亚洲资源,是一家老牌的国际贸易电子商务服务公司,从台湾地区发展,一直在行业内备受关注,也得到部分供应商的认同。公司主要以全球展会、杂志、光盘以及网上推广相结合,帮助供应商拓展全球市场。优势行业:电子、礼品、五金、家居产品
EC21	EC21 是韩国贸易协会投资的网站,EC21 拥有 43 万的网上产品库,以韩国、东南亚访问量居多
ECPlaza	ECPlaza1990 年起源于海外买家数据情报搜集工作,是全球最早的 B2B 平台之一。它早期从买家情报搜集起家,线上加线下,是以立体贸易方式提供给供应商的 B2B 平台
亚洲网络	它成立于 1995 年,60 万会员,350 万次/月访问量,其中 best products 比较有特色
亚洲产品网	它起源于德国,52 年外贸杂志发行积累买家资源,活跃买家 45 万,欧美占 61%,每年有近 50 场国际性展会的宣传
Trade-india	它是印度最大的贸易商务网站。Trade-india 是由印度 Infocom Network Limited 公司创办于 1996 年,专门致力于为众多商家提供国际和印度的各种贸易商务信息,拥有来自全球上万个供应商及采购商的庞大数据库以及每日更新的供求信息。其中包括 1264 种不同产品目录

续表

网　站　名	说　明
TradersCity	TradersCity 是一个 100%免费的 B2B 国际贸易进出口贸易网站和服务市场。TradersCity 为进口商、出口商和国际贸易商提供服务，包括出口、国际进口、代理和经销、国际供应和制造、国际商务旅行、国际贸易金融服务、国际贸易进出口与合资企业的投资机会等
iOffer	2001 年成立，位于美国 San Francisco。属于小额批发类网站，iOffer 是一个基于谈判的交易系统，买家可以在线提问、与卖家协商、最终成交，并可以在线付款。所有交易记录和协商谈判过程全都记录在网站上，方便买家对商品价格和卖家信用进行评估。注册成为 iOffer 的卖家，需使用国际信用卡，iOffer 根据成交金额收取交易费
IndiaMart	它是印度的在线交易平台，汇集了大部分的印度制造商，主要活跃群体：美国、英国，以及东南亚买家
Tpage	Tpage 成立于 1999 年，共有英语、法语、韩语、德语、西班牙语五种语言版本，至今在美国汇集 9 万商业用户，欧洲 8 万用户，东南亚 40 万家会员用户，被评为 2003 年度美国最具影响力的电子商务平台之一

4.3.5　跨境电子商务多平台运行的优势与难点

1. 多平台运行的优势

多平台运行的优势可以简单地概括为五大多元化：市场多元化、产品多元化、渠道多元化、推广多元化以及服务多元化。

1）市场多元化

海外市场有众多国家形成的广阔市场空间，经济水平决定的强大消费能力，开放的消费观念及成熟的消费市场，这些条件为从事跨境电子商务提供了有利的环境。电子商务在国外高速发展十余年，在国际贸易中显示出了强大的生命力及迅猛的发展势头。例如，在法国、德国等欧洲国家中，电子商务的销售金额已占商务总额的四分之一。在电子商务最为先进的美国，销售金额更是超过了三分之一，1995 年前后，美国在线、雅虎等一些有名的电子商务公司已经开始盈利。IBM、亚马逊等在各自不同的发展领域更是获得了超乎常人想象的巨额利润。发达国家的电子商务环境比较成熟。在与商家的沟通中发现，海外市场的优势十分明显：市场广阔、需求量大；国外用户乐于分享的精神，也使得商家在社交网络传播上有一定的便利。

发达国家的电子商务环境比较成熟，但是竞争也相对激烈。卖家也可以选择新兴市场，如非洲，但是非洲网购的比例非常低，远远低于全球网购平均水平 66%。可见其未来的发展潜力十分巨大。

卖家选择多平台运行可以打开更多、更广阔的市场，不仅仅局限在欧美发达国家，可以将目光放宽，对几个目标市场进行销售，再根据其消费情况进行取舍。

2）产品多元化

很多公司实行多元化经营战略，在产品的设计上会进行拓展，有些公司会设立子品牌，为的就是获得更多的消费者。在同一个跨境电子商务平台上全部罗列自己的产品，可能会使消费者的认知有些混乱,这家公司销售的产品较多,无法记住其标识性产品。此时,卖家可以在不同的跨境电子商务平台上销售不同的产品。

3)渠道多元化

消费者在购买商品时会选择不同的跨境电子商务平台,跨境电子商务平台也会根据不同的需求推出相关的促销或者线下等活动,进驻不同的电子商务平台,相比于线下的渠道,如超市、加盟店等,成本更低。

4)推广多元化

媒体的多元化和受众信息需求的多元化共同促成了传播平台的多元化。加入跨境电子商务多平台,实质上也是传播平台构建的多元化。

卖家将信息发布在多个跨境电子商务平台上,它就存在被分享、收藏、购买的可能性,而分享、收藏的行为就会将网站带到不仅是当前网站的访问者,还有访问者的好友圈子。只要商品对于买家群体有吸引力,好朋友的好朋友还会继续分享、传播、购买,这部分"社会化分享循环圈"所带来的流量潜力犹如隐藏在海面下的冰山。多元化推广能为商品带来更多的展示平台,带来更多的排名、外链等。

5)服务多元化

多平台运行能够享受到多平台带来的多元化服务。

2.多平台运行的难点

1)选择跨境电子商务平台难

不同的跨境电子商务平台,其功能、服务、操作方式和管理水平相差较大。理想的跨境电子商务平台应该具有这样的基本特征:良好的国际品牌形象、简单快捷的注册手续、稳定的后台技术、快速周到的客户服务、完善的支付体系、必要的配送服务,以及售后服务保证措施等,当然,还需要有尽可能高的访问量、订单管理等基本功能,并且可以提供一些高级服务,如营销推广、访问流量分析、信贷等。此外,收费模式和费用水平也是重要的影响因素之一。不同的企业可能对网上销售有不同的特殊要求,选择适合本企业产品特点的跨境电子商务平台需要花费不少精力,完成对跨境电子商务平台的选择确认过程大概需要几小时甚至几天的时间,多平台耗费的时间会更多。

2)业务推广难

店铺建好或上传好产品之后,最重要的问题就是如何让更多的消费者浏览并购买。对于整个跨境电子商务平台来说,可能排列着数以千计的专卖店,一个网上专卖店只是其中很小的组成部分,通常被隐藏在二级甚至三级目录之后,消费者可以直接发现的可能性比较小,何况同一个网站上还有很多竞争者的专卖店在和你争夺有限的潜在客户资源。跨境电子商务的客户主要来自于该跨境电子商务平台的用户,因此对平台网站的依赖程度很高,这在一定程度上对卖家所建立的网上商店或者上传的产品的效果形成了制约,如何在数量众多的网上商品中脱颖而出,并不是很容易的事情,这需要靠卖家采取一定的推广手段,针对每个平台,需要采取不同的推广手段。

3)网上商店建设难或商品销售难

卖家在跨境电子商务平台上可以上传商品或者开设店铺,跨境电子商务平台为卖家提供了丰富的功能和简单的操作界面，通过模板式的操作即可完成平台的店铺建设或者产品上传，但是不同的平台所采用的系统有很大的差别，有些平台只需要直接上传产品图片和文字说明，有些平台则需要卖家对店面进行高级管理，对于运行多平台的卖家而言，需要各个平台进行探索和了解。另外，语言的差异也为卖家制造了障碍。

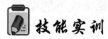

跨境电子商务平台的选择

一、实验目的

1. 要求学生掌握跨境电子商务平台选择的基本思路和过程。
2. 了解跨境电子商务网站的目标客户的选择。
3. 了解跨境电子商务平台选择的步骤。

二、实验内容

1. 网上调查收集不同模式的跨境电子商务平台，对不同模式的成功跨境电子商务平台的目标客户、平台卖家、准入条件、支付方式、网上服务平台、物流以及其他服务等进行分析，了解平台的成功秘诀。
2. 网上调查适合开展跨境 B2B、B2C、C2C 和进口贸易的电子商务网站，每一类别分析 2~3 个，比较它们在不同方面的差异性和特点。
3. 要求：完成调查报告，记录在实验报告上。

三、实验方法与步骤

1. 访问阿里巴巴国际站和兰亭集势的网站，了解阿里巴巴国际站与兰亭集势在目标客户、平台卖家、准入条件、支付方式、网上服务平台、物流以及其他服务方面的特点。
2. 登录兰亭集势和大龙网，了解其丰富的产品种类、优惠的价格、通畅的物流、多种支付方式、优质的售后服务等特点，寻找其吸引消费者的魅力点在哪里；了解进驻这两大平台后，卖家所能享受到的优势服务。
3. 访问 eBay、亚马逊的网站，了解这两个网络品牌的创建历史、商城平台的建设过程。
4. 选择适合自己产品的跨境电子商务平台 2~3 个，进行多平台操作。

四、设备与所需软件

多媒体实验机房，配备每人一台可以访问互联网的计算机。

五、报告与考核

实验报告要求	实验考核要求
（1）实验目的； （2）实验内容及要求； （3）实验过程； （4）实验心得； （5）同学之间关于实验的交流	（1）学生根据实验要求提交实验报告； （2）教师根据实验报告评定单项实验成绩； （3）根据单项实验成绩和实验报告内容给出整体实验成绩； （4）整体实验成绩根据适当比例计入课程总分

章节巩固与测评

1. 跨境电子商务平台的选择标准有哪些?
2. 跨境电子商务平台的选择步骤有哪些?
3. 跨境电子商务多平台运行的优势是什么?
4. 跨境电子商务多平台运行的难点是什么?

第 5 章　跨境电子商务平台（1）——Wish

知识框架图

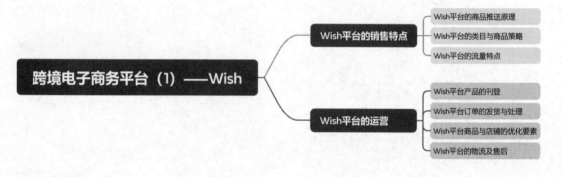

学习目标

- 了解 Wish 平台商品推送原理；
- 掌握 Wish 平台的运营技能；
- 了解 Wish 平台商品及店铺的优化要素；
- 了解 Wish 平台的物流及售后情况。

关键词

Wish 商品推送　　Wish 流量　　Wish 平台运营　　Wish 物流与售后

引例

Wish 又出新的返利政策　支持 5 美元以下的高性价比商品

第 5 章 跨境电子商务平台（1）——Wish

5.1 Wish 平台的销售特点

5.1.1 Wish 平台的商品推送原理

Wish 平台淡化店铺的概念，更加注重商品本身的区别和用户体验的品质。在商品相同的情况下，以往服务记录良好的卖家会得到更多的商品推送机会。

Wish 平台推送权重最大的要素是标签（tag），平台根据用户注册信息，加上用户后期的浏览、购买行为，系统会自动为用户打上标签，并且不间断地记录和更新用户标签，根据多维度的标签推算用户可能感兴趣的商品。这些信息记录、更新、计算的过程都是由系统自动完成的。

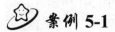案例 5-1

Wish 员工规模 2019 年增长超 50%　逐步建立购物帝国

5.1.2 Wish 平台的类目与商品策略

Wish 平台排名前五位的类目分别是：fashion、gadgets、hobbies、beauty、home。比较受买家青睐的类目普遍具有的特点是：产品种类丰富、更换频率高、容易产生话题。对于新卖家，在选择类目时通常会考虑即将被拓展或有潜力的类目，可以避免激烈的竞争，为自己赢取更大的发展空间。

卖家在选择具体的商品时，需要注意选择差异化商品，因为 Wish 平台的后台数据算法会判断同一页面和同一个卖家，重复或相似度高的商品就会被判定为是同款，只推荐其中一个商品，其他同质商品就不再被推荐了。在 Wish 平台上发布同质化的商品不会带来任何流量和曝光。

5.1.3 Wish 平台的流量特点

Wish 平台的 98%用户来自移动端，主要以欧美区为主，北美占 50%，欧洲占 45%，大部分流量是从 Facebook 等 SNS 网站引流到 Wish 平台的，所以用户的互动性高，浏览习惯以兴趣为导向。

Wish 平台的卖家可以使用 SNS 网站作为营销渠道，根据产品目标群体的兴趣，制造话题或策划活动来吸引用户关注和参与，从而达到引流的目的。

5.2 Wish 平台的运营

5.2.1 Wish 平台产品的刊登

在 Wish 卖家后台首页点击产品，选择"添加新产品"，使用手动的方式。

进入添加产品页面，选择产品品类后需要填写基本信息，包括产品名称、父 SKU、状态、描述。父 SKU 是由数字和字母组成来标识产品的唯一标识。产品描述需展现产品特性和卖点，不得包含任何 HTML 码、店铺政策细节或店铺特定的其他语言，如图 5-1 所示。

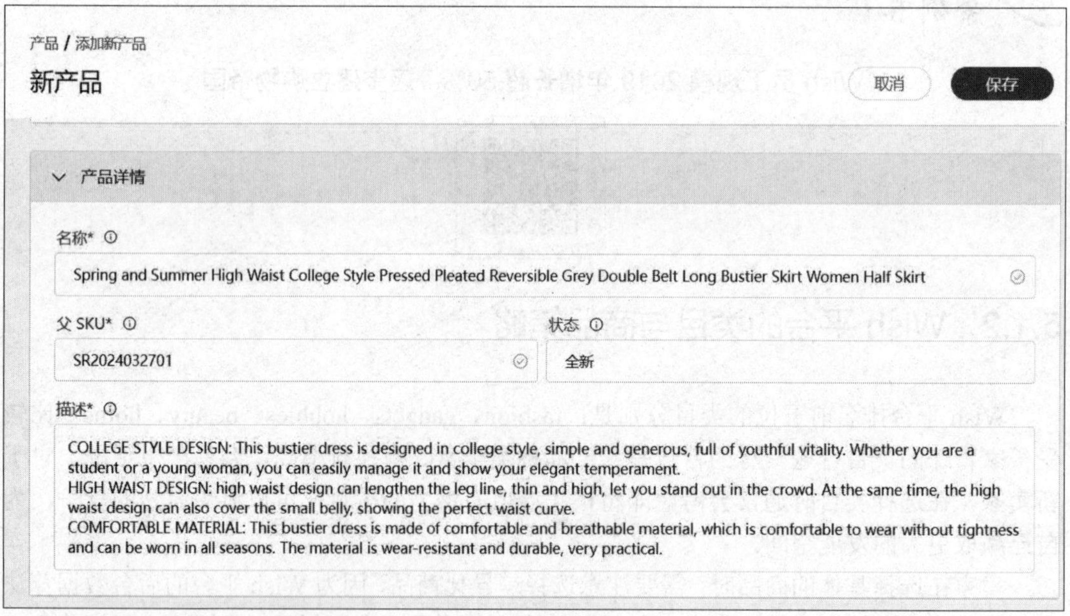

图 5-1 填写基本信息

添加的图片有两种：图片和额外图片。

添加图片有两种方法：从计算机中选择添加；通过网络地址（URL）添加。添加图片时需要符合右侧的图片规则，然后可以填写库存信息，即需要填写价格、库存等信息，如图 5-2 所示。填写标签时，每完成一个单词或者词组时需要按 Enter 键，没有申请品牌就不需要填写品牌名称，如图 5-3 所示。

按照系统要求完善物流和海关信息，如图 5-4 和 5-5 所示。

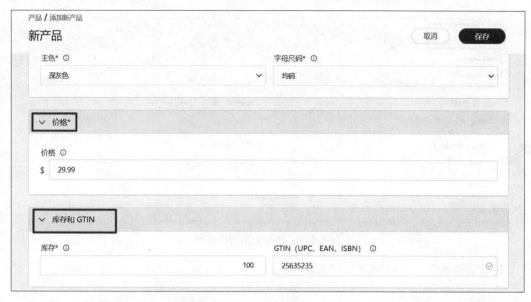

图 5-2 填写价格、库存等信息

图 5-3 填写品牌和标签信息

图 5-4 完善运费信息

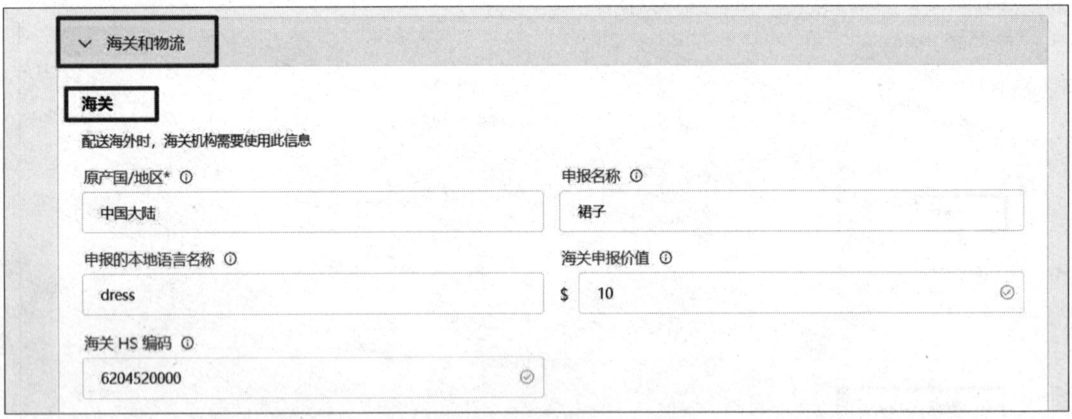

图 5-5 完善海关和物流信息

勾选需要的颜色和尺码，如图 5-6 所示。

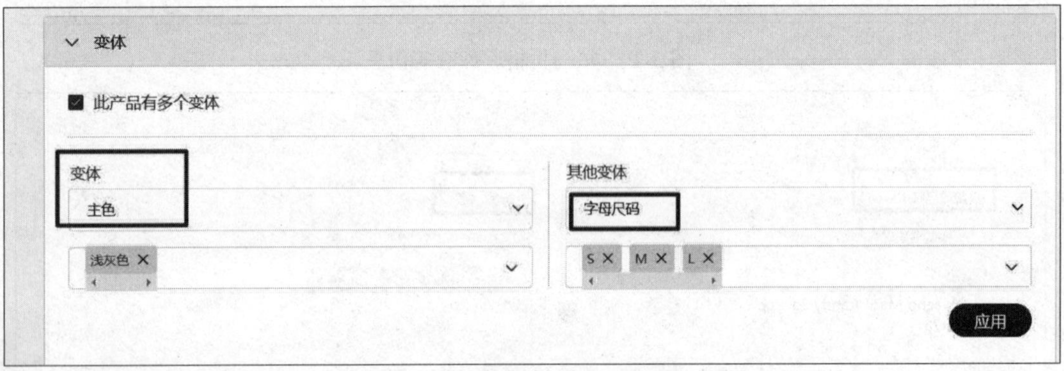

图 5-6 勾选需要的颜色和尺码

填写对应的产品变体，如图 5-7 所示。

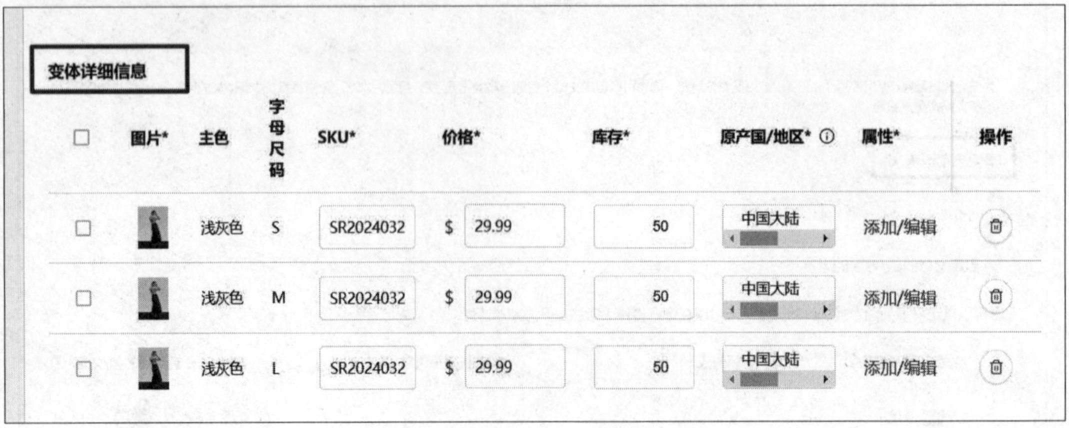

图 5-7 填写对应的产品变体

完成需要填写的信息后单击"保存"按钮，如图 5-8 所示。

第 5 章 跨境电子商务平台（1）——Wish

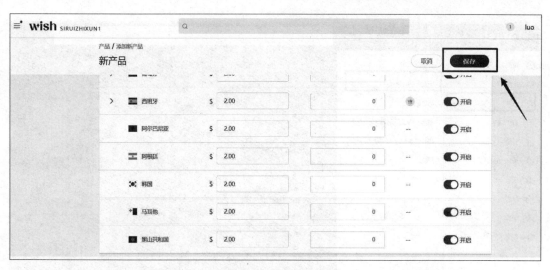

图 5-8 单击"保存"按钮

提交完成之后出现弹窗，单击"了解"按钮，如图 5-9 所示。

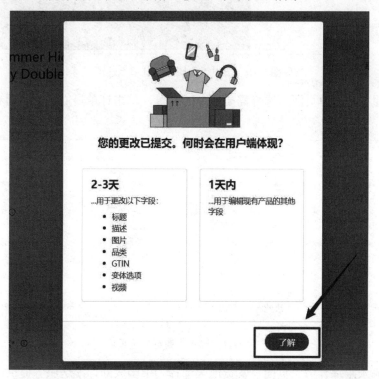

图 5-9 单击"了解"按钮

5.2.2 Wish 平台订单的发货与处理

选中"订单"中的"未履行的订单"选项，如图 5-10 所示。

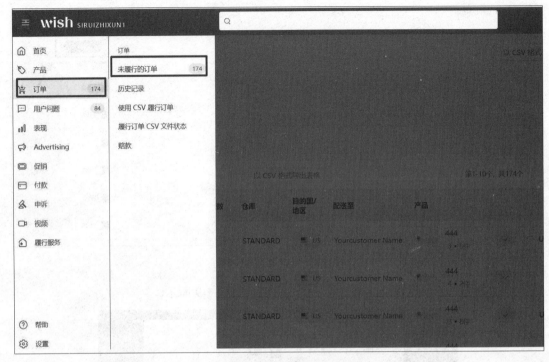

图 5-10 选中"未履行的订单"选项

进入未履行的订单页面,选择需要处理的订单,单击订单最右边的"履行"选项,如图 5-11 所示。

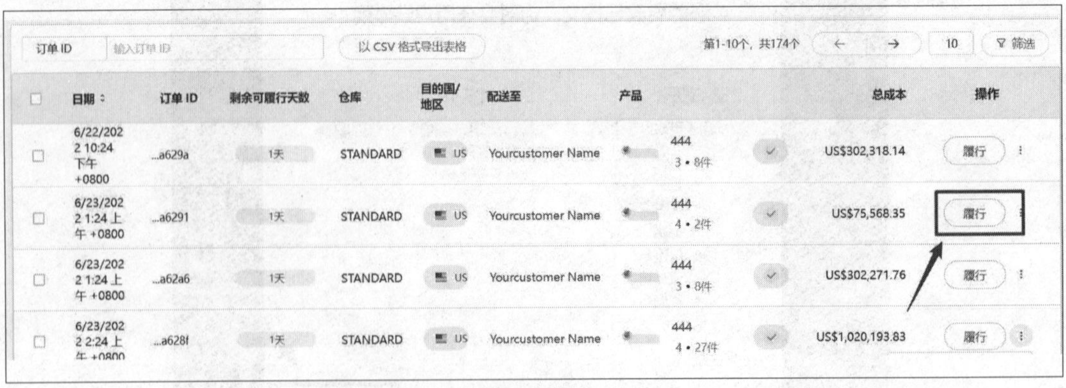

图 5-11 选中"履行"选项

进入"输入跟踪详情"页面,发货地区选择为中国大陆,配送服务提供商选择 DHL,输入物流单号,单击"履行订单"按钮,如图 5-12 和图 5-13 所示。操作完成之后就履行了订单。

第 5 章　跨境电子商务平台（1）——Wish

图 5-12　进入"履行订单"页面

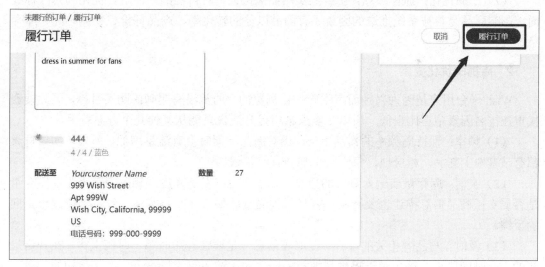

图 5-13　点击"履行订单"按钮

5.2.3　Wish 平台商品与店铺的优化要素

1. Wish 商品的优化要素

Wish 平台商品优化需要从多维度去考虑，完善这些细节，能为商品带来更多的流量和曝光。下面列举一些核心要点。

（1）高质量的产品图片：用户使用移动端屏幕，浏览时更多的是看图片而非看文字，所以对图片的质量要求很高，需要多角度拍摄商品，要求轮廓清晰、画面简洁明了、数量不超过 6 张。

（2）标题简洁：平台不注重搜索，所以不需要做标题优化，不用堆砌关键词，写标题时要注意简洁、明确，包含必要的品牌名、产品名、关键词属性。另外，可以加上一个产品特征描述词，这个描述词可以增强买家的感官认识。注意，不要带敏感词和侵权词。

（3）认真填写标签：标签在平台推送中的权重很高，需要细致、认真地对待。标签最多可以填写 10 个，包含精准词、宽泛词、产品属性词，标签写得越精准，转化率越高，在系统判断推送时所占的权重就越高。

（4）描述简洁、清晰：对图片无法表达清楚的信息，需要进行文字说明，文字内容要简洁明了、排版清晰，适合移动端屏幕阅读，尽量不要有 HTML 代码。

（5）颜色和尺码（Color & Size）：Wish 平台对于服装的尺码有一套官方尺码表，这两个选项属性要仔细填写，有利于增加曝光。

（6）价格策略：卖家可以对商品的价格进行定位，合理地设置价格对成交非常有帮助。例如在销售过程中需要降价促销，当价格调低后就会被系统监测到，每次商品降价，系统都会通知用户，所以首次定价可以比原价高一些，3～5 天做一次降价调整。

（7）产品优化：抓住热点，了解热卖产品关键词，对自己的产品进行优化和修改标签词。影响商品是否被系统推送的因素还有商品以往的转化率、产品评价、物流时间、库存稳定等。

2. 店铺的优化要素

Wish 平台用户是因为兴趣而产生碎片化浏览的，通常没有明确的购买目标，因此搜索权重在排名因素中占比很低。所以，卖家希望提升流量只能从其他几个方面着手。

（1）频率：保持高频率的新品上架。当有新品上架时会有流量增加，所以，如果每天都有节奏地上新品，相应地，每一天也都会有流量增加。

（2）诚信：库存量要输入真实的数量，系统会通过发货速度及相关因素来佐证库存量是否属实；商品信息描述也要真实，客户收到的货品如果和网页描述一致，则会做出正向的反馈。

（3）及时：与品牌相关的证件、证书等信息一定要在开店时第一时间上传，在开店最初的一个时间段里，平台对于提供品牌相关证件的店铺还有流量给予，过了最初的阶段，后续上传就不能获得相应的流量了。

（4）物流：接到订单后一定要快速发货，在价格能承受的范围内选择速度快、运输时间稳定的物流公司。

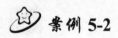

Wish 新手如何有效提升产品销量？

5.2.4 Wish 平台的物流及售后

1. Wish 平台的物流

1）Wish 物流选择向导

Wish 商户除可以自行寻找物流承运商来配送包裹外，也可以直接在 Wish 后台选择国际物流服务商来进行配送，例如中邮速递（国际 e 邮宝）、Yanwen（燕文）、BOXC 等。对于 Wish 商户来说，选择什么样的物流服务商对于自身的销售以及回款等有不同的影响，Wish 提出了物流服务商分级方案，即 Wish 物流选择向导。

Wish 物流选择向导是为帮助商户选择优质物流服务商而设的物流服务商分级方案。此工具将 Wish 认可的物流服务商分为 4 个等级。除去等级 1 物流服务商，其余等级均会有一列表，根据物流服务表现列出对应的物流服务商。

等级 1（Wish Express）：仅满足 Wish Express 妥投要求的 Wish Express 订单可享受等级 1 的利好政策。

等级 2：具有高妥投率及低物流因素退款率的可靠物流服务商。

等级 3：具有较高物流退款率及低妥投率的物流服务商。

等级 4：物流表现差的物流服务商，如具有极高物流因素退款率及极低妥投率。

要想获得更快的放款资格就使用一级物流服务商，Wish Express 订单一旦确认妥投便成为可支付状态；使用二级服务商配送的订单将于确认发货后的 45 天后成为可支付状态；使用三级物流服务商配送的订单将于确认发货后的 75 天后成为可支付状态；使用四级物流服务商配送的订单将于确认发货后的 90 天后成为可支付状态。坚持使用等级 1 和等级 2 物流服务商发货的产品，将会获得"All-star shipper"标志，这将带来流量的提升，从而提升更高销量的可能性。

2）Wish 邮

Wish 邮（WishPost）是由 Wish 和中国邮政集团有限公司共同推出的 Wish 专属商户跨境电子商务物流产品。"Wish 邮"可为优质商户提供专属集货仓、专线产品、专业仓储等一体化物流解决方案，并且所有 Wish 订单将享受快速放款政策。

"Wish 邮"专属服务如下。

（1）为 Wish 商户提供专属集货仓的服务。

（2）为 Wish 优质商户提供专业仓储服务和物流一体化解决方案。

（3）为 Wish 商户提供"Wish 邮"国际小包的优先处理服务。

（4）为 Wish 商户提供"Wish 邮"多节点的实时动态查询跟踪服务。

（5）为 Wish 商户提供专属操作团队、技术团队、客服团队以及个性化专属服务。

（6）为 Wish 商户打造重点路向专线产品（目前已开通美国专线）。

（7）Wish 商户可享受中国邮政集团有限公司平台对接商户各项优惠措施和资源支持。

针对 Wish 平台发展规划和运营特点，中国邮政集团有限公司可为其提供定制化的专属服务，包括提供专属集货仓、专线产品、专业仓储等一体化物流解决方案，并提供专属的业务团队、技术团队和客服团队给予项目支撑。此外，所有通过"Wish 邮"发运的包裹，邮政方承诺使用绿色通道,给予快速处理,实现 24 小时交航,并提供实时动态跟踪查询服务。

3) FBW(fulfillment by wish)

(1) FBW 海外仓。FBW 认证仓是由 Wish 与某一个第三方物流商合作的一种物流形式。例如,与斑马仓合作建成的 FBW-US 美国认证仓,与顺丰合作建成的 FBW-EU 欧洲仓库。FBW 认证海外仓的优势如下(第⑤~⑩项是 FBW 海外仓的特有优势)。

① 3 倍及更多的流量。

② 作为等级 1 的物流方式,前端差异化标识展示及更快的结算时间。

③ 帮助商户聚焦自己的核心价值运营环节,解决物流疑难,无后顾之忧。

④ 无须审核期,更快捷直接地加入 Wish 海外仓项目。

⑤ 因为物流导致的订单配送延误,可免责并仍然保证在 Wish Express 项目中。

⑥ 被踢除 5 次的账号,仍然可以通过 FBW 项目参加海外仓项目。

⑦ 订单执行和运输完全由 FBW 认证仓来处理。

⑧ 更高效的资金利用,海外认证仓内的作业费及尾程运费在 Wish 商户账户内扣减。

⑨ 保税仓库的货物,更方便地运回中国(适用于 FBW-EU)。

⑩ 欧洲 VAT 交税商户无忧,用户承担(适用于 FBW-EU)。

(2) FBW 中国仓。海外仓成本高负担重、物流环节多不可控、退款率高损利润、品类扩展受限难发展……为进一步优化消费者购物体验,提升物流整体效率,加强物流环节控制,提供更顺畅的物流体验,Wish 推出 FBW 中国仓(FBW-CN)。

FBW-CN 是由 Wish 联合知名仓储服务商提供的升级物流解决方案,区别于 FBW-US&EU 的海外仓交付模式,FBW-CN 是针对国内直发产品设计的境内交付生态链升级方案,只需轻松几步即可解决国内直发产品的配送问题。

FBW 中国仓代表由 Wish 中国履行订单。这是一项由 Wish 提供的仓储发货服务,商户可以将热销产品存放在此仓库中。Wish 商户仅需将产品运送至 FBW 中国仓,然后仓库将会负责履行订单(拣货、打包及配送)。这对于在节假日中不能履行订单或没有充足的履行订单能力,但希望继续售卖其热销产品的商户非常有帮助。当然,Wish 中国仓也适用于那些希望轻松运营店铺并倾向于将仓储外包给其他第三方的商户。

FBW-CN 的好处如下。

① FBW-CN 突出简便快捷的交付设计,整体交付流程在产品于 FBW-CN 仓库上架后无须商户进行订单处理的任何操作。

② 商户使用 FBW-CN,因仓储、物流等原因造成的用户退款,平台将进行赔付。

平台同时会给予商户更多运营方面的支持,如快速布局,多地建仓。除杭州、东莞仓外,Wish 未来将在更多城市开展 FBW-CN 项目;支持卖家自主配置物流渠道。开放运费模板,支持卖家自主配置物流渠道,实现个性化服务;支持更多目的国,除目前已经支持的国家或地区外,未来将拓展更多目的国,实现更广的覆盖;支持更多品类,在现有产品的基础上,未来将逐步放开限制,支持更多品类,覆盖更多商户和消费者,更有力地服务商户;国内仓与海外仓联动,逐步推进 FBW 体系内的联动,实现从国内仓到海外仓的无缝衔接;支持第三方订单,在全面服务 Wish 平台订单的基础上,未来 FBW-CN 将支持非 Wish 平台的第三方订单,满足商户多样化的仓储需求。

案例 5-3

Wish 带电产品怎么走物流？

2．Wish 平台的售后

以下是关于售后的要点介绍，卖家需要注意。

（1）因缺货导致的退款率。因缺货导致无法发货是非常不好的用户体验，所以缺货的产品一定要下架，而不是仅把库存设置成 0。

（2）Ticket 处理速度和投诉率。当买家有售后、投诉问题时是通过 Ticket 来呈现的，遇到 Ticket 时尽量在 24 小时内处理完毕。

（3）回复评价。对买家的评价，卖家可以选择公开回复或私下回复，所有买家评价都是永久性的，卖家无法删除。

（4）退单率。因质量、物流、客服问题引起的退单，卖家应尽量避免。

（5）退款退货。商家默认都是接受 Wish 平台"100%保证买家满意"政策，即"收货后 30 天无条件退换货"。

（6）发货时间设置。订单发出后 Wish 会要求买家做出评价，评价系统为 5 星，5 星最高，1 星最低。Wish 会根据卖家设置的发货时间来判断买家是否收到货了，并向买家发出评价要求。所以，卖家需要准确设置发货时间，否则可能在买家还没有收到货时就收到系统发送的评价要求了。

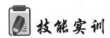

Wish 全球开店

一、实验目的

通过在 Wish 刊登商品、销售商品、物流等环节的操作，使学生熟悉 Wish 全球开店的操作步骤，掌握通过 Wish 进行跨境电子商务的要领。

二、实验内容

1．按照本章内容进行操作，登录 Wish 全球卖家账户，依次完成在 Wish 的售前准备、产品发布、售后服务等操作。

2．参与一次 Wish 上的跨境拍卖，体会 Wish 的拍卖形式与其他跨境平台交易有何不同。

3．总结在 Wish 全球平台上进行跨境电子商务需要特别注意哪些方面。

4．以供应商的角度评价在 Wish 平台上进行跨境电子商务，思考 Wish 平台操作是否便利、服务是否完善、物流是否顺畅等问题，并将其记录在实验心得中。

三、设备与所需软件

多媒体实验机房,配备每人一台可以访问互联网的计算机。

四、报告与考核

实验报告要求	实验考核要求
(1)实验目的; (2)实验内容及要求; (3)实验过程; (4)实验心得; (5)同学之间关于实验的交流	(1)学生根据实验要求提交实验报告; (2)教师根据实验报告评定单项实验成绩; (3)根据单项实验成绩和实验报告内容给出整体实验成绩; (4)整体实验成绩根据适当比例计入课程总分

 章节巩固与测评

1. Wish 平台的商品推送原理是什么?
2. Wish 平台的流量特点是什么?
3. Wish 店铺的优化要素是什么?
4. Wish 平台的售后需要注意什么?

第6章 跨境电子商务平台（2）——速卖通

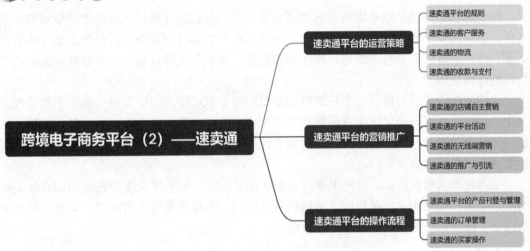

学习目标

- 了解速卖通平台的规则；
- 掌握速卖通平台的营销推广知识；
- 掌握速卖通平台的操作流程；
- 了解速卖通的客户服务知识。

关键词

速卖通的客户服务　速卖通的物流　速卖通的收款与支付　速卖通的营销推广　速卖通的平台操作

引例

速卖通启动"跨境C2M"计划　免除新商家年费

6.1 速卖通平台的运营策略

6.1.1 速卖通平台的规则

1. 注册规则

注册速卖通店铺、账号需完成速卖通企业认证,并且能够提供入驻速卖通所需的相关文件,暂不接受个体工商户的入驻申请,所有新账户必须以企业身份进行卖家账号注册及认证。在注册开店的支付宝绑定、电子邮箱验证、手机验证等过程中,不需要向速卖通平台缴纳任何费用。

店铺注册成功后会拥有一个系统自动分配的会员 ID,这个 ID 是唯一的,不能修改。一个会员仅能拥有一个可出售商品的速卖通账户(速卖通账户指主账户),禁止出租、出借、转让会员账户,如果有相关行为,则由此产生的一切风险和责任由会员自行承担,而速卖通有权关闭该会员账户。

全球速卖通有权终止、收回未通过身份认证且连续一年未登录速卖通或 TradeManager 的账户。用户在速卖通的账户因严重违规被关闭的,不得再重新注册账户,如果被发现重新注册了账户,则速卖通将关闭该会员账户。

2. 发布规则

在速卖通平台上开店发布产品是免费的,但不允许恶意发布产品。在速卖通平台上开店之前,有必要先了解一下平台一系列的发布规则。

1)禁售、限售规则

禁售产品是指因涉嫌违法、违背社会道德或违背平台发展原则等原因,而禁止发布和交易的产品。限售产品是指在信息发布前需要取得商品销售的前置审批、凭证经营或授权经营等许可证明,否则不允许发布产品。具体的禁售、限售产品列表请参见《全球速卖通禁限售商品目录》,网址是:https://sell.aliexpress.com/zh/_pc/post001.htm。禁限售积分处罚和店铺处罚如表 6-1 所示。

表 6-1 禁限售积分处罚和店铺处罚

处罚依据	行为类型	积分处罚	其他处罚	备注
《禁限售规则》	发布禁限售商品	严重违规:48 分/次(关闭账号) 一般违规:0.5~6 分/次	1. 退回/删除违规信息 2. 若核查到订单中涉及禁售、限售商品,速卖通将关闭订单,如果买家已经付款,无论物流状况如何,均全额退款给买家,卖家承担全部责任	规则新增的 30 天内拦截的信息,只退回或删除,不积分

速卖通根据违规积分的等级制定了公平的处罚标准,分数按行为年累计计算。假如卖

家在 2022 年 5 月 30 日被处罚扣了 12 分，则会被冻结账户 7 天，同时，这个处罚记录会保留到 2023 年 5 月 30 日才被清零。屡次被处罚的店铺，速卖通会给予整个店铺不同程度的搜索排名靠后的处理。

2）知识产权规则

知识产权是指权利人对其所创作的智力劳动成果所享有的专有权利。未经知识产权所有人的许可，使用其依法享有的知识产权，即为知识产权侵权。在全球速卖通平台，严禁用户未经授权发布、销售涉及第三方知识产权的商品。知识产权侵权行为包括但不限于以下三类，如表 6-2 所示。

表 6-2 知识产权侵权行为

侵权行为类型	定义
商标侵权	未经商标权人的许可，在商标权核定的同一或类似的商品上使用与核准注册的商标相同或相近的商标行为，以及其他法律规定的损害商标权人合法权益的行为
专利侵权	未经专利权人许可，以生产经营为目的，实施了依法受保护的有效专利的违法行为
著作权侵权	未经著作权人同意，又无法律上的依据，使用他人作品或行使著作权人专有权的行为，以及其他法律规定的损害著作权人合法权益的行为

若发布或销售涉嫌侵犯第三方知识产权的商品，则有可能被知识产权所有人或者买家投诉，平台也会随机对商品（包含下架商品）信息进行抽查，若涉嫌侵权，商品信息会被退回或删除。若投诉成立或者信息被退回/删除，卖家会被扣以一定的分数，一旦分数累计达到相应节点，平台就会执行处罚，如表 6-3 所示。

表 6-3 知识产权违规扣分标准

违规行为		违规行为情节/频次				备注	其他处罚
		第一次违规	第二次违规	第三次违规	第四次违规及以上		
买家投诉收到假货		6 分/次					退回/删除违规信息
图片盗用投诉		0 分	6 分/次			首次被投诉 5 天内算一次；其后一天内若有多次投诉成立扣一次分。时间以投诉结案时间为准	
权利人投诉	一般侵权	0 分	6 分/次			首次被投诉后 5 天内的同一知识产权投诉成立算一次；其后每一天内所有同一知识产权投诉成立扣一次分。时间以投诉处理时间为准	
	严重侵权	0 分	12 分	12 分/36 分	24 分	首次被投诉后 5 天内投诉成立算一次；其后每次被投诉成立扣 12 分，第四次扣 24 分；若累计同一知识产权投诉成立达第三次，扣 36 分一天内所有知识产权投诉成立扣一次分，时间以投诉处理时间为准（每次违规后，均需进行知识产权学习）	

续表

违规行为	违规行为情节/频次				备注	其他处罚
	第一次违规	第二次违规	第三次违规	第四次违规及以上		
平台抽样检查/举报涉嫌侵权	一般		0.2 分/次（一天内扣分不超过 6 分）			退回/删除违规信息
	严重（发布涉嫌侵权的品牌衍生词；发布涉嫌侵权信息且错放类目）		2 分/次（一天内扣分不超过 12 分）			
	特别严重（全店铺售假或进行恶意规避行为等）		48 分/次			

那么，在发布产品时如何避免侵权呢？

首先，参考速卖通规则专区下的品牌参考列表，若没有列举，可查询国家商标网，确定商品品牌是否构成侵权。如果依然不能确定，则需要注意所有产品、店铺等发布到网上的信息（包括文字和图片）中都不能使用他人品牌名称或衍生词；产品图片中不能含有他人品牌名称或衍生词、logo 或相似 logo；不发布含有模仿他人品牌的代表性图案、底纹或款式的产品。

3）搜索排序规则

速卖通的搜索排序以帮助买家找到最符合需求的产品为目标。排序是对产品相关性、产品信息质量、卖家服务能力、搜索作弊行为等因素的综合考量。产品相关性包含如类目与搜索词、标题与搜索词、属性等与搜索词的关系；产品信息质量通常包含类目、标题、属性、详细描述、图片、价格等信息的描述质量；卖家服务能力则包含如好评率、仲裁、服务响应速度、订单执行情况等。

在平台规则反作弊方面，如果商品有信誉销量炒作、类目乱放、成交不卖、标题滥用、重复铺货、超低价或超高价等严重违规行为，卖家将受到违规商品排名靠后甚至是全店降权或关闭账户的处罚。

下面将重点举例说明哪些行为属于严重的搜索作弊行为。

（1）类目错放。类目错放是指商品实际类别与发布商品所选择的类目不一致。卖家要避免在商品发布过程中错放类目现象，需要注意以下几点。

① 要对平台的各个行业、各层类目有所了解，知道自己所售商品，从物理属性上讲，应该放到哪个大类目下，如准备销售手机壳，知道应该放在手机大类目下。

② 可在线上通过商品关键词查看此类商品的展示类目，作为参考。

③ 根据自己所要发布的商品逐层查看推荐类目层级，也可以参考通过商品关键词搜索到的推荐类目，从而在类目推荐列表中选择最准确的类目，同时要注意正确填写商品重要属性。

（2）属性错选。属性错选是指用户发布商品时，类目选择正确，但所选择的属性与商品的实际属性不一致。为了避免在商品发布过程中发生属性错选，卖家可参考以下做法。

① 首先，要对平台的各个行业下所设属性有所了解，知道自己所售商品的物理属性和营销属性都有哪些，如"T恤"，可能会有颜色、尺码、材质、袖长、领型等属性。

② 其次，可在线上通过商品关键词查看此类商品的展示属性，作为参考。

③ 最后，根据自己所要发布的商品选择好类目后，逐一考虑发布时待选的属性，避免错选；避免遗漏，如发布商品时忘记选择"袖长"属性；避免多选，如商品无风格属性，却选择了波西米亚风格。

（3）标题堆砌。标题堆砌是指在商品标题描述中出现关键词使用多次的行为。商品标题是吸引买家进入商品详情页的重要因素，字数不应太多，应尽量准确、完整、简洁，用一句完整的话来描述商品。

标题的描述应该是完整通顺的一句话，如描述一件婚纱：Ball Gown Sweetheart Chapel Train Satin Lace Wedding Dress，这里包含了婚纱的领型、轮廓外形、拖尾款式、材质，用 Wedding Dress 来表达商品的核心关键词。

（4）标题类目不符。标题类目不符是指在商品类目或者标题中部分关键词与实际销售产品不相符。要避免标题类目不符问题，首先检查商品的类目是否选择正确，其次检查标题中是否出现了与实际销售商品不相符的关键词。

（5）商品错放。商品错放是指订单链接、运费补差价链接、赠品、定金、新品预告五类特殊商品，没有按规定放置到指定的特殊发布类目中。这五类商品在平台上的正确发布类目为"special category"，卖家在发布这五类商品时，请将其放到"special category"这一特定类目中，这样方便买家能快速购买到所需的商品，以便顺利达成交易，切勿将其放置于其他类目中。

（6）重复铺货。商品之间需要在标题、价格、图片、属性、详细描述等字段上有明显差异。如图片不一样，而商品标题、属性、价格、详细描述等字段雷同，也视为重复铺货。如果需要对某些商品设置不同的打包方式，发布数量不得超过 3 个，超出部分的商品则视为重复铺货。对于同一卖家（包括拥有或实际控制的在速卖通网站上的账户），每件产品只允许发布一条在线商品，否则视为违反重复铺货的政策。

在发布过程中切勿将同一商品发布多次；对于不同的商品，在发布时请不要直接引用已有商品的主图或者直接复制已有商品的标题和属性；对于不同的商品，除在主图上体现差异外，请同时在标题、属性、详细描述等方面填写商品的关键信息，以区别于其他商品。

（7）广告商品。以宣传店铺或商品为目的，发布带有广告性质（包括但不限于在商品标题、图片、详细描述等信息中留有联系信息或非速卖通的第三方链接等）的信息，吸引买家访问，而信息中商品描述不详或无实际商品。

（8）描述不符。描述不符是指标题、图片、属性、详细描述等信息之间明显不符，信息涉嫌欺诈成分。例如，实际销售商品在属性描述中有误、商品主图与详细描述图片不符、标题中的最小起订量与设置的最小起订量不符、标题打包方式与实际设置的打包方式不符、滥用品牌词描述等行为都属于描述不符。

（9）计量单位作弊。计量单位作弊是指将计量单位设置成与商品常规销售方式明显不符的单位；或者将标题、描述里的包装物也作为销售数量计算，并将商品价格平摊到包装物上，误导买家的行为。

（10）商品超低价。商品超低价是指卖家以偏离正常销售价格较大的低价发布商品，在默认和价格排序时，吸引买家注意，骗取曝光。

（11）商品超高价。商品超高价是指卖家以偏离正常销售价格较大的高价发布商品，在默认和价格排序时，吸引买家注意，骗取曝光。

（12）运费不符。运费不符是指卖家在标题及运费模板等处设置的运费低于实际收取的运费的行为。例如，一件婚纱正常销售价格是 159.47 美元，但卖家将商品价格设置成 0.01 美元，运费设置成 159.46 美元，或者在标题中标注了免运费（free shipping），而实际上并不提供针对任何一个国家免运费或只提供部分国家免运费等行为，都属于运费不符情况。

（13）SKU 作弊。SKU 就是 stock keeping unit，即库存进出计量的单位，可以件、盒、托盘等为单位。SKU 作弊是指卖家通过刻意规避商品 SKU 设置规则，滥用商品属性（如套餐、配件等）设置过低或不真实的价格，使商品排序靠前（如价格排序）的行为；或者在同一商品的属性选择区放置不同商品的行为。

（14）更换商品。更换商品是指通过对原有商品的标题、价格、图片、类目、详情描述等信息进行修改后而发布为其他商品（含更新换代的产品，新产品应选择重新发布），对买家的购买造成误导；但如果修改只涉及对原有商品信息的补充、更正，而不涉及商品更换，则不视为"更换商品"的行为。

经系统识别或者被他人投诉举报涉嫌更换商品，经人工二次核查属实的，平台将清除该商品的所有销量记录并进行商品排名靠后处理；出现屡次销量炒作情况的，平台有权下架或删除该商品，并且保留对卖家店铺做出整体处罚的权利。

4）发布产品

（1）设置标题。标题是为了让买家找到你的产品，所以买家用到的词就是你需要设置的词。标题制作流程是收集数据（数据纵横）、分析数据（得出词表）、设置标题。收集数据的途径包括数据纵横、卖家频道、卖家论坛、Google 搜索工具、海外论坛及其他电子商务网站。标题的词语分为顶级热搜词、属性词、修饰词、单品名、店铺名等类别。

标题制作的"三段法"是指核心词+属性词+流量词，释义如下：① 核心词，即行业热门词（影响排行、影响点击率）；② 属性词，如长度、颜色等（影响排行、影响点击率）；③ 流量词，即能带来流量的词。

卖家通常要为许多产品设置标题，例如有 300 个标题要设置，如果每个标题都单独去认真设置，工作量太大，考虑到这一点，我们可以从另一个角度来理解标题制作的"三段法"：核心词是不变的部分；属性词是可变的部分；流量词是可替换的部分。

（2）定价。产品的定价对于店铺来说是非常重要的，因为定价影响点击率，影响排序，影响买家最终是否决定购买（转化率）。影响产品的定价因素有产品进价、运费、折扣率、利润率、促销活动的价格空间、同行的定价、销售策略等。

在进行商品定价时就要预估好折扣率。一般情况下，卖家在上架商品之前，要把爆款、引流款、利润款确定好，因为它们的折扣一般是不同的，最好从一开始就考虑好如何设置折扣率。

设置折扣率要注意两点：第一，折扣率和利润率是不同的；第二，这里提到的爆款在初期可能会略亏损，但不是绝对的，还要取决于市场环境、产品品质、资金实力、投入力度等因素。

（3）详情页的设置。评判详情页优劣的指标有转化率、平均访问深度、平均页面停留时间、跳失率、客单价。

3. 交易规则

1）成交不卖与虚假发货

成交不卖是指买家付款后，卖家逾期未按订单发货，或因卖家的原因导致取消订单的行为。成交不卖包括两种类型：买家付款后，卖家延误发货导致订单关闭；买家在发货前申请取消订单，同时选择是卖家原因造成的。

虚假发货是指在规定的发货期内，卖家填写的货运单号无效，或虽然有效但与订单交易明显无关，误导买家或全球速卖通平台的行为。例如，为了规避成交不卖的处罚，填写无效货运单号或明显与订单交易无关的货运单号等；卖家声明发货（即完成"填写发货通知"），但5个工作日后运单无物流上网信息。

2）货不对版与违背承诺

货不对版是指买家收到的商品与达成交易时卖家对商品的描述或承诺在类别、参数、材质、规格等方面不相符。严重的"货不对版"行为包括但不限于以下情况：寄送空包裹给买家；订单产品为电子存储类设备，产品容量与产品描述或承诺严重不符；订单产品为计算机类产品硬件，产品配置与产品描述或承诺严重不符；订单产品和寄送产品非同类产品，并且价值相差巨大。

违背承诺是指卖家未按照承诺向买家提供服务，损害买家正当权益的行为。违背承诺包括违背交易及售后相关服务承诺、物流相关承诺，以及违背平台既定规则或要求等。

3）不正当竞争与不法获利

（1）不正当竞争。不正当竞争主要有以下两种情况。

① 不当使用他人权利的行为。卖家在所发布的商品信息或所使用的店铺名、域名等中，不当使用他人的商标权、著作权等权利。卖家所发布的商品信息或所使用的其他信息造成消费者误认、混淆。

② 卖家利用海外会员账户对其他卖家进行恶意下单、恶意评价、恶意投诉，从而影响其他卖家声誉和正常经营的行为。

（2）不法获利。不法获利是指卖家违反速卖通规则，涉嫌侵犯他人财产权或其他合法权益的行为。不法获利包括但不限于以下情形。

① 卖家通过在交易中诱导买家违背速卖通正常交易流程操作获得不正当利益。

② 卖家通过发布或提供虚假的或与承诺严重不符的商品、服务或物流信息骗取交易款项。

③ 卖家违反速卖通规则被关闭账户后仍注册，或直接或间接控制、使用其他账户。

④ 卖家违反速卖通规则，通过其他方式非法获利。

（3）信用及销量炒作。信用及销量炒作是指通过非正常交易手段提高商品销量及信用的行为，借此获得更高的曝光，对正常经营的卖家造成不正当竞争，同时也对海外买家选购产生误导，扰乱了市场秩序。对于此类行为平台有以下两种处理方法。

① 对于被平台认定为构成信用及销量炒作行为的卖家，平台将删除其违规信用积分、销量记录，以及进行搜索排序靠后处罚，对信用及销量炒作行为涉及的订单进行退款操作，并根据其违规行为的严重程度，分别给予冻结账户 30 天、冻结账户 60 天（最严重至冻结账户 180 天）、清退的处罚。

② 对于第二次被平台认定为构成信用及销量炒作行为的卖家，无论行为的严重程度如何，平台一律做清退处理。

4）严重扰乱平台秩序

严重扰乱平台秩序是指干扰平台管理，严重扰乱平台秩序，损害其他用户或平台的合法权益的行为。严重扰乱平台秩序包括但不限于以下情形。

（1）恶意规避平台规则或监管措施的行为。

（2）通过恶意违规等方式干扰其他用户正常交易的行为。

（3）对买家购物过程带来了严重的不良体验，对速卖通平台的商业环境造成了恶劣影响的行为。

（4）其他严重扰乱平台秩序的行为。卖家采取恶劣手段骚扰会员，妨害他人合法权益的行为，如要求买家给好评或者因纠纷等原因谩骂买家，其包括但不限于通过电话、短信、阿里旺旺、邮件等方式频繁联系他人，影响他人的正常生活等行为。

6.1.2 速卖通的客户服务

1. 速卖通客户服务工作的目的和原则

1）客户服务工作的目的

（1）解决疑问，促进销售。售前客户服务通常需要解答客户对产品的咨询、对售后服务和物流的咨询。售前客户服务应从专业角度为客户提供关于产品的信息，推荐可以满足客户需求的商品。

（2）解决售后问题，降低纠纷率。售后客户服务需要解决客户在下单之后发生的问题，帮助客户尽快解决问题。例如，客户下单后仓库一直没发货，客户服务人员应该催促仓库尽快发货，并将发货信息及时通知客户。但是有些问题是客户服务人员无法解决的，如因天气原因物流延迟了或客户收到的商品有瑕疵，客户服务人员需要安抚客户情绪，给予适当补偿，避免客户提起纠纷。

2）客户服务工作的原则

（1）积极主动，主导沟通。客户服务不只是机械地应对客户提问，当客户提出一个问题时，作为客户服务人员应尝试理解客户问题背后的动机。客户服务应尽量做到以下几点。

① 提供解决方案，让买家可以选择。无论是售前推荐商品，还是售后解决问题，客户服务人员都应主动为客户提供解决方案，并且尽可能提供一套以上的解决方案供客户选择。

② 话语柔和，善解人意。语气柔和亲切，让客户感觉到在与人沟通，而不是在与机器沟通。网络沟通因没有语气、语调和面部表情，信息传达会部分损失，客户服务人员可以用笑脸表情和英文流行网络用语来弥补，拉近和客户的距离。

③ 多做一些，让客户安心。如果物流延迟了，客户服务人员可以主动告知客户物流运输情况，客户服务人员主动提供必要的信息，可以让客户在购物和等待的过程中更有安全感，降低纠纷率，提高好评率。

（2）实事求是，控制期望值。客户服务人员不能为了达到销售目的做出过度营销，不能为了暂时敷衍客户的提问做出过度承诺。客户服务人员话术应以实事求是为原则，客户会对客户服务人员做出的承诺产生不同程度的期望值，客户服务人员应控制客户的期望值在可兑现的范围内。

（3）承担责任，安抚情绪。客户发起售后咨询通常是因为某些原因造成这次交易不愉快，客户服务人员在接待售后咨询时应以安抚客户情绪为第一要素。

客户提出的理由可能是卖家的责任，也可能是物流的责任，甚至可能是客户自己的责任，客户服务人员面对客户的提问，应在第一时间安抚客户的情绪，再分辨责任。如果是卖家的责任，客户服务人员应在第一时间承担责任，补偿客户的损失；如果不是卖家的责任，客户服务人员可以表示对客户困扰的理解，并且积极主动帮助客户解决问题。

2．客户服务回复的经典模板

客户服务人员大部分时间是在解答客户的各种问题，以下是跨境电子商务行业在客户服务工作中常用的回复模板，可供卖家参考。

1）催促下单，库存不多

Dear ×,

Thank you for your inquiry. Yes, we have this item in stock. How many do you want? Right now, we only have × lots of the × color left.

Since they are very popular, the product has a high risk of selling out soon. Please place your order as soon as possible.

Thank you!

                       Best regards,

                       (Your name)

2）回应买家砍价

Dear ×,

Thank you for your interests in my item. I am sorry, but we can't offer you that low price you asked for.

We feel that the price listed is reasonable and has been carefully calculated and leaves me limited profit already. However, we'd like to offer you some discounts on bulk purchases.

If your order is more than × pieces, we will give you discount of ××% off. Please let me know for any further questions.

Thanks.

                       Sincerely,

                       (Your name)

3）断货（out of stock）

Dear ×,

We are sorry to inform you that this item is out of stock at the moment. We will contact the factory to see when they will be available again. Also, we would like to recommend to you some other items which are of the same style.

We hope you like them as well. You can click on the following link to check them out: http:…Please let me know for any further questions. Thanks.

Best regards,

(Your name)

4）选择国际支付宝（Escrow），提醒折扣快结束了

Hello ×,

Thank you for the message. Please note that there are only 3 days left to get 10% off by making payments with Escrow (credit card, VISA, MasterCard, money bookers or Western Union).

Please make the payment as soon as possible. I will also send you an additional gift to show our appreciation. Please let me know for any further questions.

Thanks.

Best regards,

(Your name)

5）合并支付及修改价格的操作

Dear ×,

If you would like to place one order for many items, please first click "add to cart", then "buy now", and check your address and order details carefully before clicking "submit".

After that, please inform me, and I will cut down the price to US$ ××. You can refresh the page to continue your payment. Thank you. If you have any further questions, please feel free to contact me.

Best regards,

(Your name)

6）提醒买家尽快付款

Dear ×,

We appreciated your purchase from us. However, we noticed you that haven't made the payment yet. This is a friendly reminder to you to complete the payment transaction as soon as possible.

Instant payments are very important; the earlier you pay, the sooner you will get the item. If you have any problems making the payment or if you don't want to go through with the order, please let us know.

We can help you to resolve the payment problems or cancel the order. Thanks again! Looking forward to hearing from you soon.

Best regards,

(Your name)

7）订单超重导致无法使用小包免邮的回复

Dear ×,

Unfortunately, free shipping for this item is unavailable; I am sorry for the confusion. Free Shipping is only for packages weighing less than 2 kg, which can be shipped via China Post Air Mail.

However, the item you would like to purchase weighs more than 2 kg. You can either choose another express carrier, such as UPS or DHL (which will include shipping fees, but which are also much faster).

You can place the orders separately, making sure each order weighs less than 2 kg, to take advantage of free shipping. If you have any further questions, please feel free to contact me.

Best regards,

(Your name)

8）海关税（customs tax）

Dear ×,

Thank you for your inquiry and I am happy to contact you. I understand that you are worried about any possible extra cost for this item. Based on past experience, import taxes falls into two situations. First, in most countries it did not involve any extra expense on the buyer side for similar small or low-cost items.

Second in some individual cases, buyers might need to pay some import taxes or customs charges even when their purchase is small.

As to specific rates, please consult your local customs office. I appreciate for your understanding!

Sincerely,

(Your name)

9）因为物流风险，卖家无法向买家国家发货时给出的回复

Dear ×,

Thank you for your inquiry. I am sorry to inform you that our store is not able to provide shipping service to your country. However, if you plan to ship your orders to other countries, please let me know; hopefully we can accommodate future orders. I appreciate for your understanding!

Sincerely,

(Your name)

10）已发货并告知买家

Dear ×,

Thank you for shopping with us. We have shipped out your order (order ID: ×××)on Feb. 10th by EMS. The tracking number is ×××.

It will take 5~10 workdays to reach your destination, but please check the tracking information for updated information. Thank you for your patience! If you have any further questions, please feel free to contact me.

Best regards,
(Your name)

11）物流遇到问题

Dear ×,

Thank you for your inquiry; I am happy to contact you. We would like to confirm that we sent the package on Jan., 2019. However, we were informed package did not arrive due to shipping problems with the delivery company. We have re-sent your order by EMS; the new tracking number is: ×××.

It usually takes 7 days to arrive to your destination. We are very sorry for the inconvenience. Thank you for your patience if you have any further questions, please feel free to contact me.

Best regards,
(Your name)

12）如果买家希望提供样品，而贵公司不支持样品时的回复

Dear ×,

Thank you for your inquiry; I am happy to contact you. Regarding your request, am very sorry to inform you that we are not able to offer free samples. To check out our products we recommend ordering just one unit of the product (the price may be a little bit higher than ordering by lot).

Otherwise, you can order the full quantity. We can assure the quality because every piece of our product is carefully examined by our working staff. We believe trustworthiness is the key to a successful business.

If you have any further questions, please feel free to contact me.

Best regards,
(Your name)

6.1.3 速卖通的物流

1. 速卖通的跨境物流

卖家首先要了解各种跨境物流的种类及其基本特点，如邮政小包、邮政大包、国际商业快递、中国邮政速递跨境电子商务专线物流（e 邮宝、e 特快、e 包裹、e 速宝、中邮海外仓和中邮海外购）、速卖通平台线上发货的专线物流（AliExpress 无忧物流、燕文航空专线、中俄航空和中外运—西邮标准小包等）和海外仓等，计算本公司的典型产品在上述物流方式下的物流成本费用，做一个采用的计划，并在卖家后台设置物流运费模板。

全球速卖通只支持卖家使用航空物流方式，支持的物流方式包括 UPS、DHL、FedEx、TNT、EMS、顺丰、中国邮政及其他全球速卖通指定的物流方式。卖家如果以航空小包方式发货，必须进行挂号。卖家发货所选用的物流方式必须是买家所选择的物流方式，未经

买家同意,不得无故更改物流方式。卖家填写发货通知时,填写的运单号必须真实并可查询。过去30天内小包"未收到货"纠纷大于两笔且小包"未收到货"纠纷率大于15%的卖家会员,速卖通有权限制卖家使用航空大小包。

速卖通平台对卖家产品采用的物流方式有不同规定,如果收货国家是美国、成交金额大于等于5美元的订单,允许使用标准类物流服务中的e邮宝、AliExpress无忧物流(标准)、快速类物流服务;除美国外的其他国家,只允许使用标准类、快速类物流服务及线上经济类物流服务。同时卖家发货所选用的物流方式必须是买家所选择的物流方式,未经买家同意,不得无故更改物流方式。

1)e邮宝

国际e邮宝是中国邮政速递物流为适应国际电子商务轻小件寄递的需要而推出的经济型速递产品。

(1)国际e邮宝服务资费。美国国际e邮宝的最新资费计费模式为每件收取7元处理费,同时每克收取0.08元。起重60g,不足60g按60g计费。每单最高限重为2000g。

(2)e邮宝的服务优势。

① 经济实惠。e邮宝的服务只支持美国,但是价格优惠,包裹60g及以内11.8元/件(每件收取7元处理费,同时收取0.08元/g,限重2kg)。

② 速度快。e邮宝国内段使用EMS网络发运出口至美国后,美国邮政将通过其国内一类函件网投递,一般7~10天完成投妥。

③ 提供上门揽收服务。上门揽收每次多于5件免收揽收费,少于5件则收取每次5元揽收费。目前开通的邮政速递人员上门揽收的城市有北京、天津、青岛、苏州、南京、上海、杭州、宁波、义乌、温州、福州、漳州、厦门、广州、深圳、东莞、泰州、金华、莆田、中山、嘉兴、成都、武汉、沈阳、大连、石家庄、郑州、南阳、昆明、无锡、重庆。如果卖家选择自送包裹,可以到最近的邮政服务站点交运包裹。

④ 全程信息跟踪,免挂号费。e邮宝的信息可以全程在邮政网上查询,方便买家自主了解包裹信息,安全可靠。

(3)e邮宝的使用流程。

① 创建物流订单。买家支付订单后,选择要发货的订单,单击"线上发货"按钮,进入"订单管理-订单详情"页面;单击"订单管理-订单详情"页面的"线上发货"按钮,进入"选择物流方案"页面;选择"e邮宝",单击"确认下单"按钮,创建物流订单完成。填写订单信息,包括标签信息、发货人信息、收货人信息、商品信息、揽收信息五项。

② 创建物流订单成功,点击"查看物流订单",获取国际运单号。

③ 打印运单标签及申报清单。

④ 邮政工作人员上门揽收/卖家自送至指定网点。

⑤ 支付国际运费,卖家完成发货。

2)商业快递

商业快递主要由国际大型的物流公司组成,网点分布广,运输能力强,清关能力高,同时,大部分公司拥有海陆空一体化的运输设备,物流运输时间短、费用高,适合价值高的大宗货物运输。

速卖通平台通常使用的商业快递方式包括 TNT、UPS、FedEx、DHL、Toll、SF Express 等。不同的国际快递公司具有不同的渠道，在价格服务、时效上都有所区别，下面重点介绍常用的国际快递方式。

（1）TNT。TNT 集团总部设在荷兰，是全球领先的快递服务供应商，为企业和个人客户提供全方位的快递服务。TNT 快递在欧洲、中国、南美、亚太和中东等国家和地区拥有航空和公路运输网络。

① TNT 的资费标准。TNT 快递的运费包括基本运费和燃料附加费两部分，其中燃料附加费每个月变动，以 TNT 网站（https://www.tnt.com/express/zh_cn/site/home.html）为准。

② TNT 的参考时效。一般货物在发货次日即可实现网上追踪，全程时效在 3～5 天，TNT 经济型时效在 5～7 天。

③ TNT 的体积重量限制。TNT 快递对包裹的重量和体积限制有：单件包裹不能超过 70kg，三条边分别不能超过 2.40×1.50×1.20（单位：m），如果体积重量超过实际重量，要按照体积重量计费，体积重量（kg）算法为：长（cm）×宽（cm）×高（cm）÷5000。

④ TNT 的操作注意事项，具体有以下几项。

- TNT 快递运费不包括货物到达的目的地海关可能产生的关税、海关罚款、仓储费等费用，因货物原因无法完成目的地海关清关手续或收件人不配合清关，导致货物被退回发件地（此时无法销毁），所产生的一切费用，需由卖家承担。
- 若因货物原因导致包裹被滞留，不能继续转运，其退回费用或相关责任由发件人自负。
- 卖家若授权货代公司代为申报，如因申报原因发生扣关或延误，货代公司大多不承担责任。
- 如 TNT 包裹申请索赔，需在包裹上网后 1 天内提出申请，逾期 TNT 不受理。
- 一票多件计算方式计算包裹的实重之和与体积重之和，取其中大者。
- TNT 不接受仿牌货物，若仿牌货物被扣关，TNT 不负责。

（2）UPS。UPS 的全称是 United Parcel Service，即联合包裹服务公司，于 1907 年作为一家信使公司成立于美国华盛顿州西雅图，全球总部位于美国佐治亚州亚特兰大市，是一家全球性的公司。作为世界上最大的快递承运商和包裹快递公司，它也是运输、物流、资本与电子商务服务的提供者。

大部分 UPS 的货代公司可提供 UPS 旗下主打的四种快递服务，包括：① UPS Worldwide Express Plus——全球特快加急，资费最高；② UPS Worldwide Express——全球特快；③ UPS Worldwide Saver——全球速快，也就是所谓的红单；④ UPS Worldwide Expedited——全球快捷，也就是所谓的蓝单，是最慢的，资费最低。

在 UPS 的运单上，前三种方式都是用红色标记的，最后一种是用蓝色标记的，但是通常所说的红单是指 UPS Worldwide Saver。

（3）FedEx。FedEx 的全称是 Federal Express，即联邦快递，分为中国联邦快递优先型服务（International Priority，IP）和中国联邦快递经济型服务（International Economy，IE）。FedEx 亚太区总部设在中国香港，同时在上海、东京、新加坡均设有区域性总部。

FedEx IP 的特点是：① 时效快，递送的时效为 2～5 个工作日；② 清关能力强；③ 为全球超过 200 多个国家及地区提供快捷、可靠的快递服务。

FedEx 的特点包括：① 价格更加优惠，相对于 FedEx IP 的价格更有优势；② 时效比较快，递送的时效一般为 4～6 个工作日，时效比 FedEx IP 通常慢 1～3 个工作日；③ 清关能力强，FedEx IE 同 FedEx IP 是同样的团队进行清关处理；④ 为全球超过 90 多个国家和地区提供快捷、可靠的快递服务，FedEx IE 同 FedEx IP 享受同样的派送网络，只有很少部分国家的运输路线不同。

（4）DHL。DHL 国际快递是全球快递行业的市场领导者，可寄达 220 多个国家和地区，有涵盖超过 120 000 个目的地（主要邮递区码地区）的网络，向企业及私人卖家提供专递及速递服务。

DHL 的操作注意事项包括以下几项。

① 物品描述：申报品名时需要填写实际品名和数量，不接受礼物或样品申报。

② 申报价值：DHL 对申报价值没有要求，客户可以自己决定填写的金额，建议按货物的实际申报价值申报，以免产生高额关税及罚金。

③ 收件人地址：DHL 有部分国家接受 P.O.Box 邮箱地址，必须要提供收件人的电话，填写的以上资料应用英文填写，其他语种不行。

（5）Toll。Toll 环球快递是 Toll Global Express 公司旗下的一个快递业务，Toll 快递到澳大利亚、泰国、越南等国家的价格比较有优势。

Toll 的操作注意事项有以下几种。

① 运费不包含货物到达目的地海关可能产生的关税、海关罚款、仓储费、清关费用等。

② 若因货物原因导致包裹滞留在中国香港，不能继续转运的，其退回费用或相关责任由发货人自负。

③ 如货物因地址不详等原因在当地派送不成功，需要更改地址派送，Toll 会收取每票 50 元的操作费。

（6）SF Express。顺丰速运近年来发展迅速，在中国大陆及中国香港、澳门、台湾等地区建立了快递服务网络。目前，顺丰速运已经开通了美国、日本、韩国、新加坡、马来西亚、泰国、越南、澳大利亚等国家的快递服务。

顺丰速运的主要优点是国内的网店分布广泛，收派队伍庞大，服务人员较多，服务意识强，价格有一定的竞争优势。顺丰速运的缺点主要表现为开通的国家线路少，卖家可选的国家少，而且顺丰的业务种类繁多。

3）专线物流

目前速卖通上的大部分买家以俄罗斯、乌克兰、巴西为主，还有一些西欧国家的买家。在专线物流中，中俄航空专线、燕文航空专线的运输物流费用较低，经济实惠，运输时效快，可全程追踪。

4）AliExpress 无忧物流

AliExpress 无忧物流是速卖通最新推出的物流模块，在全国范围内分布统一收货的网点，运输费用经济实惠，物流运输的承诺时间是在两个月之内，物流辐射大部分买家的所在国，在很大程度上解决了速卖通的买家物流模块设置问题，实现了一键设置物流。

2. 速卖通的物流模块

1）速卖通的物流模块介绍

卖家在发布产品之前需要设置好物流模块，如果没有自定义的模块，则选择"新手运费模块"才能进行发布。如已有自定义的模块，可选择"运费模板"进行编辑。

对于第一次使用的卖家，速卖通还提供了新手运费模板，可在运费模板中点击"Shipping Cost Template for New Sellers"。点击模板名称可以看到"运费组合"和"运达时间组合"，在"运费组合"下平台默认的新手模块中只包含了 China Post Air Mail、EMS 和 ePacket，系统提供的标准运费为各大快递公司在中国大陆地区的公布价格，对应的减免折扣率是根据目前平台与中国邮政洽谈的优惠。"运达时间组合"中的承诺运达时间是卖家判断的送达时间。

2）国际物流网规认识

卖家除要对各种常用的国际物流知识有一定的认识，设置适合自己产品的物流模块外，还需要对国际物流的规则有一定的认识，避免触犯规则受到处罚。

全球速卖通只支持卖家使用航空物流方式，它的物流方式包括 EMS、TNT、UPS、FedEx、DHL、顺丰，以及中国邮政和其他速卖通平台指定的物流方式。

卖家发货所用的物流方式必须是买家选取的物流方式。因此，未经买家同意，卖家不得无故更改物流方式。

卖家填写发货通知时，所填写的运单号必须真实并可查询。卖家如果以航空小包方式发货，必须进行挂号。

过去 30 天内小包"未收到货"纠纷大于等于两笔且小包"未到货"纠纷率大于 15%的卖家会员，速卖通有权限制卖家使用航空大小包。

卖家需要谨慎选择物流发货渠道，平台鼓励卖家选择速卖通提供的线上发货物流渠道。速卖通只认可以下物流跟踪信息：线上发货物流跟踪信息，各国邮政、EMS、TNT、UPS、FedEx、DHL、Toll、顺丰等官网提供的物流跟踪信息。

案例 6-1

速卖通+菜鸟物流推"千万补贴"计划　保障跨境物流价格

6.1.4　速卖通的收款与支付

速卖通跨境支付的主要业务有平台货款催款、收款、对未放款订单申请放款等。客户虽然下单却未支付的可能原因有：客户付款前犹豫、选货时遇到一些问题、客户觉得价格偏高等，针对不同的可能性，要写相应的函电让客户认识到支付的紧迫性、感受良好的服务、得知优惠折扣等，引导客户完成支付。

速卖通常见的支付方式有信用卡（主流方式）、借记卡、T/T电汇、Moneybookers（欧洲主流支付）、Boleto（巴西主流支付）、Qiwi Wallet（俄罗斯主流支付）、WebMoney等。对未放款订单申请放款的处理一般要求查询订单物流情况并下载物流凭证，在申请放款的同时写清说明并上传物流凭证，等待放款。同时，卖家要灵活处理，恰当安排，尽可能使客户满意，让交易顺利实现履约。

1. 账户设置

国际支付宝（Escrow）目前仅支持买家用美元支付，卖家可以选择美元和人民币两种收款方式。

买家通过信用卡支付时，国际支付宝会按照买家支付当天的汇率将美元转换成人民币，支付到卖家国内支付宝或银行账户中（特别提醒：速卖通普通会员的货款将直接支付到国内支付宝账户）。

买家通过T/T银行汇款支付时，国际支付宝将支付的美元直接打到卖家的美元收款账户（特别提醒：只有设置了美元收款账户才能直接收取美元）。

支付宝账户设置流程如下：创建、绑定和修改支付宝收款账户→注册和激活支付宝→查询银行的Swift Code→支付宝账户认证→创建美元收款账户。

2. 收费标准

国际支付宝只在交易完成后对卖家收取手续费，买家不需要支付任何费用。国际支付宝服务对卖家的每笔订单收取3%（中国供应商会员）或5%（普通会员）的手续费，目前这是全球同类支付服务中最低的费用。

3. 提现收款

目前阿里巴巴速卖通平台支持EMS、DHL、UPS、FedEx、TNT、SF、邮政航空包裹七种物流运输方式。针对以上方式，平台放款规则如下：

1）总则

若买家确认收到货物或买家确认收货超时，系统会自动核实订单中所填写的货运跟踪号（以下简称运单号）。系统将核对运单号状态是否正常、妥投地址是否与订单中的收货地址一致等信息。

如运单号通过系统审核，系统会自动将款项支付到卖家的收款账户中。如运单号未通过系统审核，订单将进入服务部人工审核流程。

2）人工审核规则

所有进入服务部人工审核流程的订单，服务人员都会根据运单号的查询情况进行判断。目前主要有以下几种情况。

（1）地址不一致（运单号妥投地址与买家提供的收货地址不一致），此时服务人员会联系卖家，请卖家提供发货订单。

（2）未妥投（订单部分或全部运单号的查询结果正常，显示妥投），此时服务人员会联系买家，核实买家是否已经收到货物。如买家表示收到货物，正常放款；如未收到货物，则请买家配合向快递公司查询。

（3）运单号无效（运单号无法查询任何信息，服务人员将联系卖家提供发货底单）。

（4）货物被退回（运单号显示货物已经被退回），请联系卖家核实是否收到货物，并做退回处理。

3）注意事项

为了保证能够及时收到货款，需注意以下几点。

（1）尽量使用平台支持的货运方式，并在发货期内填写真实有效的运单号。

（2）及时更新订单号。如运单号在货运途中发生变更，请及时更新。

（3）请卖家配合服务人员提供相应的证明。

（4）在买家确认收货或者确认收货超时，货运信息证明正常的情况下，卖家会在3～5个工作日内收到相应的订单款。

4．国际支付宝（Escrow）

1）国际支付宝简介

阿里巴巴国际支付宝由阿里巴巴与支付宝联合开发，是为了保护国际在线交易中买卖双方的交易安全所设的一种第三方支付担保服务，全称为 Escrow Service。如果你已经拥有国内支付宝账户，只需绑定国内支付宝账户即可，无须再申请国际支付宝账户。

国际支付宝的服务模式与国内支付宝类似：交易过程中先由买家将货款打到第三方担保平台的国际支付宝账户中，然后第三方担保平台通知卖家发货，买家收到商品后确认，货款放给卖家，至此完成一笔网络交易。国际支付宝的交易流程如下：确认订单→买家付款→卖家发货→买家收货→卖家收款。

（1）使用国际支付的优势。

① 支持信用卡、银行汇款多种支付方式。目前国际支付宝支持的支付方式有信用卡、T/T 银行汇款、PayPal，后续将会有更多的支付方式接入进来。

② 先收款，后发货，全面保障卖家的交易安全。国际支付宝是一种第三方支付担保服务，而不是一种支付工具。对于卖家而言，它的风控体系可以保护其在交易中免受信用卡盗卡的欺骗风险，而且只有国际支付宝收到了货款时，才会通知卖家发货，这样可以避免在交易中使用其他支付方式导致的交易欺诈。

③ 线上支付，直接到账，足不出户即可完成交易。使用国际支付宝收款无须预存任何款项，速卖通会员只需绑定国内支付宝账户和美元银行账户，就可以分别进行美元和人民币的收款，非常方便快捷。

国际支付宝提现无须申请，买家确认收货且物流投妥后，国际支付宝将直接把钱汇到卖家的国内支付宝或绑定的银行账户中。

（2）国际支付宝与国内支付宝的区别。国际支付宝的第三方担保服务是由阿里巴巴国际站同国内支付宝联合支持提供的，全球速卖通平台只是在买家端将国内支付宝改为国际支付宝。这是因为根据对买家调研的数据，发现买家群体更加喜欢和信赖"Escrow"一词，认为 Escrow 可以保护买家的交易安全。而在卖家端，全球速卖通平台依然沿用"国际支付宝"一词，只是国际支付宝相应的英文变成了"Escrow"。在使用上，只要卖家有国内支付宝账户，无须再另外申请国际支付宝账户，登录"My Alibaba"后台（中国供应商会员）或"我的速卖通"后台（普通会员），即可绑定你的国内支付宝账号来收取货款。

支付宝英文名称的变化对收款影响不大，但是需要理解以下几点，以便在做生意时更好地和买家沟通。

① 国际支付宝是一种第三方支付担保服务，而不是一种支付工具。

② 速卖通的买家页面已经用"Escrow"代替"Alipay"，当产品发布时，不能再出现"Alipay"一词。

在产品发布时，可以使用以下类似措辞："We accept the payment methods provided by AliExpress Escrow"。

（3）国际支付宝支持的交易产品。目前国际支付宝支持部分产品的小额批发、样品、小单、试单交易等，只要用户的产品满足以下条件，即可通过国际支付宝进行交易。

① 产品可以通过 EMS、DHL、UPS、FedEx、TNT、SF、邮政航空包裹等七种运输方式进行发货。

② 每笔订单金额小于 10 000 美元（产品总价加上运费总额）。

（4）国际支付宝支持的运输方式。目前国际支付宝支持 EMS、DHL、UPS、FedEx、TNT、SF、邮政航空包裹等七种国际运输方式，只要能通过这七种运输方式发货的产品，都可以使用国际支付宝进行交易，暂时不支持海运。

（5）国际支付宝单笔订单的最大额度。为降低支付宝用户在交易过程中产生的交易风险，目前支付宝支持单笔订单金额在 10 000 美元以下的交易。

（6）国际支付宝在线交易报关。如果你申报的货物价值在 600 美元以下，快递公司会集中报关。如果你申报的货物价值超过 600 美元，你可以提供全套的报关工具，委托快递公司代报关。

（7）国际支付宝在线交易核销退税。买家使用 VISA 和 MasterCard 信用卡支付时，无法核销退税。买家使用 T/T 银行汇款和 PayPal 支付时，买家报关后可以进行核销退税。

2）国际支付宝的支付方式

国际支付宝支持多种支付方式，如信用卡、T/T 银行汇款、Moneybookers、借记卡等。

（1）信用卡支付。买家可以使用 VISA 及 MasterCard 对订单进行支付，如果买家使用此支付方式，订单完成后，平台会将订单款项按照买家付款当天的汇率结算成人民币支付给卖家。

（2）T/T 银行汇款支付。这是国际贸易的主流支付方式，大额交易更方便。如果买家使用此方式支付，订单完成后，平台会直接将美元支付给卖家。不过其中会有一定的转账手续费，收到的金额可能会有一些出入。此外，银行提现也需要一定的提现费用。

（3）Moneybookers 支付。欧洲也是速卖通的主要市场，Moneybookers 是欧洲的一个电子钱包公司（类似 PayPal），而且集成了多种支付方式，在欧洲是主流的支付服务商。

（4）借记卡支付。国际通行的借记卡外表与信用卡一样，其右下角印有国际支付卡机构的标志，它通行于所有接受信用卡的销售点。它与信用卡的唯一区别是，当使用借记卡时，用户没有 credit line，只能用账户里的余额支付。

3）国际支付宝卖家保护指南

为了保护全球速卖通平台买卖双方的合法权益，让双方能够更加放心和顺利地在速卖通平台完成交易，避免不必要的纠纷，平台特别推出"支付宝卖家保护指南"，当买家投诉货物没有收到或者收到的货物与描述不符时，"支付宝卖家保护指南"可以协助和保护卖家在最短的时间里解决纠纷。

（1）支付宝卖家保护。支付宝保护速卖通的卖家在平台上进行的合法交易。支付宝的卖家保护主要包括以下几个方面：① "先收款、后发货"的交易模式保护卖家；② 遭遇交易纠纷时，"支付宝卖家保护指南"帮助卖家有效解决纠纷；③ 支付宝的风控系统可以有效排除可疑订单，防止买家欺诈。

（2）支付宝卖家保护范围。

① 只保护合法卖家在全球速卖通平台上使用支付宝进行的交易，若未使用支付宝将不能享受支付宝卖家保护。

② 只保护合法卖家发布的不违反交易平台禁限售规则的交易产品。

（3）"支付宝卖家保护指南"保护卖家的方式。

① 当买家投诉没有收到货。如果卖家能够向平台提供货物已经送达给买家的证明，卖家将得到平台保护。因为物流等原因，货物可能还在途中，因此当纠纷发生时，卖家需要主动联系买家，同买家沟通。若双方达成一致，买家确认收到货后撤除纠纷，平台将全额放款给卖家。

若买家投诉没有收到货物，而卖家能提供清楚显示货物已经送达的证据，包括但不仅限于货物的运单号、货物底单、物流妥投证明、货物的运送状态显示"已送达"、送达日期、收件人地址（确保收货地址和买家地址一致）、收件人确认收货的签字回执，平台将会全额放款给卖家。

若买家投诉没有收到货，经平台查明货物被扣关，而卖家能够提供物流出具的买家不愿意清关导致货物被扣关的证明，平台会全额放款给卖家。

② 当买家投诉收到的货物与描述不符。如果卖家能够提供清楚的文件来证明货物的说明是恰当的，卖家可以得到平台的保护。例如，当卖家提供的文件能说明以下问题时，索赔可能会按对卖家有利的原则解决。

❑ 买家投诉收到的货物为二手货，而卖家在产品描述中已经清楚说明该物品是二手货。

❑ 卖家产品描述正确，例如，卖家在产品描述中已经清楚说明了该物品的实际功能及可能存在的缺陷，而买家因为期望值等问题不想要了。

❑ 当买家投诉货物数量不对时，卖家能够提供证据证明是按照买家需求发出的订单。

货物与描述不符的投诉由于涉及买家期望值问题，卖家需要积极主动提供证据来证明对该买家购买产品的描述是清楚的，平台将会根据货物的实际情况同买家协商，对卖家做出全额放款、退货、部分放款的处理。

（4）支付宝卖家保护指南的相关问题。

① 在买家提交纠纷申请后，该怎么办？买家向平台提交纠纷申请后，平台会尽快联系卖家。卖家需要积极主动地提供相应的证据，包括但不限于运单号、货物底单、物流妥投证明、买卖双方交谈记录截屏等，详细的证据有助于平台站在有利于卖家的立场上解决问题。

② 如果买家申诉成功，会怎么处理？如果申诉成功，平台会针对货物的实际情况，协调双方对买家进行全额退款或者部分退款、退货处理。

③ 买家提出"未收到货物"纠纷申请时，如果货物仍然在途中，该如何处理？这时应积极主动同买家沟通，告诉他货物仍在途中，希望他耐心等待并且向平台申请撤销纠纷，平台上很多纠纷就是因为买卖双方沟通不畅导致的。如果买家撤销了投诉，等到货物妥投、买家确认收货后，平台会全额放款给卖家。

④ 卖家提供了正确的运单号，但是货物在运输途中丢失了，该如何处理？卖家需要积极联系物流公司或货运公司，确认货物目前的状态，同时主动同买家沟通，尽量让买家耐心等待一段时间。若确认货物是物流公司在运输途中遗失，平台会将钱退回给买家，卖家需要向物流公司提出索赔。

⑤ 要确保买家满意，卖家应该做些什么？卖家要发布详细的产品描述，在产品描述中讲清楚货物的状况，如是不是二手货物、货物是否有瑕疵，不夸大货物的功效，提供清晰、丰富的产品图片。卖家在发货后尽快向平台提交货物的订单号，确保买家能跟踪到货物。积极主动地同买家沟通，让买家在整个交易过程中感觉到卖家的真诚和耐心。很多纠纷通过沟通都可以避免。

5．其他支付方式

1）Moneybookers 支付方式

Moneybookers 是一家国际领先的在线支付系统和电子货币的在线支付服务商，由英国和欧盟的法律授权，受英国金融服务管理局（FSA）监管，是欧洲比较热门的支付服务之一。通过 Moneybookers，买家可以使用超过 50 种支付方式在全球速卖通上支付货款，不仅包括信用卡，也包括一些借记卡。

Moneybookers 共支持 50 余种欧洲各国流行的支付方式，包括信用卡、借记卡（没有透支功能的银行卡，类似于国内的一卡通）和一些欧洲各自当地的支付方式。其中，速卖通平台为 Maestro、Solo、Carte Bleue、PostePay、CartaSi、4B、Euro6000 等七种借记卡开通了快速付款通道，因此买家使用这七种借记卡支付货款，卖家会在订单管理中看到"借记卡支付成功"。买家用其他 Moneybookers 提供的支付方式支付货款，卖家会在订单管理中看到"Moneybookers 支付成功"。

2）Qiwi Wallet 支付方式

Qiwi Wallet 是俄罗斯客户主要的支付方式。Qiwi Wallet 是 Qiwi 金融集团旗下的电子钱包系统，其服务类似于支付宝。依托于 QiwiBank，Qiwi Wallet 是俄罗斯市场上唯一注册地在俄罗斯境内、能够直接与外国电子支付服务商合作的第三方支付服务提供商，占有了俄罗斯电子钱包支付业务 1/3 的市场份额。

卖家无须设置 Qiwi Wallet 支付方式，买家付款时，其付款页面会有此支付方式的提示，买家可以根据自己的情况选择合适的付款方式。

根据买家的支付方式，到账时间也不一样：① 如果通过信用卡、Qiwi Wallet 支付，且通过一般资金审核，24 小时左右即可到账；② 如果通过西联汇款，一般需要 2 个工作日到账；③ 如果通过 T/T 转账，一般需要 7 个工作日左右到账。

3）WebMoney 支付方式

WebMoney（简称 WM）是由 WebMoney Transfer Technology 公司开发的一种在线电子商务支付系统，支付系统可以在包括中国在内的全球 70 个国家使用，是俄罗斯三大主流支付机构之一。

在速卖通网站上，WebMoney 这种支付方式的消费额度是 0.01~50 000 美元。同时，不同买家在 WebMoney 的支付额度也有限额。买家的消费金额需要满足网站和 WebMoney 两边的支付限额要求。

退款被 WebMoney 受理后，会立即到账，目前速卖通支持账户余额支付。若买家提交的退款申请被支付宝受理，会将退款请求提供给 WebMoney 处理。WebMoney 即时退款到买家账户。

通过 WebMoney 支付退款的是美元，买家可以在 WebMoney 的账户中自己兑换成卢布。

6.2 速卖通平台的营销推广

6.2.1 速卖通的店铺自主营销

1. 店铺自主营销工具

速卖通平台为卖家提供了四种自主营销工具，分别是限时限量折扣、全店铺打折、全店铺满立减和店铺优惠券，在店铺运营过程中卖家需要有策略地使用这些营销工具。

1）设置和展示规则

（1）限时限量折扣活动需要提前 12 小时创建；全店铺打折、全店铺满立减活动需要提前 24 小时创建；店铺优惠券活动创建 1~2 小时后就生效。

（2）限时限量折扣、全店铺打折、店铺优惠券活动可以跨月创建，但是全店铺满立减活动的开始和结束日期必须在同一个月内。

（3）限时限量折扣活动在开始前 6 小时内、全店铺满立减活动在开始前 12 小时内都处于"等待展示"状态。若处于"等待展示"和"展示中"状态，则无法再修改活动信息。店铺优惠券活动若处于"展示中"状态，则无法修改或关闭。以上时间均以美国时间为准。

2）优惠生效规则

具体规则为：① 限时限量折扣活动与平台常规活动的优先级相同，商品只能选择一个活动；② 限时限量折扣活动和平台活动的优先级高于全店铺打折活动，如果同时参加平台活动和全店铺打折活动，该商品在买家页面将只出现平台活动的相关信息；③ 全店铺满立减和店铺优惠券活动可同时进行，满立减和优惠券活动可以和任意活动同时进行，折扣商品以折后价（包括运费）计入全店铺满立减、店铺优惠券活动的订单中，产生叠加优惠，更易促进买家下单。

（1）限时限量折扣。限时限量折扣活动可以增强店铺人气，活跃气氛，调动顾客购买的欲望。此活动适合推新款、打造爆款、清库存和优化排名，其使用特点如下：① 每月可创建 40 个活动，共 1920 小时；② 创建后 12 小时生效，活动产品生效前后无法修改；③ 可跨月设置活动，可控制供应数量；④ 全店铺折扣和限时折扣的时间与折扣力度均以限时折扣为优先；⑤ 同一款产品可同时报名时间不冲突的限时限量折扣或者平台其他活动（除了团购和秒杀）；限时限量折扣和全店铺打折活动的时间冲突时，优先展示限时限量折扣信息。

设置限时限量折扣的注意事项如下：① 准确核对库存，如果商品存在多个 SKU（最小存货单位），那么所有 SKU 商品普通库存量非零且处于"正在销售"状态的均会参加到活动中；② 目前全站活动和手机专享活动不支持独立库存，请卖家设置恰当的活动折扣率以避免预期外的损失；③ 手机专享折扣，同一产品必须先设置全站折扣后才能设置手机专享折扣，若设置手机专享折扣，则需要低于全站折扣；若不设置，那么手机端价格根据全站折扣率售卖；④ 前期产品定价，要考虑折扣空间，如果计划某款产品要参加活动进行 50%折扣，那么在初次上传产品定价时要预先留好折扣空间；⑤ 产品分组，上传产品时把所有准备参加活动的产品放到一个分组里，方便以后按组设置营销活动；⑥ 联合营销，在设置限时限量折扣的同时可以再配合其他营销工具联合使用，以增强营销力度。

（2）全店铺打折。全店铺打折是店铺自主营销"四大利器"之首，对于新店铺效果明显，能快速提高店铺销量和信用，提高店铺综合曝光率。全店铺打折有三个使用特点：① 每月可创建 20 个活动，共 720 小时，可以跨月设置活动；② 创建后 24 小时生效，活动开始前的 12 小时不可编辑产品；③ 可根据不同折扣力度设置营销分组。

设置全店铺打折需要注意以下几点：① 全店铺打折的开始时间为美国太平洋时间，创建活动需 24 小时后开始；② 参加全店铺打折前，要对店铺所有产品的利润进行把控，避免出现某款产品亏本销售；③ 提前做好活动计划，当活动处于"等待展示"状态时，不能再修改活动信息，所以要提前做好计划再操作。

（3）全店铺满立减。全店铺满立减活动的主要作用是提高客单价和关联产品转化率。

全店铺满立减的使用特点如下：① 每个月可创建 10 个活动，共 720 小时；② 不能跨月设置满立减，但设置隔月活动可以叠加使用；③ 活动设置后 24 小时生效；④ 可以设置多梯度满立减；⑤ 可以针对部分和所有商品来设置活动范围。

（4）店铺优惠券。店铺优惠券活动可以提高客单价，刺激买家下单，为店铺引流。优惠券金额设置比较灵活，可以设置小金额的优惠券，也可以设置使用门槛。国外客户对优惠券有很好的使用习惯，拿到优惠券的顾客有很大比例会把优惠券使用掉。优惠券的使用特点如下：① 店铺优惠券设置后即时生效（但实际上可能会有 1~2 小时延时）；② 优惠券活动分三种类型：领取型优惠券活动、定向发放型优惠券活动和金币兑换优惠券活动；③ 每个月领取型优惠券活动和金币兑换优惠券活动各有 10 个，定向发放型优惠券活动有 20 个；④ 优惠券分有条件优惠券和无条件优惠券；⑤ 每个订单只能使用一次优惠券。

优惠券发放规则设置如下：① 面额。面额是指卖家定向发放给客户的优惠券面值，应该在 2~200 美元。② 数量。发放总数量是指本次定向发放型优惠券计划发放的数量，可以是 1~500 张，但是每次添加用户时，单次只能发放 50 张。③ 周期。建议有效期为 7~10 天。④ 客户。可以对三类客户进行定向发放，即所有交易过的客户、所有加进购物车的客户和所有加入 Wish List 的客户。⑤ 时间。"优惠券使用规则设置"中的有效期是指优惠券的有效期,与活动的结束时间不一样。假如今天为 11 月 13 日,设置活动结束时间为 11 月 30 日,对于有效期为 11 月 30 日至 12 月 5 日的优惠券,卖家需要在 11 月 30 日前发放使用范围为 11 月 30 日至 12 月 5 日的优惠券。⑥ 客户分类。对于有过交易的客户,发放需要满足一定条件的优惠券,对于客单价高的客户发放大面值的有条件的优惠券,对于客单价低的客户发放小面值的有条件的优惠券;对于加进购物车和加入 Wish List 的客户,建议发放无条件的优惠券,促进购物车订单进行转化。

2. 关联营销

关联营销是指在同一个页面中同时推荐了其他同类、同品牌、可搭配的关联商品。关联营销可以提升转化率,提高客单价,提高店铺内产品曝光率。

1)产品搭配

关联营销的产品搭配方法有以下几种。

(1)搭配关联:搭配推荐的商品和主推商品可以同时在一个使用场景下使用,如充电宝和充电线、上衣和裤子。

(2)替代关联:搭配推荐的商品可以替代主推商品,通常在同一个使用场景下只能选其一,如长裙和短裙、红色 T 恤和白色 T 恤。

(3)满足同类需求关联:搭配推荐的商品和主推商品满足同一个消费者的相似需求,如奶瓶和尿不湿、登山鞋和户外帐篷。

2)关联营销的位置

关联营销可以设置在商品详情页的顶部和尾部。顶部通常会设置主力推荐的关联营销,为了提高关联营销的转化率,还可以设置购买套餐的优惠政策。尾部通常会设置替代关联的商品,用来挽留看完详情页后未产生购买行为的消费者。

为了使关联营销效果更优,在设置时应突出主推商品,选择搭配套餐可以满足消费者的某种特定需求,如套餐购买更优惠。可以多测试几款搭配商品,从数据中判断如何搭配可以最大化地提高转化率。

3. 橱窗推荐

速卖通的橱窗位通过增加产品的排序分值来提高其曝光度,在同等条件下,橱窗产品比非橱窗产品排名靠前。速卖通的橱窗没有特定的展示位置,只是平台根据卖家店铺的等级奖励给卖家的一个增加产品曝光量的资源。

要增加橱窗位,首先就要提高卖家服务等级,也就是减少店铺的不良体验订单和增加店铺的好评率。

橱窗营销的方法如下:① 首先打开速卖通后台,在"店铺动态中心"中显示了橱窗推荐可使用的数量;② 在有橱窗推荐可使用的情况下,可以打开"产品管理"→"管理产品"页面,单击"更多操作"→"橱窗推荐"来利用橱窗推荐。

合理利用橱窗推荐,选择最有竞争力的商品进行橱窗推荐。橱窗推荐位可以用来推新款、打造爆款和活动款,在使用的过程中应该不断观察数据,淘汰转化率不高的商品,使橱窗推荐效果最优。

4．联盟营销

1）联盟营销的特点

联盟营销通常指网络联盟营销，由专业的联盟营销机构组织大量网站的广告资源，为广告主（卖家）提供全网范围的广告推广。速卖通联盟营销是速卖通官方推出的一种"按效果付费"的推广模式，联盟营销的站长来自全球一百多个国家，客户群体庞大。

参与联盟营销的卖家可以得到大量海外网站的曝光机会，商品信息从更多渠道展示给目标消费者，对店铺订单量的增长有很大帮助。速卖通联盟营销采用按销售额付费模式，即 CPS（cost per sale），加入联盟营销无须预先支付费用，曝光是免费的，只有成交才支付佣金。

卖家可以自行设置佣金比例，也可以遵守默认比例。不同类目默认的最低佣金比例不同，为 3%～8%，所有类目可设置的最高佣金比例为 50%。

（1）佣金设置。佣金设置分为三类：① 店铺默认佣金。在加入联盟营销时，需要设置店铺默认佣金，店铺内所有商品在未进行特殊设置的情况下均按照店铺默认佣金计算。② 类目佣金。卖家可以针对类目进行佣金设置，在该类目下所有商品在未进行特殊设置的情况下按照类目佣金计算。③ 主推商品佣金。卖家可以有针对性地设置主推商品，并为主推商品设置特殊佣金比例。

三类佣金设置在计算佣金时的优先级是：首先是主推商品佣金；其次是类目佣金；最后是店铺默认佣金。设置主推商品可以提升其曝光机会。修改主推商品或主推商品的佣金比例，会在操作 3 日后生效。

（2）佣金计算方法。按照买家从联盟网站通过特定格式的推广链接访问卖家的速卖通店铺，在 15 天之内，如果买家在该店铺下单，并且这笔订单最终交易完成，则此订单算为有效计算佣金的订单。15 天的计算时期从最近一次通过特定链接访问时间开始，如果在这 15 天之内买家又通过推广链接进入，就会重新开始计算 15 天。

在交易期内，买家进行退款的联盟订单会退回联盟佣金；交易结束后，买家正常退货，则联盟佣金不退还，因为联盟网站已经起到了导购的作用。折扣商品按照实际销售价格计算联盟佣金，运费不计算联盟佣金。

2）联盟营销的组成

联盟营销由七个部分组成：联盟看板、佣金设置、我的主推产品、流量报表、订单报表、退款报表、成交详情报表。下面针对主要板块进行讲解。

（1）联盟看板。通过联盟看板能清楚地知道联盟营销近 6 个月的营销情况。

（2）佣金设置。一旦加入联盟营销，所有的产品就都会加入，所以设置佣金比例时应充分考虑所有产品的定价是否可以支持佣金的支出。

（3）我的主推产品。最多可以设置 60 个产品作为卖家主推产品进行推广。只有主推产品才能参加联盟专属推广活动，没有设置为主推产品的产品没有权限。所以设置主推产品时应选择市场接受度高的热销产品，这样有利于提升推广效果。设置主推产品佣金时建议比其他产品佣金略高些,如店铺佣金为5%时,主推产品佣金可设置为6%~8%。

主推产品设置完毕后,卖家应以固定周期(建议1~2个月)对主推产品的销售数据进行总结,淘汰转化率低的主推产品,替换成其他产品。经过几个月的调整后,使联盟营销转化率达到最佳状态。

(4)流量报表。通过流量报表,卖家可查看近6个月内联盟营销每天的流量状况,包括联盟PV(页面浏览量)、联盟访客数、总访客数、联盟访客占比、联盟买家数和总买家数。

(5)订单报表。通过订单报表,可以知道近6个月内联盟营销每天为卖家带来的订单情况。

订单报表主要包含联盟营销每天为卖家带来的支付订单数、支付金额、预付佣金、结算订单数、结算金额和实际佣金。

(6)成交详情报表。通过成交详情报表,卖家可以清楚地了解各个时间段内联盟营销为其带来的每一笔订单和收取佣金等信息。通过观察成交详情报表能判断出联盟营销的效果。联盟营销需要通过数据分析不断调整商品和佣金比例,最终形成一套适合自己的最优方案。

5. 客户关系营销

客户关系管理(customer relationship management,CRM)可以有效地帮助企业了解客户需求,发掘市场潜力,降低营销成本,稳定销售业绩。

店铺客户关系营销的重要性如下:提升客户黏性,提高老客户回头率,稳定客户群;提高客单价,引导客户增加购买数量;稳定销售业绩,降低营销成本;形成口碑传播,是最好的营销方式;提升客户体验,提高店铺等级和DSR(客户满意度);改进生产工艺或销售流程,获取终端消费者反馈,帮助卖家进行自身改进。

速卖通平台的客户关系营销主要有两种方式:邮件营销和定向优惠券营销。

6.2.2 速卖通的平台活动

平台活动是指由平台组织、卖家参与的主题营销活动,以促进销售为主要目的。通常在活动期间买家流量和下单数量会显著升高,参加活动的卖家在活动期间订单量会激增。在短期内订单量大幅上涨,通常称之为"爆单"。平台作为活动组织方会对参与的卖家和商品有一定的要求,符合要求的卖家可以自主选择报名,在有大量卖家报名的情况下,平台会筛选出部分卖家参与,下面主要介绍速卖通平台的主要大促活动和卖家的大促计划。

1. 主要大促活动

1)"3·28"周年大促

每年的3月28日速卖通都要举行周年庆大型促销活动,活动力度堪比"双十一"活动。2017年"3·28"大促持续3天时间,参与"3·28"大促的卖家必须进行持续3天时间的全店铺打折活动,并且同时对美国、英国、法国、俄罗斯、西班牙国家进行包邮。"3·28"

大促的活动形式包括店铺优惠券、预售时段和正式活动时段。

2)"双十一"大促

"双十一"大促已经从中国网购狂欢节走向世界网购狂欢节,在"双十一"期间速卖通面向全球买家进行大促活动。速卖通"双十一"从美国西部时间 11 月 11 日 0 点开始(北京时间 11 月 11 日 16:00)。

在"双十一"活动正式开始前期的预热阶段,平台邀请了俄罗斯、美国、西班牙等国家的网络名人进行直播导购,与粉丝互动,为各大品牌和商品进行前期预热。

3) super deal

super deal 又称为 today deal,是一个天天特价的促销活动,在速卖通买家首页有明显的入口。

2. 卖家的大促计划

平台大促对卖家来说是最佳销售期,要抓住大促机会,实现店铺跨越式增长。卖家需要从以下四个方面着手。

1) 对全店商品清晰分层

在大促中,对店铺引流款商品和主推款商品的选择很重要。引流款多为店铺内有竞争力的爆款,以此爆款的超低价去吸引买家进店,通常对这个爆款可报名参加大促的秒杀活动,或者主会场 5 折精品活动。

主推款是店铺主推的应季商品,折扣在 30%左右,需要有竞争力、有差异性且价格吸引人,能够将引流款引入的流量更好地在店内转化。

引流款和主推款商品数量有限,仍有部分无法转化的买家在店铺内浏览其他商品。所以除了引流款和主推款,还需要店铺整体传递给买家强烈的促销感受,通过店铺内其他商品的促销来刺激买家,卖家可以对店铺内其他商品都做一个小折扣,例如 15%,可以通过全店铺打折来实现。

2) 商品信息优化很重要

促销信息、商品卖点等信息要体现在商品标题中,商品关键属性要填写完整。在大促中,有很多活动是通过系统抓取的方式来提取全店商品,展示到相关页面的,所以完善标题中信息和属性信息是非常重要的。

商品信息的优化还需要关注单个商品页面的产能,店铺内的商品必须做好关联销售和交叉推荐,将访问商品详情页面的流量尽可能转化成订单。

3) 挖掘老客户,提升交易额

维护老客户的成本远低于开发新客户的成本,每个店铺都应该做好老客户维护工作。每次大促活动都是唤回老客户的最好时机,将店铺优惠信息发给老客户,结合平台的优惠政策提前通知老客户,甚至给老客户提供额外的优惠,都可以很有效地挖掘老客户的价值。

4) 配合大促信息做好店铺装修

大促的设计元素结合店铺的优惠政策和商品信息是常用的店铺装修方法,简单、有效。

★ 案例 6-2

AE PLUS 项目正式上线　速卖通加速抢占俄罗斯市场

6.2.3　速卖通的无线端营销

1．无线端流量特点

（1）无线端流量和 PC 端相比具有自身的特点和规律。
（2）每周流量峰值通常出现在周末。
（3）每天流量峰值通常出现在晚上。
（4）无线端用户反复购买频次比 PC 端高。
（5）无线端用户访问时间段短、频次高。
（6）买家在无线端打开速卖通网站的方式有两种：一种是通过手机浏览器打开，网址是 m.aliexpress.com，故称之为 M 版；另一种是买家在手机上安装 AliExpress App，通过 App 打开。

2．无线端营销活动

1）无线端抢购活动

无线端抢购活动又称为 flash deals，一天 8 场，每场 10 个单品售卖 3 小时，连续 24 小时。每场的超高流量全部导给这 10 个商品，目的是打造全场爆款。明星单品展示位仅供本期时段内最具性价比的商品展示，该商品同时也展示在 App 首屏曝光。商品售空后，将引导买家进入卖家的店铺浏览其热卖商品，为卖家引入更多的流量。

2）无线端试用活动

无线端试用活动由卖家提供 1 美分商品试用，赢得试用的买家在试用后必须提供试用报告。买家在申请试用之前，必须收藏提供试用的卖家店铺，并且填写收货地址。卖家可以通过无线端试用活动赢得大量的店铺收藏量和高质量的买家试用评价，卖家可以借此为后续该商品的营销打好基础。

3）无线金币兑换活动

报名参加无线金币兑换活动的卖家商品会展示在 AliExpress App 的金币频道（Coins & Coupons），供买家用金币兑换。对报名商品的要求是，商品价值必须超过 100 美元（价值计算方法：90 天均值×库存>100 美元）。

6.2.4　速卖通的推广与引流

直通车是卖家常见的引流方式，其见效快、易调控；SNS 营销适合维系客户关系和开发潜在客户，适合品牌营销。在此，介绍速卖通直通车和 SNS 海外营销策略。

1. 速卖通直通车

1）直通车的特点

直通车是一种按效果付费的广告，简称 P4P（pay for performance）。直通车的付费方式是按点击付费，简称 CPC（cost per click）。

速卖通平台的买家购买模式是：搜索关键词→浏览搜索结果页→点击感兴趣的商品进行浏览，所以说商品是否能展示在搜索结果页靠前的位置直接影响商品的点击率。直通车是通过竞价排名让卖家商品可以展示在搜索结果页靠前的位置。卖家通过有竞争力的出价使自己的商品展示在页面靠前的位置，展示不需要付费，当买家点击该商品时卖家需要支付广告费。

竞价排名即通过竞争出价的方式获得网站的有利排名位置，达到高曝光、高流量的目的。

竞价排名的基本原理是，卖家选择一批和产品相关的关键词，并对这些关键词进行出价；买家搜索该关键词时，出价高的卖家商品即被展现在页面靠前的位置。但是在基本原理背后，系统会根据多种因素加权计算排名规则，最终呈现在网页上的结果会和单纯的出价高低有所区别。

直通车的推广有以下三个优点。

（1）新品可快速曝光。对于新上线的商品，由于没有很好的销售记录，很难有机会被展示在搜索结果页靠前的位置，通过直通车可以快速获取大量的曝光，增加销售机会，为以后的营销打好基础。

（2）精准流量，合理付费。直通车引入的流量精准，无效流量少，只有产生有效的点击才会计费。恶意点击和重复性人工点击，在计费时会被系统除去。

（3）预算可控，自主选择。卖家可以为每个关键词设置单个点击竞价，也可以针对投放时间、投放区域、每日投放预算进行设置，对于直通车广告的投入费用和投放地区可以进行定位。

2）直通车的规则

（1）排序规则。直通车的排名主要受两大因素的影响，分别是推广评分和出价，其中推广评分在整体排名中起关键作用，它主要通过商品信息质量、商品与关键词匹配性、商品评分和店铺评分四个因素来考量。商品信息质量是指每个产品都要符合速卖通的信息标准及规范；商品与关键词匹配性是指发布商品时直接使用推广的关键词来发；商品评分指的是买家对产品的认可度及评分和评价；店铺评分指的是买家对店铺的 DSR 评分及对卖家产品描述、卖家服务和物流服务的评价。

（2）扣费规则。直通车产品的展示曝光不扣费，海外客户有效点击才扣费。扣费与卖家的推广评分及出价相关，但实际的扣费肯定不会超过卖家的出价，这些数据在卖家后台可以查看。

3）直通车的推广方式

目前直通车的推广方式有两种：其中一种是专门用于打造爆品的重点推广计划；另一

种是方便测品的快捷推广计划。这两种方式各有优点,并都带有自动选品的功能,系统会根据近期数据向卖家展示最近表现不错的商品,方便卖家选品。

(1)直通车重点推广计划:在设置重点推广计划时,每个推广商品下都有其独立的推广关键词库,可以针对每个重点商品单独设置商品推荐投放计划,所有商品共用一个每日消耗上限。

重点推广计划独有创意主图和创意标题的功能,即卖家可以为每个重点推广商品设置专门用于直通车推广的图片和标题。重点推广计划最多允许创建10个,建议每个计划推广同类目的商品以便于后期管理,并且选择想要重点推广的商品,集中精力做推广。

新建一个推广计划有以下几个步骤:新建直通车重点推广计划,在系统推荐的关键词库里对关键词进行筛选,去掉热度不高、不符合商品的词→提炼重点词→增加更多的关键词→调整出价→良词推优和筛选创意主图。

(2)直通车快捷推广计划:每个账户最多能同时创建30个快捷推广计划,每个计划最多能同时推广100个商品,同时具备批量选品、批量出价的功能,让卖家用更少的时间和精力选出值得集中精力推广的商品。

4)直通车的优化工具

直通车的优化工具有选品工具、关键词工具、商品质量诊断、抢位助手(抢位助手只针对资深车手卖家开放)四种。

选品工具主要有两个功能:第一个功能是系统会有三个推荐理由来帮卖家推荐值得推广的产品,分别是热搜、热销和潜力。卖家也可以同时针对商品分组、发布的相应账号以及数据维度对分析结果进行筛选。第二个功能是可以直观地对全店商品以多个数据维度进行筛选和排序,使卖家对店铺商品数据一目了然。例如,同行对比数据下的类目供需指数和竞争力数据,以及商品的浏览量、访客数、加入收藏夹次数、加入购物车次数、订单量、转化指数。每个筛选主页可以呈现30个商品,也可以下载商品列表至Excel,分析数据结果。

速卖通直通车关键词工具的功能主要体现在五大方面:① 可以用任意关键词搜索出更多的相关关键词;② 可以针对现有的推广计划或者任意行业搜索推荐关键词;③ 系统会自动推荐一些行业近期买家的搜索词;④ 卖家可以根据四种标签筛选被推荐的关键词,即高流量词、高转化词、高订单词、小二推荐词;⑤ 当卖家选好关键词后,也可以对所选的词批量出价。

5)直通车的首页

当卖家直通车账户处于正常状态,账户余额大于0,且至少有一条处于激活状态的推广信息时,推广状态显示为"推广中"。在该状态下,买家在前台直通车展示位可以看到卖家的推广商品,海外有效IP客户点击后,会产生相应的扣费。

在未推广状态下,推广计划不生效,直通车展示位无法展示卖家的推广商品。以下情况会显示为"未推广"状态。

(1)账户冻结:当卖家账户处于冻结状态时,推广状态显示为"未推广 您的账户,目前处于冻结状态,已停止所有推广。如有问题请与服务人员联系"。

（2）无推广信息：当卖家账户处于正常状态，账户余额大于0，且没有创建任何推广信息时，推广状态显示为"未推广 您还没有创建推广信息，现在就去创建推广信息"。单击"创建推广信息"按钮可链接到创建推广信息页面。

（3）推广信息全部暂停：当卖家账户处于正常状态，账户余额大于0，且卖家有创建完成的推广信息，但是全都设置为"暂停"状态时，推广状态显示为"未推广 目前您的推广信息全部处于暂停投放状态，现在就去激活推广信息"。单击"激活推广信息"按钮可链接到推广计划管理页面。

（4）账户欠费：当卖家账户处于正常状态，且账户余额小于或等于0时，推广状态显示为"未推广 您的账户欠费，已停止所有推广。请您及时充值"。单击"充值"按钮可链接到充值页面进行支付宝在线充值。

（5）达到每日预算限额：当卖家账户处于正常状态，账户余额大于0，且卖家当天的消耗总额已经达到设定的日广告预算时，所有推广信息都会下线，推广状态显示为"未推广 您今天推广总消耗额已达预算限额"。卖家可以提高每日预算以延长投放时间。

卖家的直通车账户信息除了账户状态，还包含以下几个主要板块。

（1）账户余额：指现金账户与红包账户的实时总余额。如果账户余额不足，点击推广服务的使用将自动终止。

（2）账户预计可消费天数：根据最近7天卖家账户日均推广花费金额和当前卖家账户余额，推算卖家未来可正常持续推广的天数。

（3）今日消耗：实时显示卖家账户今日已经产生的现金+红包扣费金额，系统会按照卖家红包账户和现金账户的余额等比例扣除。例如，卖家现金账户有8000元，红包账户有2000元，卖家每消耗100元，系统会从现金账户扣除80元，从红包账户扣除20元。

（4）账户每日消耗上限：显示卖家账户当前设定的每日最高推广消费上限金额。

6）直通车的推广管理

直通车的推广管理主要包括以下几个板块。

（1）所有计划：显示当前重点推广计划和快捷推广计划的名称。后面带橙色点的是重点推广计划，无标志的是快捷推广计划。

（2）状态：绿色点代表正在推广的计划，暂停标志则代表暂停推广的计划。

（3）类型：分为重点推广计划和快捷推广计划。

（4）计划概况：分别显示重点推广计划中包含的推广单元数，以及快捷推广计划中含的商品数和关键词数。

（5）感叹三角形：对所有推广计划检索后的提醒。

7）直通车的推广效果

直通车的推广效果主要包含如下几个板块。

（1）七日曝光量：指最近7天，卖家所有推广中的商品在海外买家搜索过程中获得的展现流量。

（2）七日点击量：指最近7天，卖家所有推广中的商品在海外买家搜索过程中获得的其进一步点击查看的次数。

(3) 七日点击率：点击率=点击量÷曝光量。如果点击率较高，则说明买家对卖家推广中的商品感兴趣，愿意通过点击进一步查看了解卖家商品详情。点击率是反映卖家商品是否满足买家的采购需求、是否令买家感兴趣的重要指标。

(4) 七日总花费：指最近7天整个账户的财务消耗，精确到小数点后两位，单位是元。

(5) 七日平均点击花费：指最近7天对所有推广中的商品点击花费的平均数，也代表了卖家引入一个潜在买家的平均成本。计算公式为：平均点击花费=总花费金额÷总点击量。

因为效果监控中的数据来自于所有推广中的商品，卖家可通过自定义监控的功能，查看各个推广计划下具体每个商品的推广效果。

2. SNS 海外营销策略

SNS（social network service）是指社交网络服务，下面介绍一些有代表性的 SNS 网站。

1）Facebook

Facebook（脸书、脸谱网）是美国的一家社交网络服务公司，由马克·扎克伯格、爱德华多·萨维林于2004年2月4日创立，总部位于美国加利福尼亚州门洛帕克，是世界排名领先的照片分享站点公司之一。

(1) Facebook Messenger 广告营销。

① Facebook Messenger 首页广告。在 Facebook Messenger 应用的首页投放广告是最简单的一种形式。商家可以在 Messenger 上投放之前在 Facebook 和 Instagram 上使用的广告创意。一旦用户轻触广告，便会跳转到商家在创建广告时选择的目标位置，如直接访问商家网站、App，或直接与商家建立 Messenger 对话。目前 Messenger 首页广告支持 Traffic、Conversions、App Install、Reach、Brand Awareness、Messages 等广告目标。

Messenger 广告的运作方式即系统会自动在最可能以最低价格获得营销成效的版位投放广告，所以要在广告系列中添加 Messenger 广告，使用"自动版位"功能是最简单的方法。

② Click-to-Messenger 直达广告。创建在 Facebook、Instagram 和 Messenger 投放的 Messenger 直达广告，是为了让目标用户通过 Messenger 直接与商家建立联系。

广告中的图片、视频或幻灯片广告和 CTA（行动号召）按钮都可以让用户直接打开 Messenger 对话。用户点击跳转到 Messenger 后，可以看到消息文本，也可以看到结构化消息。结构化消息（JSON）可包括富媒体内容、快速回复和行动号召按钮。用户随后需要点击快速回复或行动号召按钮，才能继续对话。

③ 赞助消息（Sponsored Messages）。赞助消息是直接向已通过 Messenger 交流过的用户发送的消息。用户轻触广告后，将前往商家在创建广告时选择的目标位置。

(2) Facebook 推广的方式。

① 建立一个官方粉丝页。一种是你自行建立的，另一种是 Facebook 广告代理商为你开户一个第三方粉丝管理账号，在本质上是一样的，都需要先有一个私人 Facebook 账号。创建粉丝专页后就需要做广告，首要目标就是获得大量粉丝。这个过程需要花费一大笔预算。粉丝数到多少才会产生效益？这个要根据多方面原因来综合，首先你需要有专人来打

理这个专页；另外，粉丝的黏性非常重要，你需要和粉丝逐步建立互动，获得粉丝的认同。这不是一朝一夕能够做到的，曾经见过一个公司的 Facebook 粉丝数有十多万，都是花钱做广告获赞得来的，但无论是发布产品折扣信息，还是搞一些活动，都没有人参与，转化率几乎为 0。所以即使你有了粉丝，想让你的粉丝跟你互动，买你的单，也不是一件容易的事情，需要长久经营和投入。

② 找相关 Facebook 红人发布产品信息。这种方式被实践证明为短期投资回报率最高的一种形式，红人的费用是直接跟他所带来的销量挂钩的。他的能力越强，你的销量越好，多付他一些报酬也是值得的，所以找好、找对红人很重要。

最后，群组。在群组发布消息都是需要审核的，你可以多挑一些专门用来发布产品信息的群组。发过很多次产品促销信息，但是转化率不怎么好，那就需要进一步的摸索和总结。

2）Pinterest

Pinterest 采用的是瀑布流的形式展现图片内容，无须用户翻页，新的图片不断自动加载在页面顶端，让用户不断地发现新的图片。

Pinterest 堪称图片版的 Twitter，网民可以将感兴趣的图片在 Pinterest 上保存，其他网友可以关注，也可以转发图片。索尼等许多公司也在 Pinterest 上建立了主页，用图片营销旗下的产品和服务。

有多家机构称，在移动互联网时代，网民在移动设备上更喜欢观看图片，Pinterest、Snapchat、Instagram 等图片社交平台受到用户热捧，目前市场估值也明显高于其他"文本"社交网络。

截至 2013 年 9 月，该软件已进入全球最热门社交网站前十名。2018 年 2 月，弗朗索瓦-布洛尔（Francoise Brougher）成为 Pinterest 历史上的第一位首席运营官。2019 年 4 月 18 日，Pinterest 图片社交网络上市，上市代码是 PINS。

（1）Pinterest 的推广技巧。目前在欧美市场上，许多卖家都利用 Pinterest 做引流。据统计，在注册 Pinterest 的用户中，有 68%以上是女性，并且大多数是年轻女性。所以，要做好社会化媒体营销，除要选好适合的社交平台之外，还要找到合适的消费群体。

跨境电子商务卖家要做好 Pinterest 社会化媒体营销，就要利用自己获得的数据、自己店铺的品类、客户的行为以及平台和渠道去制订相应的策略。

① 找到用户感兴趣的主题做主题页面。Pinterest 中有各种各样的主题分类，跨境电子商务卖家可以在 Pinterest 中找到一些相关的主题，观察在这个主题中有哪些图片是最受人关注的，从而将其作为选品的参考。一些有心的卖家会根据图片的受欢迎程度，将最受欢迎的图片做主题页面来吸引用户的眼球。有的卖家在做了专题之后，就将在 Pinterest 上比较受欢迎的产品进行打折，而其他店铺没有折扣，这样能获得更多的流量。

② 利用网络红人进行广泛传播。相对其他社交平台，Pinterest 平台最大的好处就是图片上有链接，用户只要单击了图片就可以直接进入你的店铺。这在引流上可以发挥很大的作用。因此，如果你的图片被更多的人分享，那么你的店铺的点击率也会升高，潜在的客户也就会更多。例如，有一个跨境电子商务卖家是这样做的：他找到一些网络红人，由他们定期发布他的产品图片到自己的主页上，每周发十几张图片。经过一年时间后，他的店

铺就实现了每天一千多个订单的目标。

③ 结合强关系的社交平台。虽然利用 Pinterest 可以为跨境电子商务卖家带来大量的兴趣类流量，但是 Pinterest 与客户建立的关系是一种弱关系。如果客户没有成功沉淀成老客户，可能就会很快流失。因此，卖家还需要结合强关系的社交平台去做营销。在获得了新客户的流量之后，卖家要进行相应的转化，如在店铺中做相关的专题页面，通过强关系的社交平台将弱关系的社交平台的流量沉淀下来。

④ 注重精细化发展。如果跨境电子商务卖家能够做好精细化发展，就会形成强有力的竞争优势，因此卖家接下来将会在精细化方面展开新一轮比拼。强化供应链、在流量渠道和客户层面建立门槛，要想进一步取得优势，卖家要做的就是别人目前还做不到的。而 Pinterest 的大多数流量来自移动端，因为相对于 PC 端，移动端在分享女性消费品方面更便捷和迅速。从中我们也可以看出，未来跨境电子商务的很多订单可能会出现在移动端，这也给跨境电子商务卖家提供了一个大的发展方向。

(2) Pinterest 的广告技巧。广告 PIN（个人身份识别码）虽然看起来像普通 PIN，但是它们具有更多的功能。通过广告 PIN 可以在 Pinterest 上添加关键字并定位给特定的目标群体，以达到提高品牌知名度和提高转化率等目标。跨境电子商务企业可以根据用户的人口统计、搜索条件及兴趣定位广告的受众。

① 持续地监控和优化广告系列。Pinterest 是一个主要由视觉驱动的社交媒体平台。想要成功地运行 Pinterest 广告，需要不断测试广告系列中不同的图片、视频、文字、关键字、出价及受众群体，最后找出最适合的组合，以便带来最大的转化率和效益。在广告的概览页面，你可以观察 30 天内广告运行的效果并做出优化。

② 在说明中加入行动号召。Pinterest 不允许在 PIN 广告描述中使用直接的行动号召语句，但这并不意味着你的广告系列就应该缺少行动号召，你的目标用户需要知道他在看到 PIN 广告后应该做什么，较微妙的行动号召有"Sign up today for a free trial"（今天报名参加免费试用），或是"Download this free guide"（下载免费指南）等。

③ 在定位选项中加入相关关键字。Pinterest 允许在 PIN 广告中最多添加 150 个关键字，但大多数营销人员会错误地认为关键字添加得越多越好。其实，这样做会导致较低的点击率和转化次数。尝试有针对性地添加关键字，考虑目标客户每天如何使用 Pinterest 并定位这些关键字。所选择的关键字不应该只专注于目标客户，还应该和 PIN 内容、转到的网页保持相关性。

④ 使用受众特征定位。即使 Pinterest 没有提供像其他社交平台一样多的定位选项，它仍然允许根据地理位置、设备、性别和语言等受众特征向目标受众展示 PIN 广告。利用这些特征来定位合适的目标受众是非常重要的。

⑤ 继续积极出价。在 PIN 广告的费用方面，你只需为获得的点击次数支付费用。因此，营销人员应持续衡量业绩并相应地调整广告出价，求得最大限度的业绩提高。尽管最初的出价可能很高，一旦广告收益增加，你会看到投标价格下降，尤其是针对高参与度和高互动的 PIN。所以，要不断测试广告并优化出价，以获得点击次数和转化次数，最终实现目标。

第 6 章 跨境电子商务平台（2）——速卖通

6.3 速卖通平台的操作流程

6.3.1 速卖通平台的产品刊登与管理

1. 产品发布

进入卖家中心工作台，选择"商品"→"商品发布"选项，如图 6-1 所示。

图 6-1 选择"商品发布"选项

进入"发布产品"页面后，首先需要选择发布产品所属的类目，如果对所属目录不明确，也可以使用"查找类目"功能去查询该产品所属的分类。选择好需要上传的产品所属的类目后，单击下方的"确定"按钮，如图 6-2 所示。

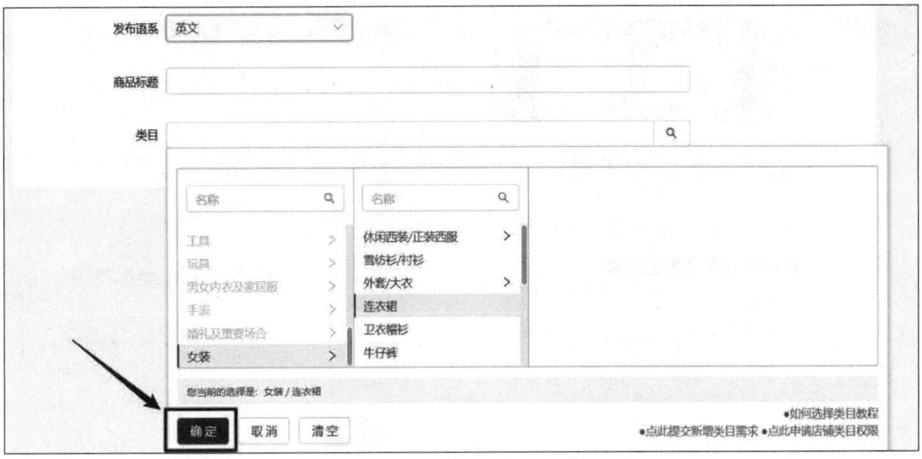

图 6-2 单击"确定"按钮

按系统要求完善产品的各项基础信息并设置商品标题。填写的产品属性必须与所发布的产品对应，在填写时一定要填全、填正确，产品属性填写率尽量达到 100%，完整且正确的产品属性有助于提升产品曝光率，如图 6-3 所示。

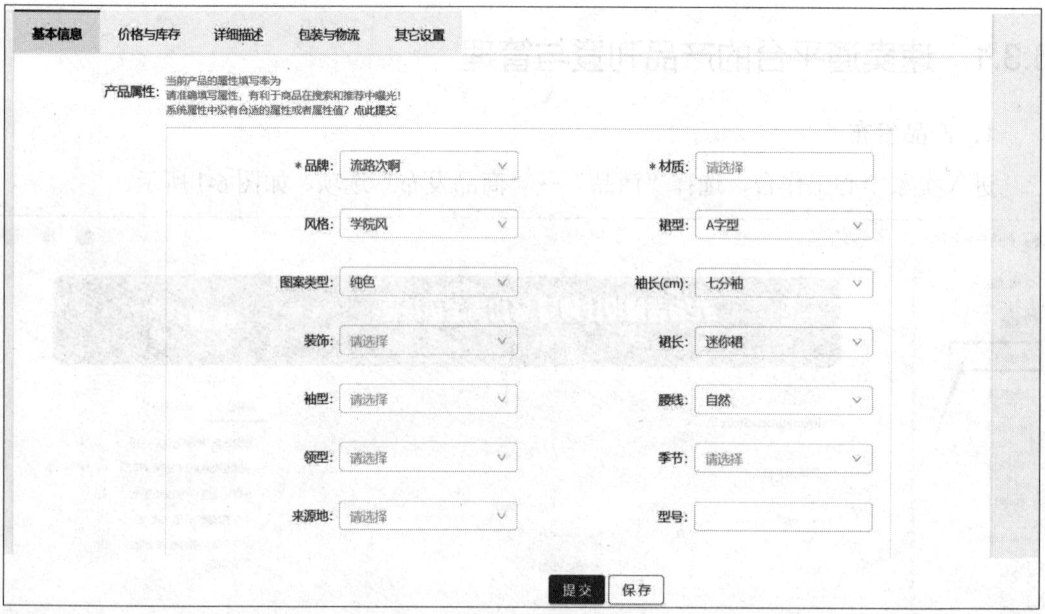

图 6-3 添加产品属性

上传产品图片，图片可"从我的电脑选择"或者"从图片银行选择"，包括产品正面图、背面图、实拍图、侧面图、细节图等，上传符合规范的营销图将有机会展示在搜索、推荐、频道等商品导购场景，如图 6-4 所示。

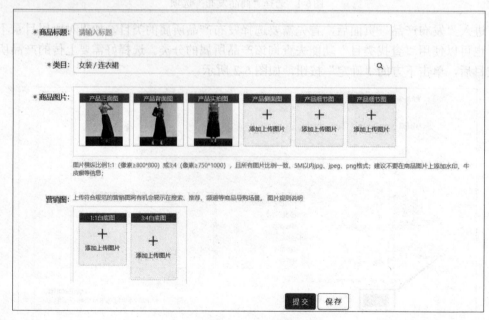

图 6-4 添加图片

设置价格与库存，包括产品尺码、颜色等信息，为方便未来开设促销活动，定价时应考虑店铺活动、促销折扣等情况导致的价格变动。系统支持按"发货地"调价，以商品零售价为基准价，根据买家收货国家在基准价的基础上进行调整，如图6-5所示。

图6-5 设置零售价、库存数量等

编写商品描述，描述时尽量用文字，并且一定要短、简洁，保持页面整洁有序，展示的图片在6张左右，不要超过15张，图片过多会导致在手机端打开产品时速度过慢，且需要多次下拉翻页商品详情，影响买家使用体验，如图6-6所示。

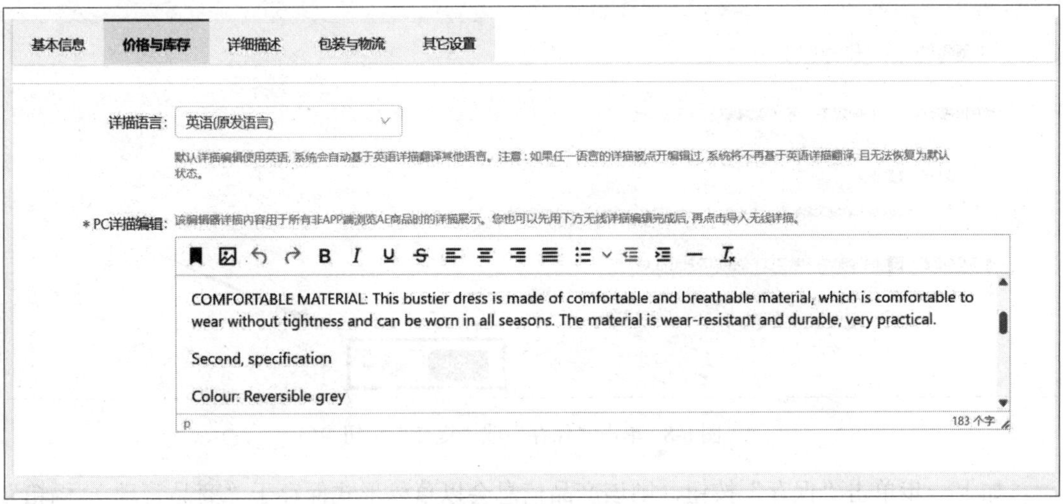

图6-6 编写商品描述

设置发货期,同时补充产品包装信息,包括重量、尺寸;完善物流设置,设置运费模板;选择商品的服务模板,如图6-7所示。

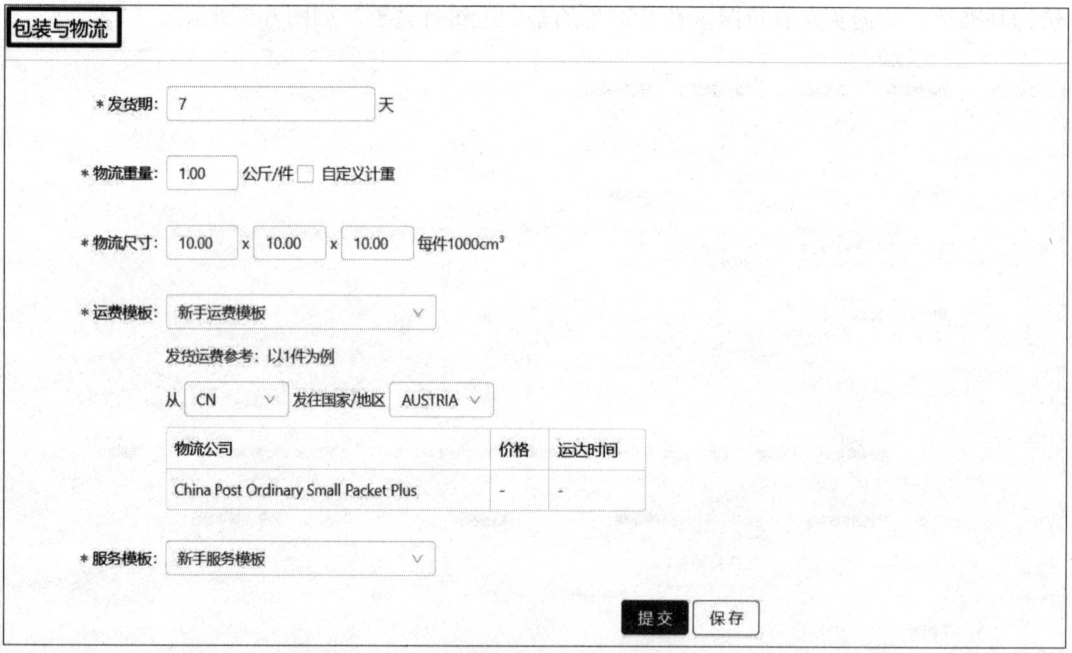

图6-7 补充产品包装信息

如有需要的话,对其他剩余信息进行修改,信息完善并核对无误后,单击"保存"按钮,则该产品信息会以草稿形式保存。若单击"提交"按钮,则为直接提交审核并在通过后刊登至平台,如图6-8所示。

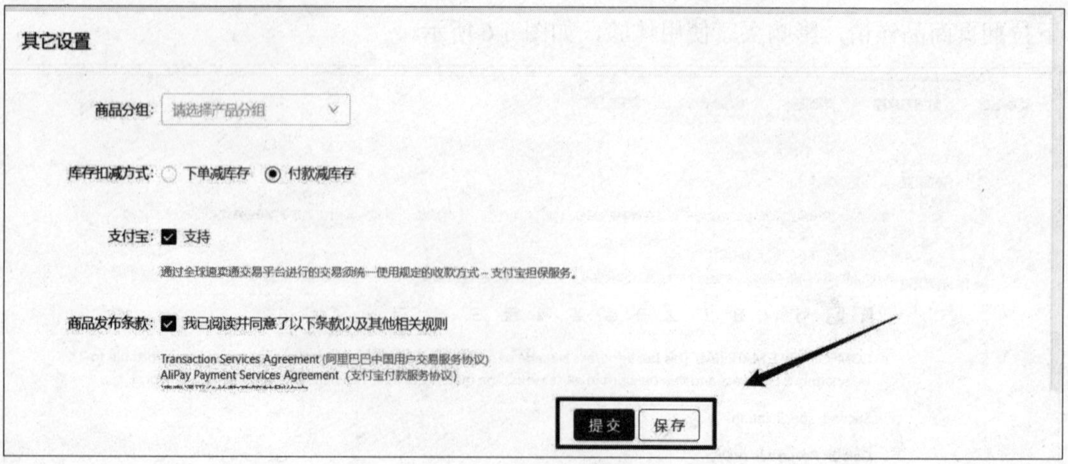

图 6-8 单击"保存"或"提交"按钮

如上一步单击"保存"按钮,则该产品信息会以草稿形式保存于"商品管理-草稿箱"

中,如图6-9所示。

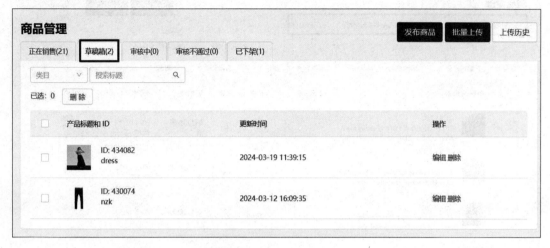

图6-9 产品信息保存

单击"提交"按钮后,则该产品会提交人工审核,通过审核后的产品会进入"商品管理-正在销售"分组,如图6-10所示。

图6-10 产品信息提交

完成产品信息编辑或产品发布后,如有需要查看或修改的,可在"商品管理-正在销售"页面查看,产品信息包括"草稿箱""审核中""审核不通过""已下架"与"正在销售"等多种状态,如图6-11所示。

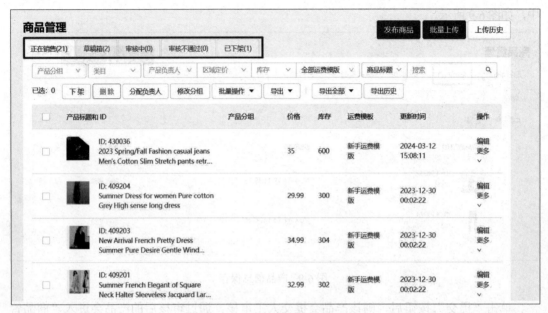

图 6-11 查看或修改产品信息

2. 橱窗推荐产品

在"商品-商品橱窗"页面中,在推广列表中点击"新增推广商品",如图 6-12 所示。

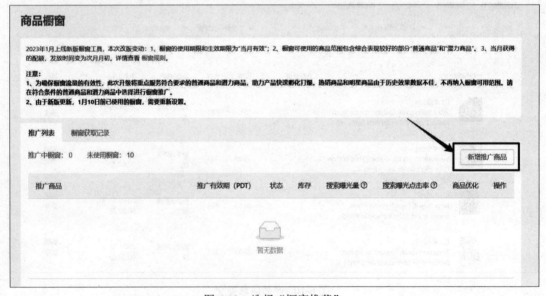

图 6-12 选择"橱窗推荐"

确认使用橱窗进行推送,单击"提交"按钮,如图 6-13 所示。

设置完成后,可在"推广列表"查看加入橱窗推荐的产品情况,如图 6-14 所示。

第6章 跨境电子商务平台（2）——速卖通

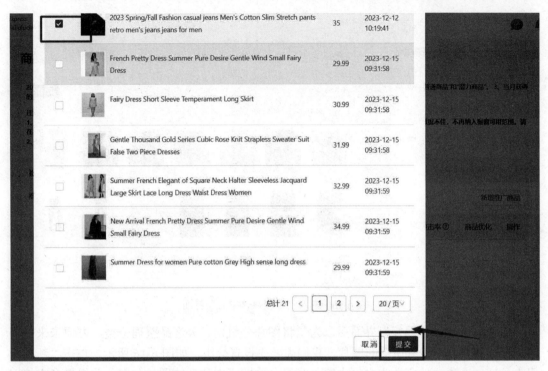

图6-13 单击"提交"按钮

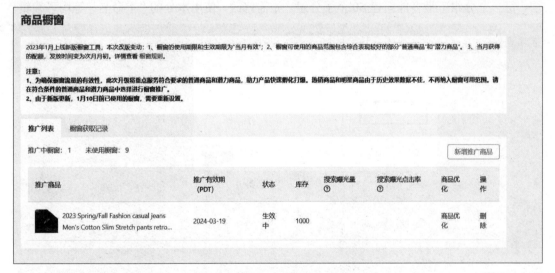

图6-14 查看加入橱窗推荐的产品

3. 管理媒体中心

媒体中心集分组管理、图片与视频的搜索、筛选、重命名等功能于一体，能提供强大的媒体管理功能，帮助卖家更加方便快捷地管理在线图片。其界面从"商品"→"媒体中心"进入，如图6-15所示。

图 6-15 进入"管理媒体中心"界面

进入"管理图片银行"界面后,为了将图片分组别、分产品整理分类,方便未来使用时能便捷、快速地找到所需的图片,我们需要先设置分组。如图 6-16 所示,单击"新建分组"按钮,在生成的空白文本框中输入分组名称即可创建新的图片分组。分组最多支持三层,每一个分组下最多能新建 50 个子分组。如需修改,使用本处的"重命名"等均可编辑。

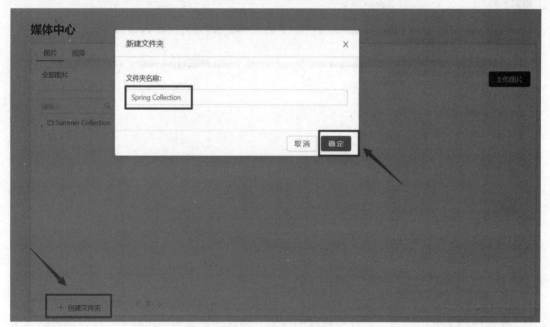

图 6-16 新建图片分组操作

如需删除图片组,选择需要去除的分组,单击"删除"按钮,其分组及其子分组会被全部删除。但是该分组下的图片不会被删除,将被移动到"未分组图片"下。

第 6 章　跨境电子商务平台（2）——速卖通

设置好图片分组后，选择需要上传图片的分组，单击右上方的"上传图片"按钮，在生成的弹窗中单击"从我的电脑选取"按钮并提交上传所需图片，如图 6-17 所示。

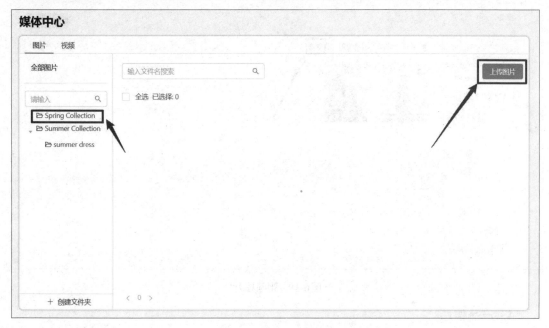

图 6-17　上传所需图片

完成上传图片后，系统会显示当前分组内图片的预览，如图 6-18 所示。

图 6-18　系统显示当前分组内图片的预览

图片可以通过"删除"移除，如图 6-19 所示。

跨境电子商务运营与管理

图6-19 删除图片

4. 产品信息

产品信息模块是一种新的管理产品信息的方式，卖家可以为产品信息中的公共信息（如售后物流政策等）单独创建一个模块，并在产品中引用。如需修改这些信息，只需要修改相应的模块即可。模块除可以放置公共信息外，还可以放置关联产品、限时打折等信息。在"产品信息模块"页面中，单击"新建关联产品模块"进入设置，如图6-20所示。

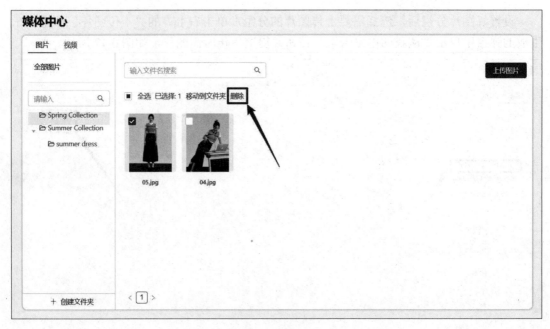

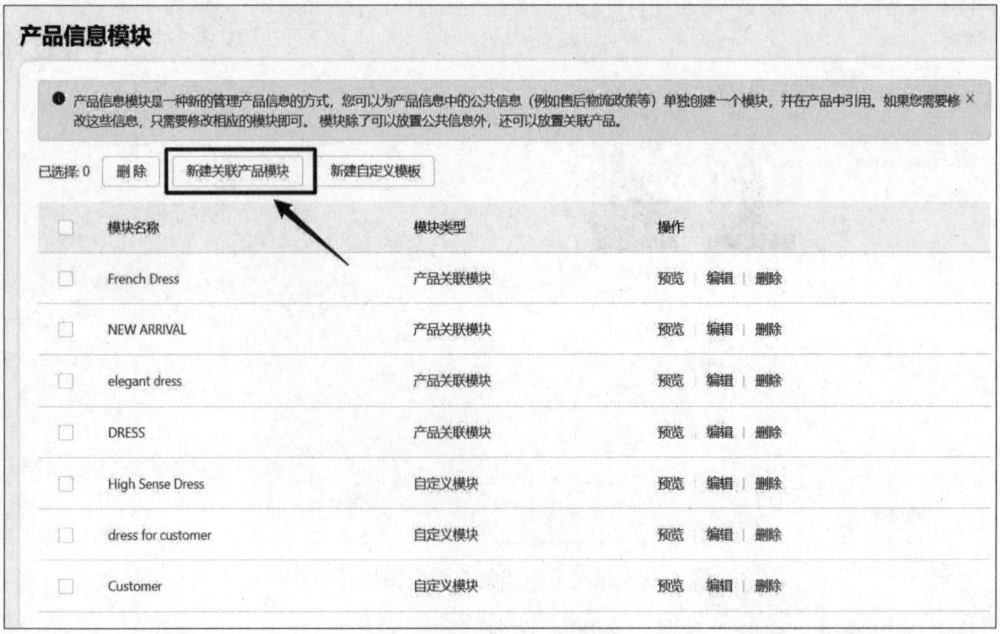

图6-20 进入设置

第 6 章 跨境电子商务平台（2）——速卖通

设置模块名称，勾选产品，单击"创建"按钮，如图 6-21 所示。

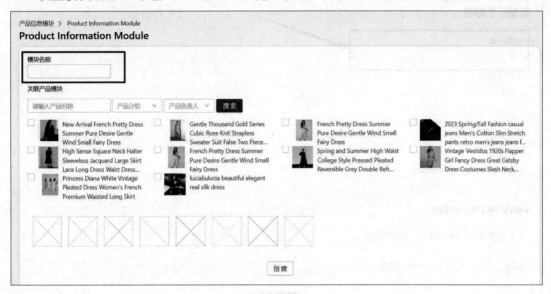

图 6-21 设置模块名称

5. 运费模板

在"管理运费模板"页面中单击"新增运费模板"按钮，如图 6-22 所示。

图 6-22 单击"新增运费模板"按钮

为运费模板设置名称，选择启用的物流方式并设置与之对应的运费，如图 6-23 所示。

运费模板设置完成后单击"保存"按钮，完成的模板可以在相应的页面中查看与编辑，如图 6-24 所示。

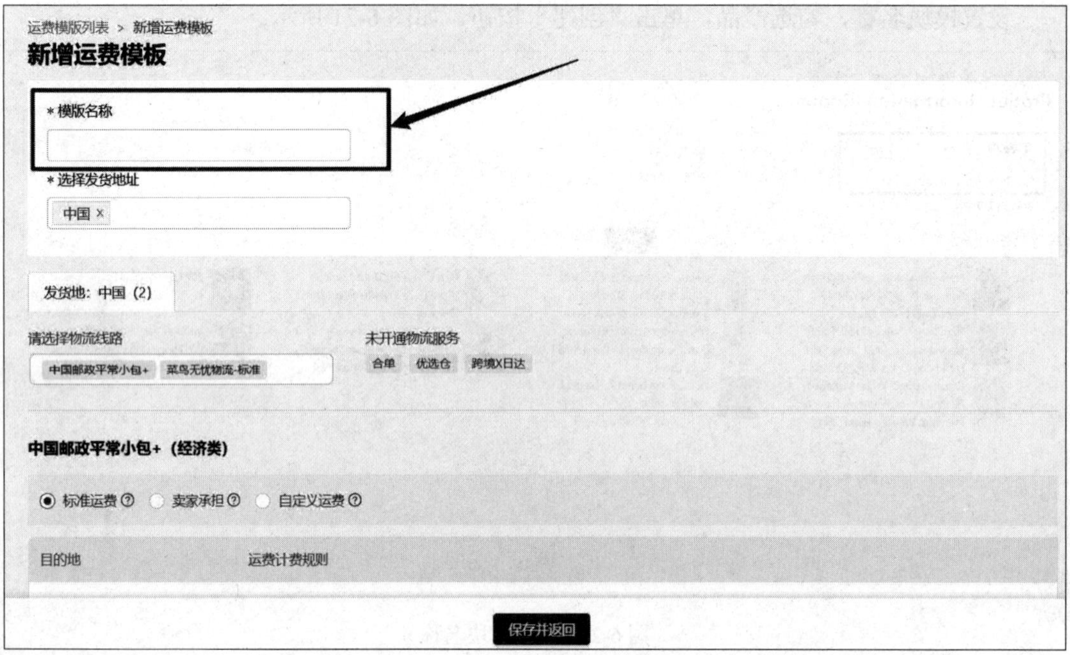

图 6-23 为运费模板设置名称

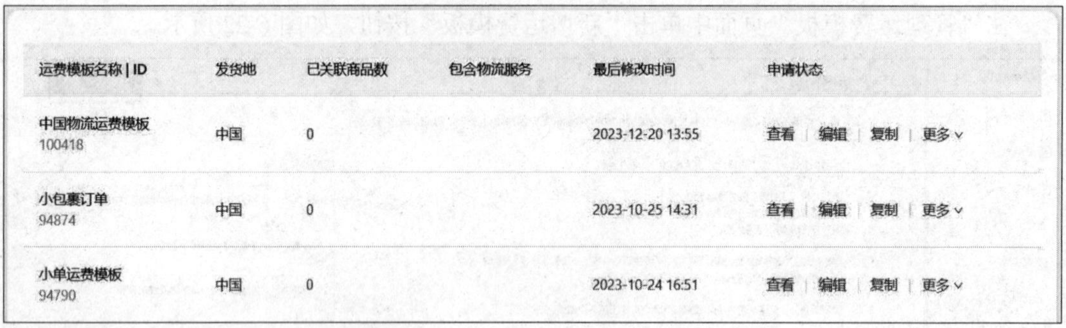

图 6-24 运费模板设置完成

6.3.2 速卖通的订单管理

卖家后台会实时更新订单信息，如果我们需要进行发货，可以单击卖家后台主页面中的"待发货"，如图 6-25 所示。

在"订单详情"中查看订单的详细情况，单击"去发货"按钮进行线上发货操作，如图 6-26 所示。

第 6 章 跨境电子商务平台（2）——速卖通

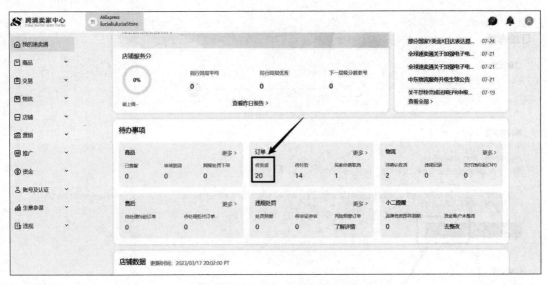

图 6-25 单击"待发货"

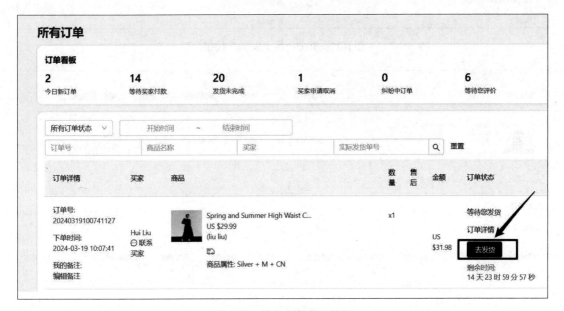

图 6-26 单击"发货"按钮

进入发货界面，单击"线上发货"按钮，如图 6-27 所示。

选择物流方案，然后单击"下一步，创建物流订单"按钮即可，如图 6-28 所示。

进入"创建物流订单"页面，这里首先需要确认商品信息，查看是否包含特殊类商品（例如电池或液体化妆品等），并在"确认商品信息（海关申报使用）编辑"内填写发件信息，如图 6-29 所示。

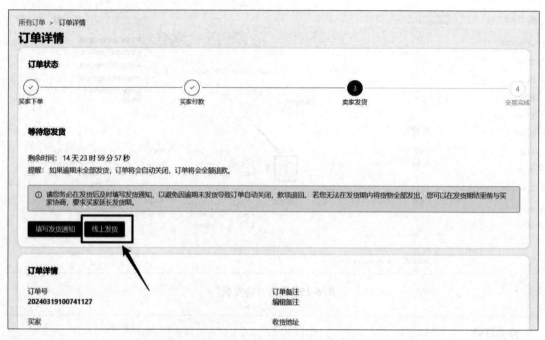

图 6-27　单击"线上发货"按钮

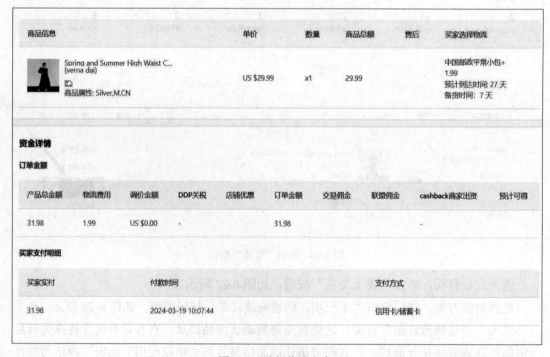

图 6-28　选择物流方案

第6章 跨境电子商务平台（2）——速卖通

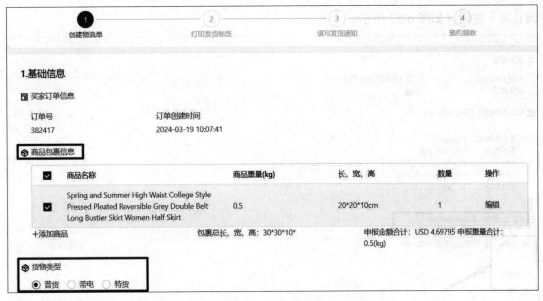

图6-29 填写发件信息

编辑发件信息完成后，需要设置揽收方式，选择"设置揽收方式"进入，如图6-30所示。

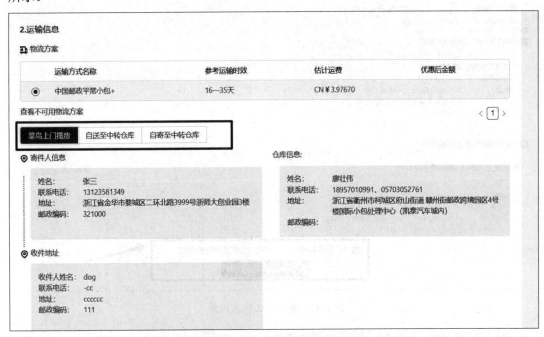

图6-30 设置揽收方式

完善各项揽货信息并选择如何处理海外无法投递的退件，如图6-31所示。

以上全部设置完毕后，同意《在线发货-阿里巴巴使用者协议》，并单击"确认完成物流订单"按钮,如图 6-32 所示。

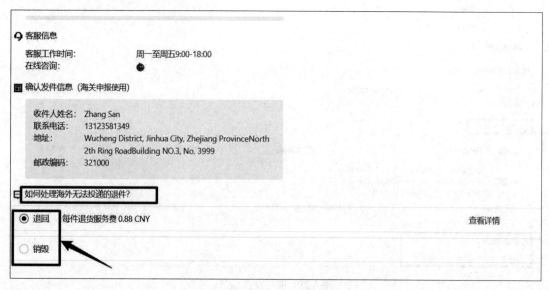

图 6-31 完善各项揽货信息

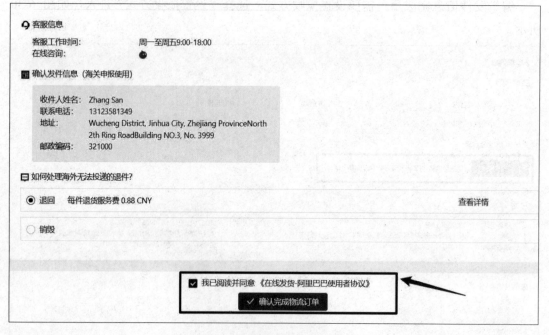

图 6-32 确认完成物流订单

显示以下信息,则我们已经成功创建物流订单,如图 6-33 所示。

从下方的"物流订单详情"进入"物流服务"→"国际小包订单"页面以完成后续的操作,如图 6-34 所示。

图 6-33 成功创建物流订单

图 6-34 完成后续的操作

进入"国际小包订单"页面后,单击"打印发货标签"并将发货面单张贴到需要发货的商品上。接下来我们需要填写发货通知,单击"填写发货通知"按钮进入,如图 6-35 所示。

填写需要补充的各项信息,如图 6-36 所示。

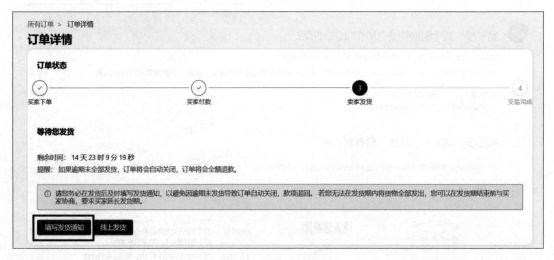

图 6-35 填写发货通知

图 6-36 填写需要补充的各项信息

提交后应该确认已经发完了订单中的所有商品,并已将货运跟踪号填写完毕,如确认完成的可单击"全部提交发货通知"按钮,如图 6-37 所示。

现在订单已进入"卖家发货"状态,我们可在下方的物流信息模块中查看到货运跟踪号与物流状态信息,至此我们已经完成了订单的发货工作,接下来只需要等待买家确认收货或自动收货期限抵达即可完成订单交易,如图 6-38 所示。

第6章 跨境电子商务平台（2）——速卖通

图6-37 单击"全部提交发货通知"按钮

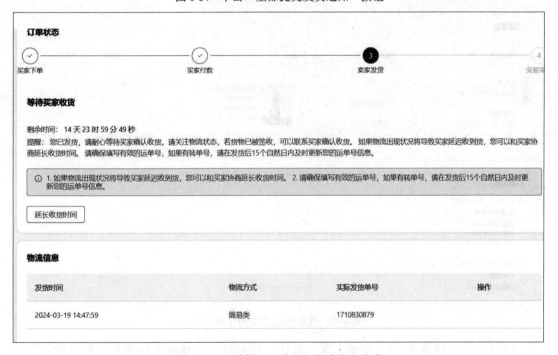

图6-38 查看货运跟踪号与物流状态信息

1. 订单退款与纠纷处理

如有买家提出退款申请，速卖通卖家后台选择"交易——退款&纠纷"，可点击进入处理，如图6-39所示。

进入"退款&纠纷"页面可以查看纠纷订单的各项情况，这里可以单击"查看详情"进入查看纠纷订单的详细情况，如图6-40所示。

图6-39 速卖通卖家后台

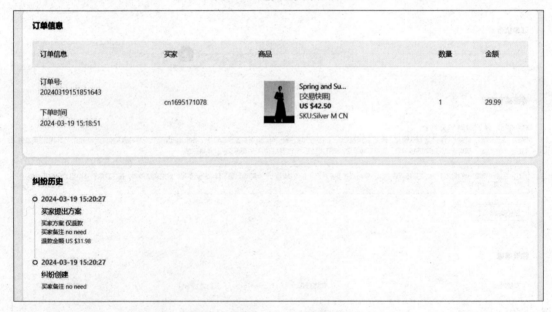

图6-40 查看纠纷订单的详细情况

可以单击"同意/拒绝并新增方案"按钮。根据情况选择是否同意买家提出的处理方案。本次我们选择同意买家提出的退款要求，单击"同意"按钮，如图6-41所示。纠纷将会按照该方案执行，同意后无法取消，故需要二次确认。如选择拒绝退款则平台介入处理纠纷。

完成纠纷处理后，订单会被关闭并进入"已结束"状态，如图6-42所示。

第 6 章 跨境电子商务平台（2）——速卖通

图 6-41　确定同意处理方案

图 6-42　完成纠纷处理

2. 管理交易评价

卖家可对本次交易的买家进行评价，评价功能从"交易"→"评价管理"页面进入，本页面会显示已经生效的买家评价与等待卖家评价的订单，可通过评价类型或订单号搜索需要的订单，如图 6-43 所示。

· 135 ·

图 6-43 评价管理

在本页面中,卖家可对已生效的买家评价进行评论,单击"回复"按钮进入编写回复,如图 6-44 所示。

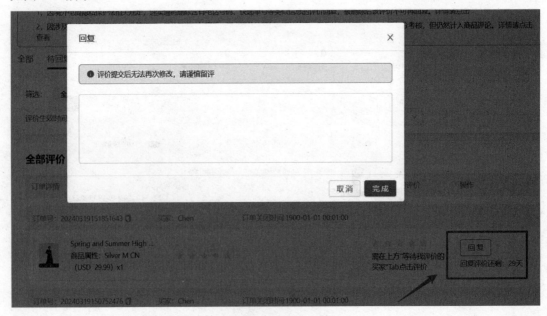

图 6-44 回复评价

3. 国际小包订单

可在"国际小包订单"页面查看当前国际小包订单的情况,如图 6-45 所示。

如有需要可通过订单的状态、操作情况等条件对订单进行筛选,或通过订单号、创建时间、物流渠道等信息搜索需要查看的订单,如图 6-46 所示。

第6章 跨境电子商务平台（2）——速卖通

图6-45 查看当前国际小包订单的情况

图6-46 搜索需要查看的订单

4．地址管理

地址管理可在"地址管理"页面进行设置，单击"新增地址"按钮，如图6-47所示。

可以自由选择地址类型（发货地址/退货地址），完善各项信息后单击"保存"按钮，如有需要，可将本信息设置为默认地址，如图6-48和图6-49所示。

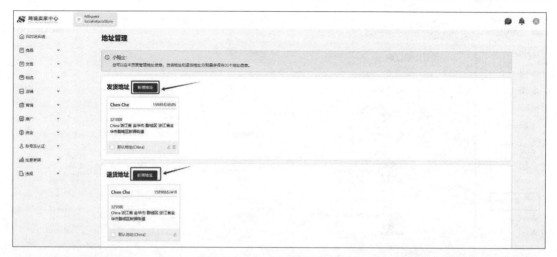

图 6-47 单击"新增地址"按钮

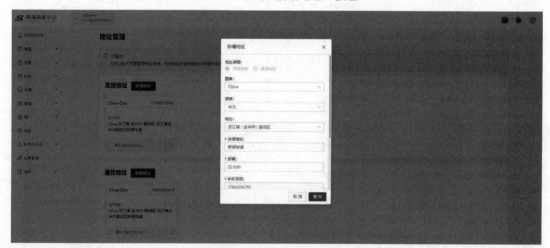

图 6-48 完善信息(一)

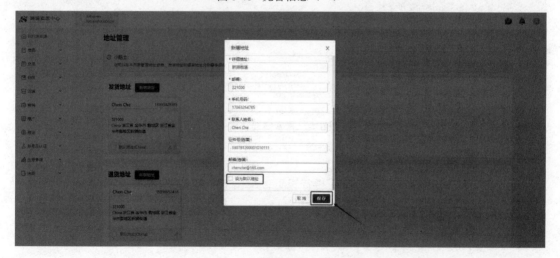

图 6-49 完善信息(二)

第6章 跨境电子商务平台（2）——速卖通

设置好的地址将会保存，如有需要的话可通过单击"修改"按钮进入编辑，如图 6-50 所示。

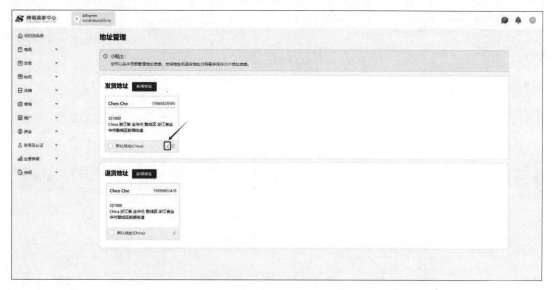

图 6-50　编辑地址

此处以"店铺活动"的"单品折扣"为例，从"营销"→"店铺活动"进入"店铺活动"页面进行设置，在下方单击"创建"按钮进入设置活动具体内容，如图 6-51 所示。

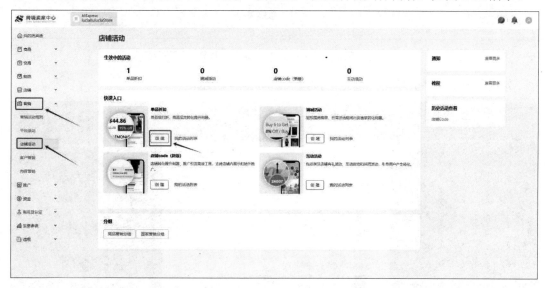

图 6-51　单击"创建"按钮

进入"创建单品折扣"页面后，设置活动名称、活动开始时间与活动结束时间等，完善活动信息，完成后单击"提交"按钮保存，如图 6-52 所示。

系统会保存之前设置好的活动名称与时间安排，单击"选择商品"按钮，添加参与本次活动的商品，如图 6-53 所示。

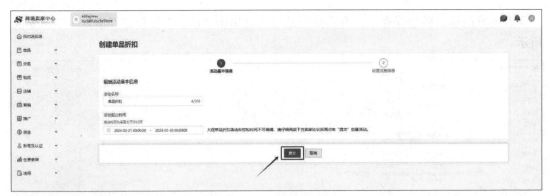

图 6-52 完善活动信息

图 6-53 单击"选择商品"按钮

勾选需要的商品并单击"确定"按钮，如图 6-54 所示。

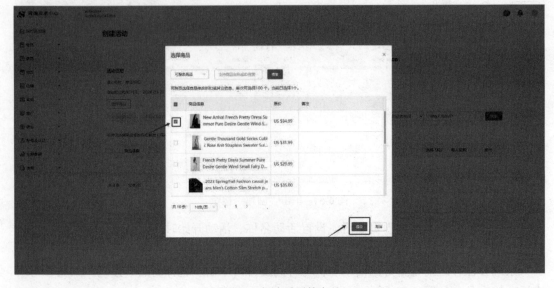

图 6-54 勾选需要的产品

第 6 章 跨境电子商务平台（2）——速卖通

> **案例 6-3**
>
> 速卖通将新增"预删除"功能和处罚类型

6.3.3 速卖通的买家操作

1. PayPal 账户注册

通过速卖通平台首页的"Join"进入买家账户注册界面，如图 6-55 所示。

图 6-55 进入买家账户注册界面

进入注册界面后完善账户注册信息，如图 6-56 所示。

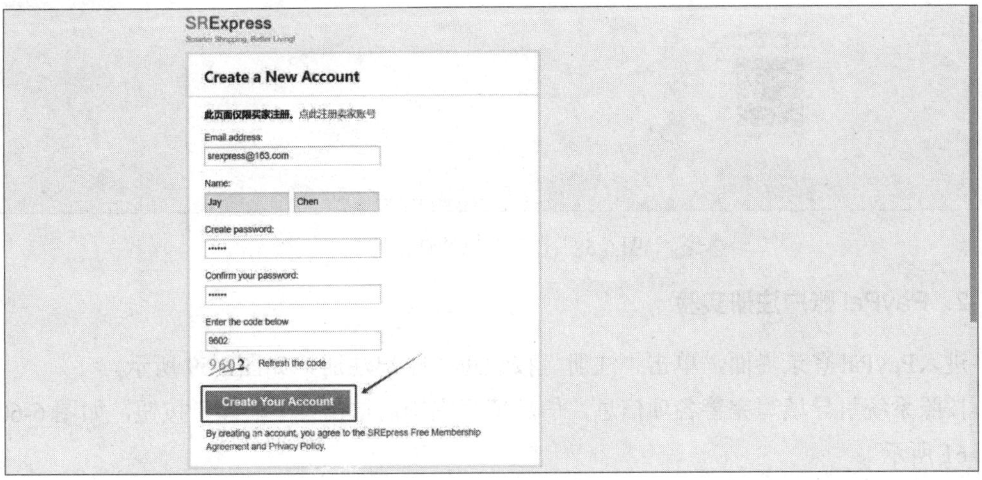

图 6-56 完善账户注册信息

完成注册后可以登录买家后台，如图6-57所示。

图6-57 登录买家后台

进入个人中心，在这里可以查看到自己的订单情况等各项内容与其他设置，如图6-58所示。

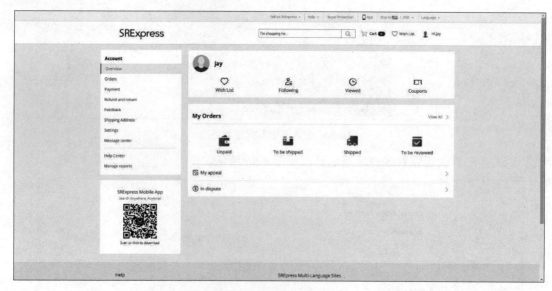

图6-58 查看自己的订单情况

2．PayPal账户注册实验

进入PayPal登录界面，单击"注册"按钮进入账户注册，如图6-59所示。

按照系统引导填写完善各项信息，信息填写完毕后单击"下一步"按钮，如图6-60和图6-61所示。

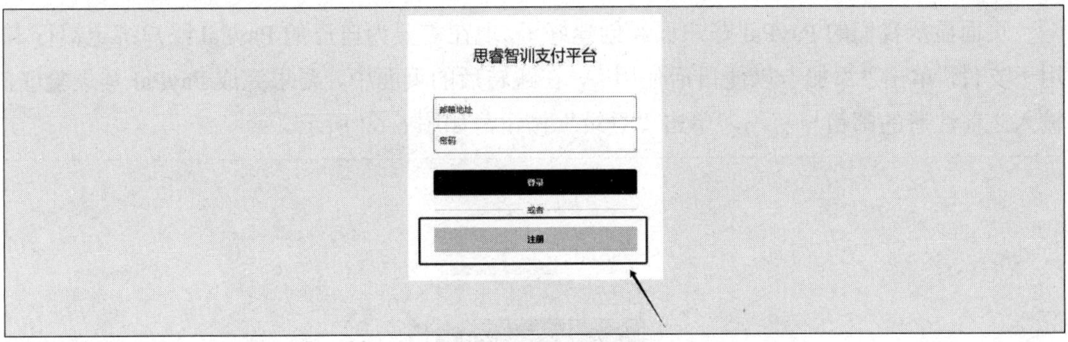

第 6 章 跨境电子商务平台（2）——速卖通

图 6-59 注册 PayPal 账户

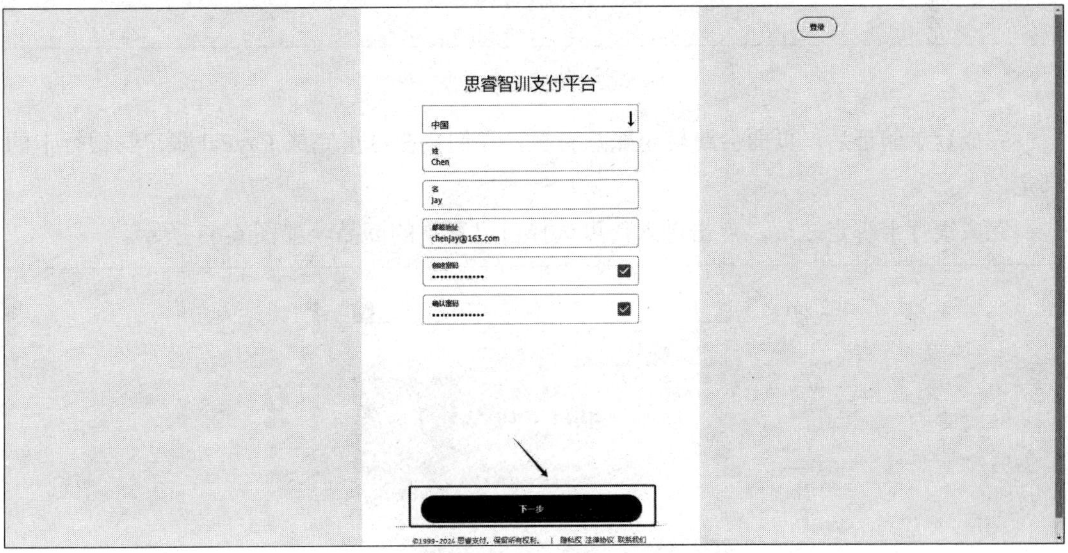

图 6-60 完善各项信息（一）

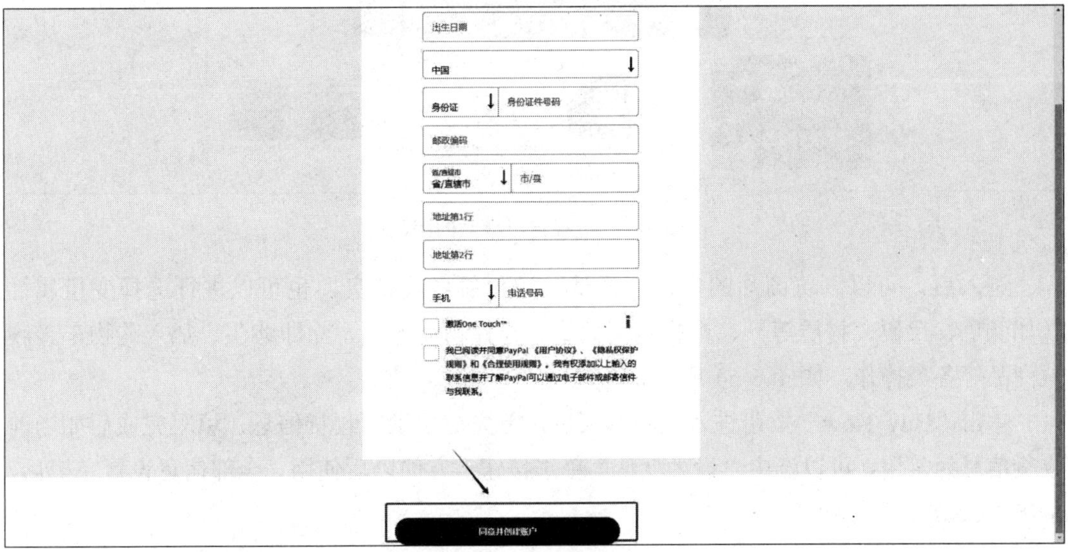

图 6-61 完善各项信息（二）

页面显示我们的 PayPal 账户已经创建好了，现在需要为自己的 PayPal 账户绑定银行卡用于支付，单击"添加卡以便日后使用"，在跳转后的页面中，要求完成 PayPal 登录验证，输入之前注册的邮箱与密码，单击"登录"按钮，如图 6-62 所示。

图 6-62　登录 PayPal 账户

完成登录验证后，页面会跳转至账户首页，我们会在这里完成 PayPal 账户与银行卡的绑定。

完成银行卡绑定之后，点击进入，可选择自己喜欢的商品，如图 6-63 所示。

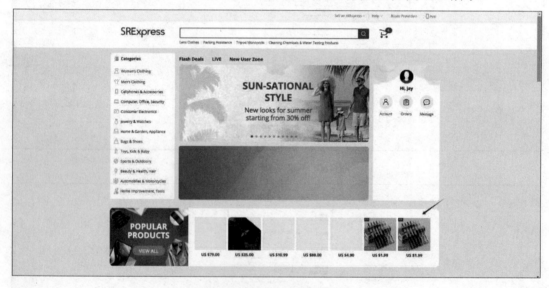

图 6-63　选择自己喜欢的商品

进入后，可以浏览商品的主图、详情、评价等各类信息，也可以进行选择变量属性（如颜色、尺码、材质等）、选择购买数量、选择物流方式、立即购买、加入购物车、收藏商品等各类操作，如图 6-64 所示。

单击"Buy Now"按钮进入立即购买后，首先需要填写收货信息，填写完成后如当前收货信息为常用，可以选中"设为默认"单选按钮，方便以后使用。全部信息设置完毕后，单击"Confirm"按钮。

第6章 跨境电子商务平台（2）——速卖通

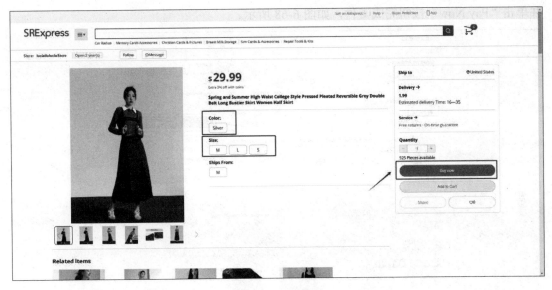

图6-64 浏览商品

确认收货信息后，需要核对订单商品信息、购买数量与物流信息等，系统会显示添加运费后的实付款（订单总价），如图6-65所示。

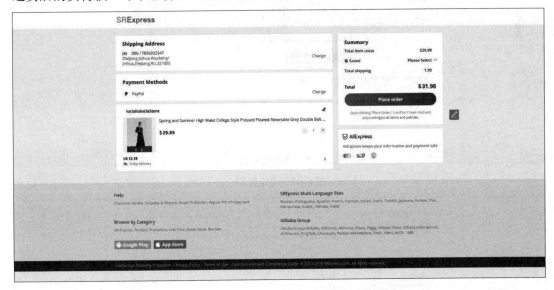

图6-65 确认订单

最后，需要选择支付方式，此处我们使用PayPal付款，单击右侧的"Place order"按钮确认订单并支付，如图6-66所示。

确认订单后会进入支付界面，初次使用需输入PayPal账号，单击下方的"Bind"按钮完成绑定，如图6-67所示。

系统会重新验证速卖通账户登录。完成验证后，在"CARD"选项卡内选择支付方式并单击"Pay Now"按钮完成支付,如图 6-68 所示。

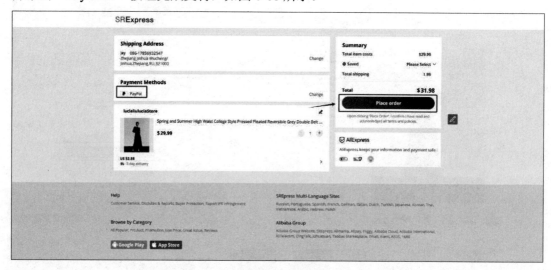

图 6-66 选择支付方式

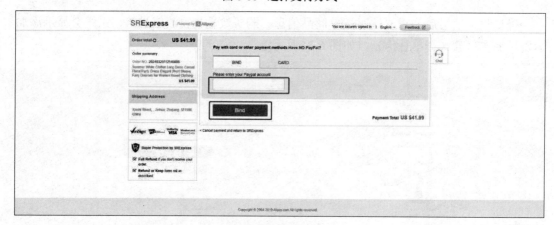

图 6-67 绑定账户

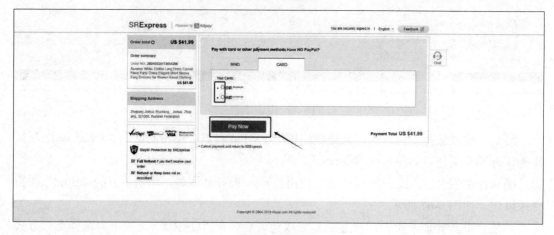

图 6-68 支付

第6章 跨境电子商务平台（2）——速卖通

本订单已支付成功，如图6-69所示。

图6-69 完成支付

订单完成后，可以在"Account"页面查看订单的情况，单击图中的"Orders"选项进入订单页面，如图6-70所示。

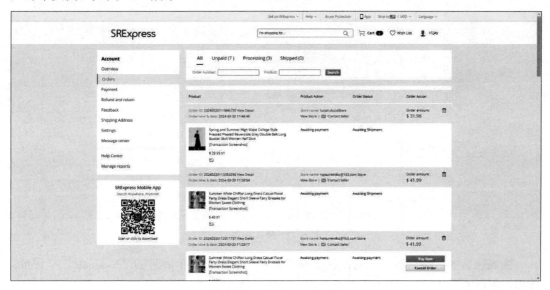

图6-70 查看订单详情

在"Orders"→"Processing"（待发货）选项可以查看到之前下的订单，此时订单物品正等待卖家更新物流信息。至此买家已经提交订单，等待卖家发货，如图6-71所示。

当收到货品后，单击"Confirm receipt"（确认收货）按钮，并在新生成的弹窗中选择"Confirm receipt"确认收货，如图6-72所示。

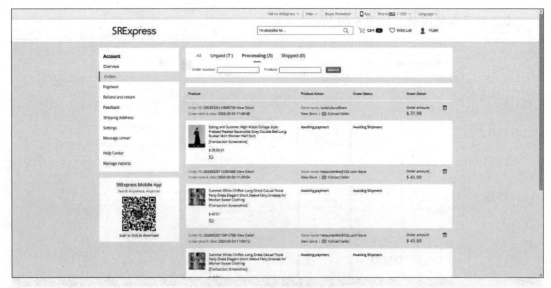

图 6-71 查看之前的订单

图 6-72 确认收货

完成确认收货后,买家可对本次交易进行评价,单击订单后方的"Evaluate"(评价)按钮,如图 6-73 所示。

买家可对本次交易的描述相符、服务态度与物流服务三项进行评分,满分为五星,此外,也可以自己编写评论、上传图片,完成评价后单击"Submit"按钮发布,如图 6-74 所示。

3. 速卖通买家售后

如出现丢件、错发漏发、货品质量低下等情况,买家可申请退款处理。在"Orders"→"All"(全部订单)页面找到需要处理的产品,单击"Refund"按钮,如图 6-75 所示。

第 6 章 跨境电子商务平台（2）——速卖通

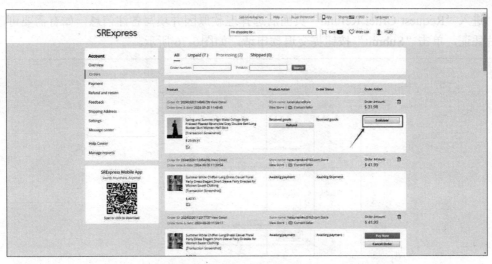

图 6-73 单击"Evaluate"按钮

图 6-74 完成评价

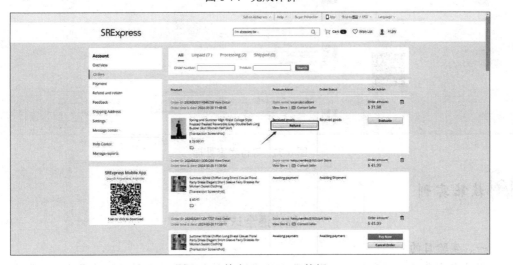

图 6-75 单击"Refund"按钮

• 149 •

进入"Request Order Refund"页面后选择退款原因并填写备注信息,如有需要可添加图片凭证,单击"Submit"按钮提交退款申请,如图6-76所示。

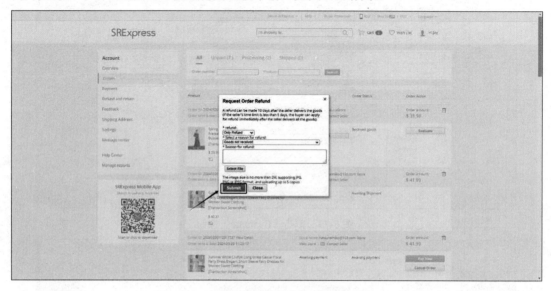

图 6-76 提交退款申请

完成以上操作后,订单会进入退款申请状态,等待卖家处理,如图6-77所示。

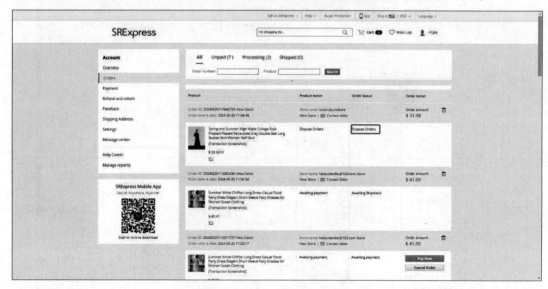

图 6-77 等待卖家处理

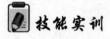

速卖通全球开店

一、实验目的

通过在速卖通刊登商品、销售商品、物流、支付和纠纷处理等环节的操作,使学生熟悉速卖通全球开店的操作步骤,掌握通过速卖通进行跨境电子商务的要领。

二、实验内容

1. 按照本章内容进行操作,登录速卖通全球卖家账户,依次完成在速卖通的资质审核、线上管理、库存管理、物流管理、促销管理和评价管理等操作。

2. 总结在速卖通平台上进行跨境电子商务需要特别注意哪些方面。

3. 以供应商的角度评价在速卖通平台上进行跨境电子商务,思考速卖通平台操作是否便利、服务是否完善、支付是否安全、物流是否顺畅等问题,并记录在实验心得中。

三、设备与所需软件

多媒体实验机房,配备每人一台可以访问互联网的计算机。

四、报告与考核

实验报告要求	实验考核要求
(1)实验目的; (2)实验内容及要求; (3)实验过程; (4)实验心得; (5)同学之间关于实验的交流	(1)学生根据实验要求提交实验报告; (2)教师根据实验报告评定单项实验成绩; (3)根据单项实验成绩和实验报告内容给出整体实验成绩; (4)整体实验成绩根据适当比例计入课程总分

章节巩固与测评

1. 速卖通客户服务工作的原则是什么?
2. 速卖通平台有什么主要活动?
3. 速卖通无线端流量的特点是什么?
4. 哪些行为属于严重的搜索作弊行为?

第 7 章　跨境电子商务平台（3）——亚马逊

知识框架图

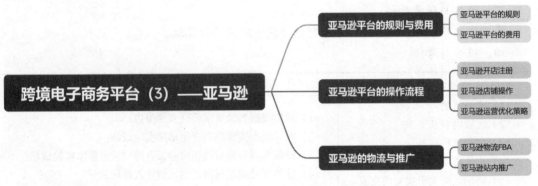

学习目标

- 了解亚马逊平台的规则；
- 掌握亚马逊开店注册的流程；
- 掌握亚马逊店铺的相关操作；
- 了解亚马逊的物流。

关键词

亚马逊平台的规则　亚马逊开店注册　亚马逊的物流

引例

亚马逊在 2018 年 6 月暂停 Amazon Shipping 配送服务

第7章 跨境电子商务平台（3）——亚马逊

7.1 亚马逊平台的规则与费用

7.1.1 亚马逊平台的规则

1. listing 跟卖政策认知

在 Amazon 平台上 listing 专指一个商品的详情页面。

1）listing 跟卖政策

亚马逊独有的 listing 机制，即跟卖政策。如果 A 卖家创建了一个产品页，其他同款卖家看见后可以在上面增加一个按钮链接到自己的产品。这对新卖家来说是一个好机会，可以分享到别人的流量，但容易直接引发价格战。采取跟卖策略的卖家要非常小心，不要触犯侵权问题，一旦被投诉侵权就会被平台处罚。如果别人在你的 listing 上跟卖发生了侵权行为，你也可以向平台投诉。

2）"跟卖"归属权

任何卖家在亚马逊平台上上传的 listing 归属权都归于亚马逊，不再属于上传该 listing 的卖家，这和其他大部分电子商务平台的规则不同。亚马逊平台认为同一款商品，商品的介绍、图片等信息应该是相同的，没有必要出现同一款商品有很多相似页面的情况。对于同一款商品，不同卖家之间唯一的区别就在于价格，所以亚马逊允许多个卖家使用同一个 listing。

当多个卖家销售同一款商品时，平台会根据卖家提供服务的品质，再结合卖家的销售价格向消费者推荐更优的卖家，也会将该商品 listing 的编辑权限开放给以往销售记录良好的卖家。

3）跟卖操作

找到你想跟卖产品的 ASIN（亚马逊标准识别号），在卖家后台搜索该 ASIN，搜出你要跟卖的产品，并且单击页面上的 "Sell Yours Here"，可以进行跟卖了。

4）listing 跟卖的优势

listing 跟卖的优势如下：不用自己制作页面，几秒钟就可以搞定；商品的出价会立即出现在排名靠前的 listing 中；跟卖大流量的 listing 不仅可以迅速提升跟卖产品的销量，还可以带动店铺其他产品的销量。

5）跟卖的风险

（1）跟卖容易被 listing 所有者投诉侵权，一旦投诉成功就会被封账号。

（2）同质化竞争，直接引发价格战，导致低利润。

6）跟卖的建议

（1）首先要确保自己的商品和跟卖的 listing 描述完全一致，包括商品本身、包装、卖点、功能等，否则，买家收到货如发现任何与描述不一致的地方，都可以向平台投诉。你所跟卖的卖家也有可能对你的订单进行 "buy"，如发现和描述不一致，也可以向平台投诉。

（2）跟卖时尽可能设置较低的价格，价格越低获得购物车的可能性越高。抢夺购物车的权重依次为：FBA＞价格≥信誉度。

（3）选择跟卖比较多的listing，如果一款产品销量好又没有人跟卖，则极有可能是有品牌保护，这时千万不要冒着侵权的风险去跟卖。

（4）了解产品是否是注册品牌，可以通过Google搜索或去商标网站查看。

（5）如果被投诉侵权要立刻取消跟卖，并且积极和对方沟通了解是否真实发生了侵权行为。

7）自建listing

如果你的产品不是标准化产品，或者是你独有的品牌，就需要自建listing。在制作listing时，页面的设计和文案要吸引人，这在本书前面的内容中已经提到，不再赘述。这里只讲解亚马逊区别于其他平台的地方。

自建了listing就要做好后期的维护和保护，以免其他卖家过多地跟卖，导致被抢走客户和价格被压低，损失利润。如何保护好我们辛苦做出的listing呢？

（1）首先要注册自己的品牌。

（2）有了注册商标或商标授权书，还需要到亚马逊平台上进行商标备案。品牌备案只需要准备网站、以网站域名为后缀的电子邮箱、两张带有品牌的产品图片，在线提交资料后就可以在48小时内备案完成。

（3）商标备案通过后，亚马逊平台会生成一个全球专属的GCID（全球目录编码）。如果该品牌的商品被别人跟卖，则可以与跟卖的卖家联系，要求他们移除跟卖，或者直接向Amazon Seller Support提出举报，亚马逊会警告卖家甚至关闭其账号。同时，为自有品牌的商品创建的listing编辑权也不会被让渡给其他等级高的卖家了。

8）listing标题的注意要点

（1）每个单词的首字母要大写（特殊情况除外，如连词：and、or、for；冠词：the、a、an；少于5个字母的介词：in、on、over、with）。

（2）能使用数字就使用数字，而不要使用单词（如尽量使用"2"而不是"Two"）；不要包含类似于"！""*""?"这样的符号；把一些测量值拼写出来而不是用符号代替（如表达英寸时请使用inches而不是符号）；不要使用中文输入法输入内容。

（3）只包含商品本身的信息，不加入营销性质的词、物流方式的词，如Free Shipping、New Arrival、Sale、Best Seller、Great Deal、Hot Item等。

（4）标题编写长度控制在每个特定类目的规定范围之内，标题中的单词避免拼写不规范或拼写错误。

（5）描述清楚产品信息，通过标题就可以让买家知道要购买的是什么商品；但不要堆砌关键词，尽量保持标题简洁，关键词放在search term中。但是标题中已经出现的关键词就不用再重复出现在search term中。关键词的每两个单词之间用英文的空格隔开，同一个SKU的5个search term中的单词会自由组合成新的关键词。

（6）参考亚马逊给出的各类目标题建议。

（7）符合亚马逊平台算法，提升曝光量。

2．亚马逊规则调整和变化

1）亚马逊所有OTC（非处方药）药物和膳食补充剂卖家被要求列出产品成分

2017年3月，亚马逊更新health & personal care类目卖家政策，除要填写相关产品成分信息外，还要上传清晰显示产品成分的外包装图片，并在商品详情页显示，作为辅助的产品图片。

2）vine program 项目

通过加入亚马逊的 vine program 项目，获得 review，有不少 vine vendor 卖家觉得很值，一次花费就可以让 vine customer review of free product 永久留在商品页面上！但是要加入这个计划并不是那么容易，需要拥有 vendor account 并收到亚马逊的主动邀请，或者是第三方卖家先申请加入 vendor express。

3）亚马逊推出 iPhone 版 Spark 晒单功能

Amazon Prime 会员可以在 Spark 上晒产品图片、买家秀，其他的 Spark 用户点击图片，就会直接跳转到该产品在亚马逊的页面，Spark 用户还可以追踪其他用户、评论产品图片、使用表情符号等。

4）亚马逊新产品不能再使用 condition notes

亚马逊卖家不能再对新产品提交 condition notes（条件说明），而且现有产品 condition note 下的评论也被全部移除。

5）inventory file templates 新添"lite"或"advanced"

为了简化创建 listing 过程，亚马逊的库存文件模板新添了"精简"和"高级"模板，卖家可以自主选择进行批量上传。

6）收取仓储费

2017 年 8 月 15 日起，亚马逊调整了欧洲 FBA 的仓储费，对存放长达 6～12 个月之久的库存商品收取半年长期仓储费，每立方米 500 欧元，并且 ASIN 单个产品将不再享受长期免仓储费。

亚马逊会对卖家的仓储进行限制，如果仓储被限制，则在账户的多个位置将显示一个仓储监控器（storage monitor）。

当仓储被限制时，条形方框里将会出现绿色、黄色和红色三种颜色的横条提醒：绿色表示卖家的库存水平低于限制的 75%；黄色表示卖家的库存水平处于限制的 75%～95%之间；红色表示卖家的库存水平高于限制的 90%。

7）亚马逊的卖家中心增加五种语言

亚马逊的卖家中心在 2017 年 2 月末新添了德语、西班牙语、法语、意大利和日语五种语言，加上之前的英语、中文，目前亚马逊卖家中心共有七种语言，卖家可根据需要切换。

8）手动竞价的 sponsored product 广告添加使用 bid+功能

bid+能手动瞄准 sponsored product 广告，卖家还可以通过 bid+入口创建或者修改广告，提高卖家对顶部广告的竞价，帮助提高卖家的销售和转化率。

9）向符合资格的 FBA 卖家推荐"subscribe & save"

符合资格的 FBA 卖家可以在 subscribe & save（订阅）项目下提供商品，资格的审核是亚马逊根据 FBA 卖家的销售历史记录和表现等情况来判断的。

3．亚马逊账号被封的原因及规避

亚马逊账号被封，一般存在两种情况：一种是新申请的账号被封；另一种是运营已久的账号被封。

1）新申新的账号被封的常见原因及规避

（1）在旺季注册账号。在旺季注册账号，不仅通过率很低，而且由于新账号销售记录少、评论少、产品安全保障度不高，比较容易被亚马逊在旺季的大清洗中盯上。所以，卖家应尽量避免在销售旺季注册账号。

（2）选择个人自注册账号。个人自注册账号的安全性比较低，封号率也比较高。如果表现不佳，有可能在旺季被亚马逊清理封号。卖家如果想要在亚马逊做长久的开店运营计划，最好选择注册全球开店账号，也能得到更好的培训与咨询服务。

（3）新账号表现不佳。在亚马逊新注册的账号，初期要注意店铺的变现，以及做好客户体验，亚马逊比较注重客户体验，会定期淘汰表现差的账号。在旺季前，更要对新账号进行定期检查清理。卖家新注册的账号要注意遵守平台规则，并做好客户体验，尤其是在旺季，更不能乱来。

（4）新注册账号关联被封账号。有些卖家曾经注册过亚马逊的账号，并且被封号了。如果此后重新注册新的账号，依然使用与被封账号同样的申请资料，新注册的账号会被亚马逊识别到与被封账号有关联，新账号就难逃被封号的不幸遭遇。为避免遇到这样的情况，卖家最好在申请资料时下功夫，避免与被封账号资料重复或者存有疑点。

（5）新账号上传侵权或疑似侵权的产品。亚马逊很重视侵权产品并且对此监管很严，因此新账号一定要避免上传侵权或疑似侵权的产品。

（6）频繁更换计算机、IP 登录账号。亚马逊的大数据会记录账号登录所用的计算机CPU、网线 IP、硬盘等数据，频繁更换计算机或者 IP 登录账号，很容易被封号。为了安全起见，卖家应谨慎更换计算机或 IP 登录亚马逊账号。

（7）同一网线或者计算机登录多账号。亚马逊的大数据会记录账号登录所用的计算机CPU、网线 IP、硬盘等数据，如果被发现多账号关联，账号也很容易被封。

2）运营已久的账号被封的常见原因及解决办法

（1）产品被投诉假货。销售假货被投诉，或者被人恶意投诉销售假货而没有充足的辩驳证据。解决办法：若是销售假货，立即下架；若被人恶意投诉，在第一时间向亚马逊提供相关证书、证明材料。

（2）产品标题、图片不符合亚马逊规则。有些卖家为了吸引流量，使用的图片并非产品本身，标题又涉及大品牌名。例如，展示手机壳时，使用苹果手机的图片作为主图。解决办法：检查并更换图片，如果标题不得不涉及大品牌，一定要加上"for compatible with"等字眼。

（3）产品被投诉存在安全问题。客户使用产品出现安全问题，向亚马逊投诉。解决办法：立刻排查产品安全问题，若有问题应立刻下架并做相应处理，同时向亚马逊提供相关证书，若针对欧洲市场则提供 3C 和 RoHS 证书，若针对美国市场则提供 UL 证书或者其他证书。产品说明书或标签上也需要有安全提示，例如禁止 3 岁以下儿童靠近、远离明火等。

（4）产品被投诉侵权。销售侵权产品，或者被投诉侵权。解决办法：若是销售侵权产品，则立即下架产品。如果被人投诉，则立即通过亚马逊提供的投诉人邮箱联系投诉人，提供相关证书等进行证明，商谈处理。

（5）店铺绩效不达标。亚马逊业绩审核包括订单缺陷率、订单取消率、发货延迟率、退货服务满意度、账户违规、准时送达、有效追踪率、客服不达标率、回复率等。解决办法：定期检查店铺绩效，遵守平台规则，提升店铺各方面的绩效。

4. 亚马逊基于大数据驱动的推荐引擎

亚马逊不仅是世界上最大的在线商店，也是世界上最大的数据驱动型公司组织之一。亚马逊收集海量的数据并进行科学有效的分析处理，非常重视挖掘数据中的价值。亚马逊不仅从每个客户的购买行为中获取信息，还将每个客户在其平台上的行为信息记录下来，包括是否查看评论、页面停留时间、每个搜索关键词、浏览的商品、评论的商品等，并凭借强大的数据挖掘能力，将大数据的价值真正派上用场。

亚马逊推荐就是将数据价值派上用场的一个典范。通过分析客户的历史行为数据，将可能符合需求的产品推荐给客户，实现因人而异的个性化推荐。"购买过 A 产品的人，根据大数据分析得出的结论是这个人可能也会购买 B 产品，于是亚马逊将 B 产品推荐给这个人"，这看似简单的推荐，却十分精准有效。对亚马逊来说，数据意味着大销量，只有数据能够准确地告诉我们什么是有效的、什么是无效的。未来的商业活动必须要有大数据支撑，这也是亚马逊长期坚持的原则。

5. 亚马逊平台大数据裁判下的排名规则

亚马逊平台的店铺或产品排名主要与关键词、店铺/商品评论、店铺绩效有关，还与卖家是否使用亚马逊物流配送的情况有关。产品和店铺的各项数据对在亚马逊上的排名有非常重要的影响。亚马逊对产品和店铺的各项数据进行长期的统计分析，并结合平台的算法规则，对卖家的产品和店铺排名不断进行调整。例如亚马逊自营的产品或选择亚马逊物流配送的产品，在亚马逊平台的排名比较靠前。亚马逊对产品或店铺的排名调整，主要考核的行为数据具体如下。

（1）使用亚马逊仓储物流（FBA）：亚马逊一直宣传自己的 FBA 用户体验，鼓励第三方卖家入仓并使用 FBA，所以在搜索排名中亚马逊会支持使用 FBA 物流的商品。

（2）转化率：优秀的产品图片和文案能直接影响转化率，从而影响排名。

（3）销售量：销售量越好，在亚马逊的排名就会越好。

（4）绩效：在亚马逊上的绩效考核包括销量、退货率、消费者评论、订单取消率、退货服务满意度、账户违规、准时送达、有效追踪率、回复率、发货延迟率等，绩效越好，就会获得越好的排名。

（5）用户反馈：消费者根据所购买的商品与得到的服务情况，对卖家进行评价。用户反馈是给卖家看的，评价包括评价数量、评分等，评论数量越多，评分越高，排名就越靠前。

（6）商品评论：消费者对某一商品的评论，在商品详情页中体现，供其他消费者选择商品时参考。商品评论对排名也会有影响，整体评论越好，排名就越高。

（7）关键词的匹配性与准确性：商品标题中的关键词与搜索关键词的匹配性越高，得到曝光的机会就越多；产品描述中的关键词越准确地描述产品的属性、特征等，就越能提升排名。

（8）类目相关性：主要考核卖家在设置商品类目时是否选择与商品最匹配的类目，并且是否详细设置类目下的商品属性、商品品牌等。类目越匹配，属性设置越详细，亚马逊就越会根据商品信息推荐给搜索商品的客户，从而提高排名。

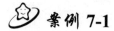案例 7-1

亚马逊 Prime Air 部门换帅　或加速无人机物流商业进度

7.1.2　亚马逊平台的费用

亚马逊"全球开店"有两种卖家账户类型：专业卖家（professional）和个人卖家（individual），在计算费用时两者略有不同。平台收费项明细如下。

（1）月租费：专业卖家需要支付 39.99 美元的月租费，个人卖家不需要支付月租费。

（2）单件销售费用：个人卖家每销售一件商品需要支付 0.99 美元，专业卖家不需要支付费用。

（3）固定交易费：对于媒介类商品，包括图书、DVD、音乐、软件和计算机/视频游戏、视频、视频游戏机，专业卖家和个人卖家每销售一件商品都需要支付 1.8 美元。

（4）销售佣金：所有卖家每销售一件商品都需要支付销售佣金，销售佣金=销售额×佣金比例。不同类目设置了不同的佣金比例和最低佣金数额，当销售额×佣金比例小于最低佣金数额时，按照最低佣金数额计算。

卖家销售一件商品，从亚马逊账户收到的总金额计算方法如下。

（1）媒介类商品计算法。

专业卖家账户收到的总金额=单件商品售价+买家支付的运费-销售佣金-固定交易费$1.8

个人卖家账户收到的总金额=单件商品售价+买家支付的运费-销售佣金-固定交易费$1.8-单件销售费用$0.99

（2）非媒介类商品计算法。

　　专业卖家账户收到的总金额=单件商品售价+买家支付的运费-销售佣金

个人卖家账户收到的总金额=单件商品售价+买家支付的运费-销售佣金-单件销售费用$0.99

7.2　亚马逊平台的操作流程

7.2.1　亚马逊开店注册

1. 注册卖家账号前的准备工作

要想在亚马逊美国站开店，就需要注册卖家账号，在注册之前需要进行一些准备工作，主要包括以下几点。

1) 一台具有独立 IP 地址网线的计算机

因为美国亚马逊在账户关联上有非常强大的侦查手段，所以最好为亚马逊账户准备独立的计算机和网络，而亚马逊账号的操作也最好只限于在这台计算机上进行。

2) 一张可透支的 VISA 信用卡或 Master 信用卡与有效的账单地址

信用卡必须是双币卡，需要支持美元，此卡主要用于亚马逊账户的激活。

3) 一个手机或者座机（手机或者座机号码都需要是美国当地号码）

电话是注册时用来验证账户的，最好使用座机，因为有的手机验证时存在缺陷，会导致 4 位 PIN 码输入后无效。亚马逊账户注册有 4 次验证机会，若 4 次验证都失败了，需要在 12 小时之后才可以继续验证。

4) 一张美国本土银行卡或美国站支持的其他国家银行账户

个人账户和公司账户均可用于收款。亚马逊店铺产生的销售额全部被存在亚马逊自身的账户系统中，要想将钱提出来，必须输入美国银行卡 9 位路由号码（routing number）。

2. 亚马逊店铺注册需要准备的信息

做完准备工作后，为了在注册账户时更加高效、便捷，可以将注册时需要用到的文字信息整理成一个以英文格式表达的文档，在实际操作时直接复制、粘贴即可。

1) 姓名（first and last name）

注意英文名字和中文名字书写时的差异，按照英文名字的逻辑，名在前，姓在后。例如"赵凡"，英文要写成"Fan Zhao"。

2) 电话（phone number）

一定要在座机或手机号码前添加"+86"。

3) 邮箱地址（e-mail address）

推荐使用国际常用邮箱，最好是 gmail 邮箱和 hotmail 邮箱，不建议使用 QQ 邮箱和 163 邮箱等国内邮箱。

4) 地址（address）

美国在书写地址时习惯将其分为 4 行，而且与汉语相反，先房间、街道，后城市、省份，如：

address（第一行地址）：Room1502. Reset hung buildings

address line2（第二行地址）：No.4237 Bao'an road, Bao'an district

city/town（城市）：Shenzhen

state/province/region（省份）：Guangdong

postal/ZIP（邮编）：518100

5) 其他

如果是通过亚马逊招商经理申请的，您还需提前准备好以下资料（主要针对企业）。

（1）企业营业执照扫描件。

（2）注册亚马逊欧洲站需要额外资料：个人账单（银行账单、通信账单、水电煤气账单等，需要有个人名字及地址，最近三个月）；企业账单（银行账单、通信账单、水电煤气账单等，需要有企业名称及地址，最近三个月）；护照或者身份证+户口单页扫描件。

（3）其他亚马逊所需要资料：如果是做欧洲海外仓或 FBA，则还需要 VAT 税号。

除以上必须准备的资料之外，卖家要想注册美国亚马逊账号，还要对其相关的操作流程和规则有比较清楚的了解。因为亚马逊开店的规定比较严格和复杂，卖家在开店之前应该认真阅读开店规则介绍，避免在不懂规则的情况下操作失误或违规，以致造成账户被封，进而对自己造成经济上的损失。

3. 亚马逊开店注册

1）创建账户

登录 www.amazon.com，在网页最底部单击"Sell products on Amazon"，然后单击"Sign up"按钮，再单击按钮创建亚马逊卖家账户，如图 7-1、图 7-2 和图 7-3 所示。

填写注册信息，如图 7-4 所示。

图 7-1 单击"Sell products on Amazon"

图 7-2 单击"Sign up"按钮

第 7 章 跨境电子商务平台（3）——亚马逊

图 7-3 单击 "Create your Amazon account" 按钮

图 7-4 填写注册信息

2）填写名称（必须是英文填写）

如果是企业就输入企业的名称，如果是个人就输入个人的名称，然后同意亚马逊的条款，如图 7-5 所示。

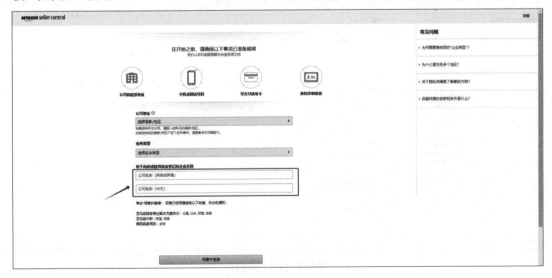

图 7-5 填写名称

3）填写地址信息

如果真的不会写英文的地址，可以用拼音代替。如果您在其他网站上还有开店，可以把店铺 URL 复制过来，如果没有就不用填，不是必填项。最后是认证，如图 7-6 所示。

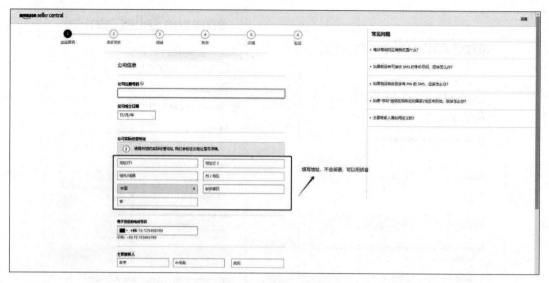

图 7-6 填写地址信息

（1）有三次机会，如果一直接不到电话，就赶紧换短信。

（2）特别要注意确认您填写的手机号之前是否在亚马逊卖家系统出现过，如果有过，无论当时是处于什么用途，现在都不要用了，很容易关联。

（3）选择"Call"时，会弹出一个页面显示 PIN 以及 4 位数字，电话响后，输入进去即可；选择"SMS"时，你会收到一个 4 位的 PIN 编码，输入到弹出的页面即可。

4）绑定信用卡

按照亚马逊的要求填写信用卡信息，如图 7-7 所示。

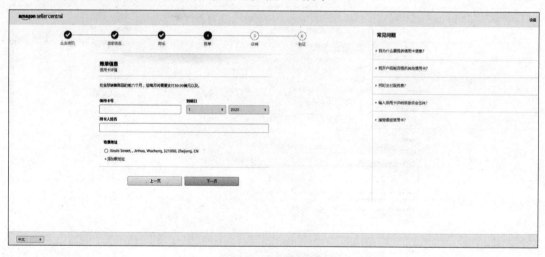

图 7-7 绑定信用卡

5）填写身份认证

如果没有美国身份，这个选项一定要选"No"，其他按照要求填写即可。

6）预览 W-8BEN 内容

预览 W-8BEN 内容，如图 7-8 所示。

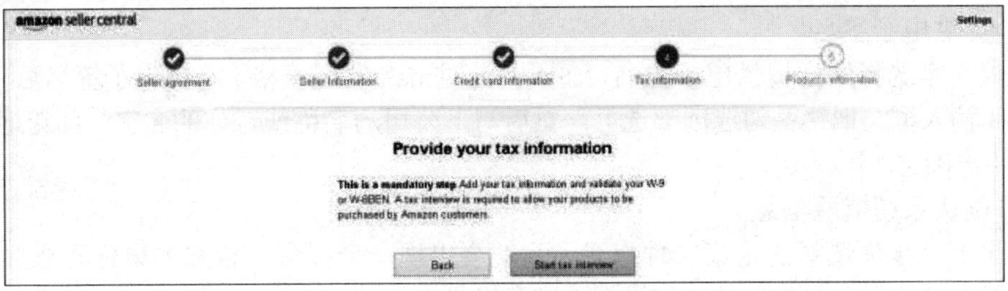

第 7 章 跨境电子商务平台（3）——亚马逊

(a)

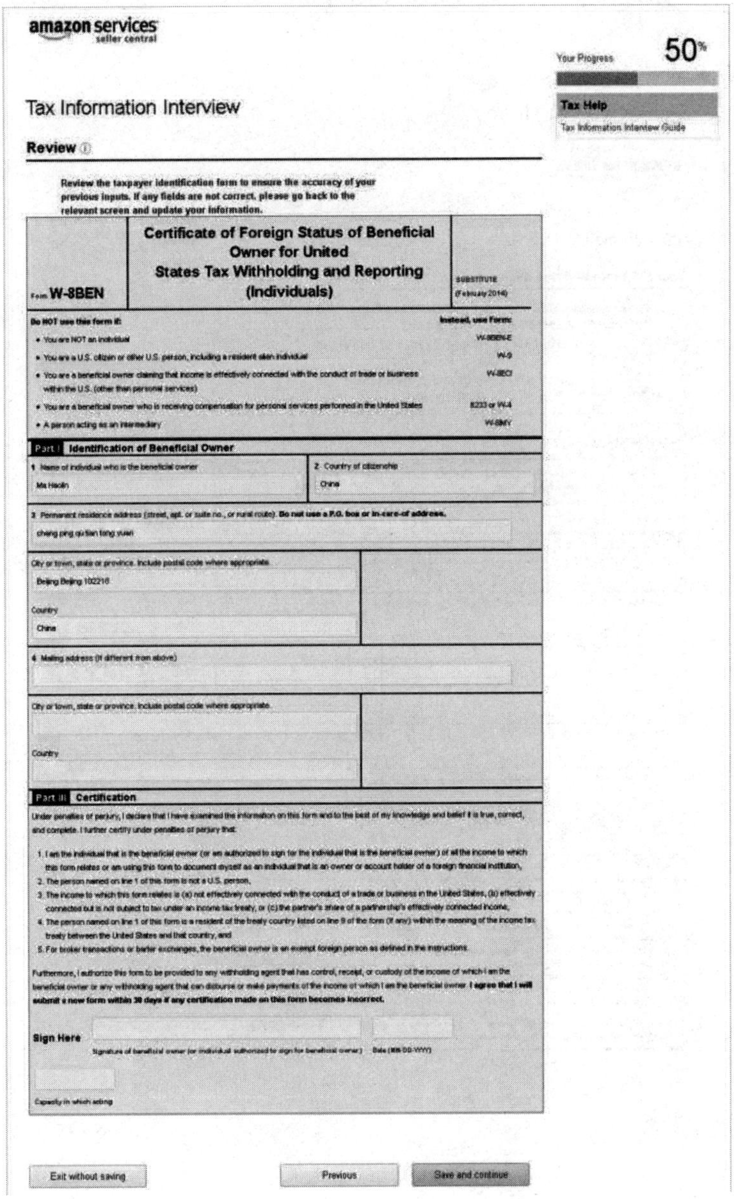

(b)

图 7-8 预览 W-8BEN 内容

7）提供电子签名

建议大家选择同意提供电子签名，而不是通过 mail 发送表格。选择电子签名后，会弹出多选项和输入框。把这些勾选项都选上，然后写下公司的名称或者你的名字、邮箱地址以及国家，点击确定即可。

8）确认系统提醒信息

如果上一步你选择的是第二种方式，系统会出现一个提醒，告知如果你同意提供电子签名，那你的信息会立刻生效，如果你不同意提供电子签名，那么只有在收到你邮寄的表格后 7~10 个工作日，你的信息才会生效。所以再次提醒大家，如果非必需，不建议用 mail 的方式发送表格。

9）生成 W-8 表格

生成 W-8 表格，如图 7-9 所示。

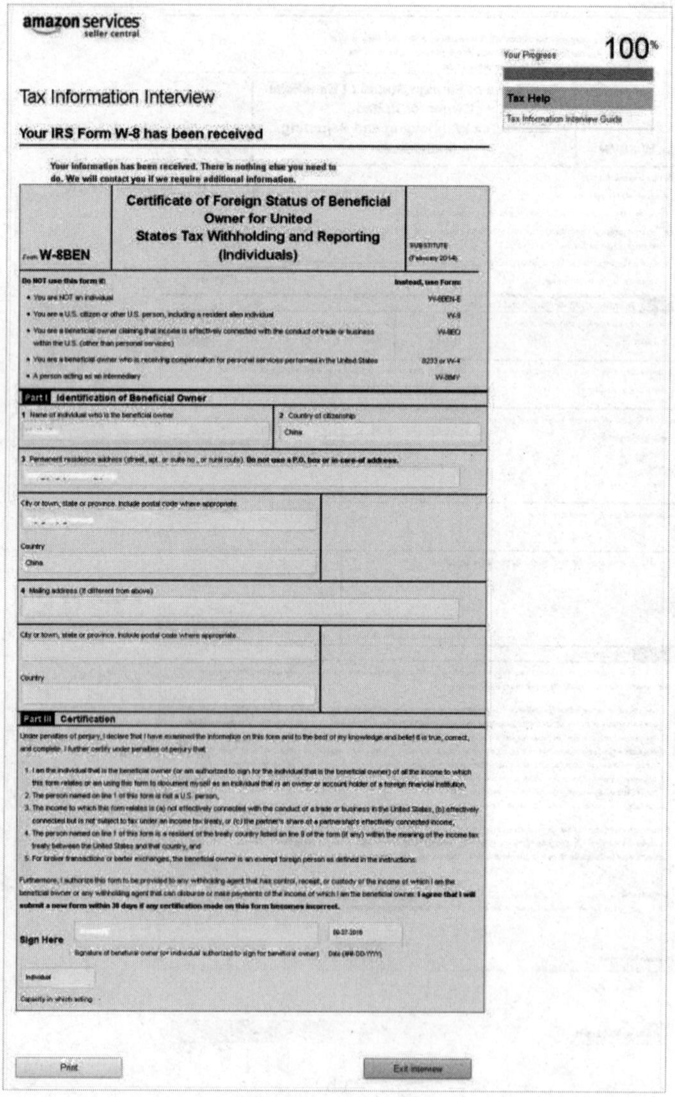

图 7-9　生成 W-8 表格

第 7 章 跨境电子商务平台（3）——亚马逊

10）填写产品信息

按照自己的销售需求真实填写即可。

11）选择销售分类

此处是多选项，如果你卖多品类的话，可以都勾选上，最后单击"Finish"按钮，如图 7-10 所示。

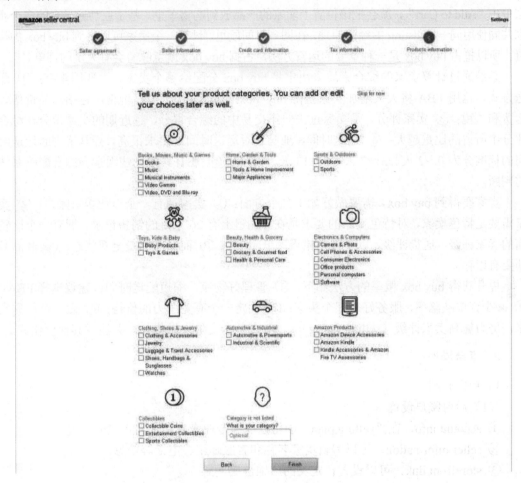

图 7-10 选择销售分类

以上步骤全部完成后，你就可以登录亚马逊后台了，亚马逊卖家账户已经注册成功。

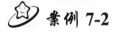 案例 7-2

亚马逊荷兰站扩展品类至三十余个　提供超过一亿件选品

7.2.2 亚马逊店铺操作

1. buy box

buy box 的位置在每个商品页面的右上方,是买家浏览时最方便看见的黄金位置,只要买家单击"Add to Cart",就会把该位置上卖家的产品放到购物车里。基于亚马逊平台的多个卖家共同使用同一个 listing 的经营原理,在同一时间段里,只有一个卖家可以得到 buy box 的位置。所以抢占 buy box 是一种重要的运营方法,占据 buy box 就意味着会有大量的订单。

系统通过计算卖家的综合素质来决定将 buy box 分配给哪个卖家,主要因素有:① 配送方式,运用 FBA 将大大增加卖家获得 buy box 的概率;② 最终价格,包括商品价格、运费和关税;③ 卖家评分,是卖家过去一年交易中的综合得分,越近期的交易得分在综合评分中所占的比重越大;④ 运送时间,亚马逊对运送时间的要求很高,亚马逊判断运送时间的标准分为 0~2 天、3~7 天、8~13 天、14 天;⑤ 还有其他一些因素会综合影响系统的判断。

卖家要得到 buy box,需要做好如下几个方面:① 卖家拥有一个专业卖家账户;② 卖家需要是特色卖家,对特色卖家的要求是在亚马逊上有 26 个月的销售记录,拥有一个比较高的卖家评级、送货评级,以及订单错误率低于 1%;③ 商品需要是全新状态;④ 商品必须要有库存。

提升获得 buy box 概率的方法如下:① 管理好物流,缩短配送时间,建议选择 FBA;② 减少订单缺陷率,服务好每一个买家;③ 制定一个有竞争力的价格;④ 做一个优秀卖家,努力提高卖家评级(selling rating);⑤ 在各个变量上做优化,并注意其他优化。

2. 平台操作

1)后台介绍

(1)后台账户设置。

① account info,在"selling plan"中可以变换专业卖家和个人卖家的设置。

② seller information,可以编辑卖家名称和客服邮箱、电话等信息。

③ storefront link,可以设置自定义的店铺链接。

④ business address,填写公司地址。

⑤ legal entity,填写公司名称。

⑥ deposit method,填写收款银行账号,拿到海外银行账号后第一时间在此录入银行账号信息,录入后,亚马逊会每隔 14 天给卖家转账一次。

⑦ charge method,填写信用卡信息,用来支付亚马逊平台费。如果账户上的余额不足以支付亚马逊平台费时,会从绑定的信用卡中扣除。

⑧ return information,填写退货地址。

⑨ merchant token,用来和第三方软件进行对接时使用,此信息很重要,请注意保密。

(2)假期模式。listings status,显示所有商品的状态,active 为正常上架状态,inactive 为下架状态。在卖家团队放假期间,应该及时把商品状态改为 inactive,避免发生买家下单无法发货的状况。

（3）提醒设置。notification preferences，在此可以选择需要邮件提醒的信息，如订单提醒、产品上传提醒、报表提醒、平台销售技巧提醒等。

（4）登录设置。login setting，设置登录邮箱、密码、安全问题。

（5）退货设置。return setting，设置退货地址，可设置多个退货地址。

（6）礼品服务。gift option，设置是否提供礼品打包服务。

（7）用户设置。user permission，可以设置多个子账号，并可以设置每个子账号的权限。

（8）其他设置。your info & policies，可以设置卖家的公司信息、logo、常见问题等。单击"About Seller"按钮后进入设置页面，可以使用 HTML 代码编辑。在"Fulfillment by Amazon"中设置 FBA 的服务。

2）selling rating

selling rating，即卖家店铺评分。其计算方法是：selling rating 最近 365 天内所有订单的得失分数总和加起来/最近 365 天内所有订单。selling rating 计算分数情况如下。

（1）发货延迟和 24 小时之内没回复买家 message，扣 0 分。

（2）在确认发货前擅自取消客户订单，扣 100 分。

（3）因卖家原因引发的 A-to-Z guarantee claim（A-to-Z 索赔），扣 500 分；1~2 星 negative feedback（负反馈），扣 500 分；客户的开卡行发起的 service chargeback claim（服务退单索赔），扣 500 分。

（4）expired order（过期订单），一般为超过发货期 30 天还没发货的订单，扣 500 分。如果一个订单从始至终都没有任何问题，那么这个订单就是 perfect order（完美订单），加 100 分。

（5）订单赢得加分：订单没有任何问题，有有效的跟踪信息，在 3 个工作日内成功投递，符合最快承诺到达时间，并且没有任何退款和与买家的沟通让步，这样的订单就会被奖励 10 分（这种订单多见于 FBA 订单）。

3）pending order

pending order，即待处理的订单。产生 pending order 的主要原因有以下几个方面。

（1）亚马逊暂时未收到买家支付这笔订单金额的银行卡授权，不同银行的处理时间有所不同。

（2）对于某些 FBA 订单，客户已经满足了 35 美元包邮的条件，但由于这些订单分别是在不同的卖家店铺购买的，所以这时的 pending 状态有可能是平台在等待客户的所有购买的产品全部到齐的一个过程。

（3）对于 FBA 订单，客户在一个订单中购买了多个产品，如果其中一个或两个产品缺货，那么即使平台选择分开派送有库存的和没库存的产品，这个订单的状态也还是 pending。但是，这种情况发生的概率较小。

处理 pending order 的方法如下。

（1）当订单状态是 pending 时不要发货，要确认货款到账后再发货。

（2）pending order 不会显示在订单报表或者卖家未发货订单报表中。当出现 pending order 时，该订单在管理订单页面是呈灰色的，卖家不能对 pending order 进行确认发货或者取消订单的操作。

（3）pending order 要等它转到 unshipped 状态时才能进行发货操作，发货操作应尽量控制在后台上传产品时所设置的 handing time 时间段内，超出了就是发货延迟；如果一个订单超过 30 天未发货，那么 30 天后即使发货了，平台也不会将这笔订单的费用结算给卖家。

4）刊登产品

（1）单独创建新产品。进入卖家后台，单击"INVENTORY"→"Add Product"→"Create new product"按钮。在列表中选择产品详细品类，在搜索框中输入关键词可以搜索品类，单击"Select"按钮确认品类。

如果不确定产品属于什么品类，则可以使用品类搜索功能，确定正确的品类。在搜索框中输入关键词，找到适合产品的品类，按照正确的品类添加新产品。

按照提示填好所有的产品信息，带红色星号的为必填信息，但是建议没带红色星号的也尽可能填写完整。产品的基本信息要尽量齐全，如 SKU、标题、描述、品牌、生产厂商、功能、图片、价格、关键词、UPC 码（通用产品代码）等。在首次创建产品的过程中，图片不会马上上传，要等产品信息都输入完毕后，单击"Save and finish"按钮时图片才会上传。

上传成功后，在"Manage Inventory"页面会出现新上传的产品。

（2）批量上传产品。进入卖家后台，单击"INVENTORY"→"Add Products via Upload"。

首先确认账户是否有对应产品类目的销售权限，如果没有则需要单独申请，一般 48 个工作小时内会回复。如果已经具备对应类目的销售权限，则先下载对应类目的模板。

在下载的模板中有这样几个子模板："Instructions""Images""Data Definitions""Template""Example""Valid Values"。

将"Template"单独复制到新建的 Excel 中，表格中每个选购的具体要求在"Data Definitions"中都有说明，其中一些"值"可以在"Valid Values"中选择。图片处理好之后，先保存到图片空间中，免费的可以选择 https://photobucket.com，然后将以"jpg"为后缀的图片地址粘贴到对应的产品中。

"Template"模板内容填写完成后，保存为"文本文件（制表符分隔）"类型的文件，将完成的文件批量上传到平台后台，然后检查上传的状态。

亚马逊平台的主要收款方式

3. 管理评价

1）亚马逊账户安全、店铺表现及客户满意度指标的解读

店铺安全是亚马逊在平台销售的立根之本，本节为卖家分享亚马逊账户安全、店铺表

现和客户满意度指标的一些标准和细节。卖家在深入了解后可及时避免和预判出对于卖家账户的一些潜在威胁和不利因素，从而提升店铺的整体指标和客户满意度，免除后顾之忧，全心全意地投入店铺运营中。

（1）order defect rate，即 ODR 指标，中文翻译为"订单缺陷率"，这个指标的计算方法是，在一段时间内所有涉及 1～2 星差评和 claim 纠纷（包括 A-Z 和 chargeback）的订单除以这段时间内总订单数得出的这个百分比。ODR 是反映卖家能否提供一个良好的买家购物体验的非常重要的一个指标，这个指标千万不要超过 1%，如果超过了 1%，对账户安全是很不利的，严重时亚马逊甚至会审核你的店铺或者移除你的销售权限（order defect rate is the key measure of your ability to provide a good customer experience）。

（2）cancellation rate，中文意思是"订单取消率"，所有因任何原因导致的卖家在没确认发货前发起的订单取消都会被计入这个 cancellation rate 里面。如果一个订单是客户方面的原因下错了，需要卖家取消订单，如果卖家操作取消订单也会被计入这个指标，很多卖家就会感觉不公平，但注意如果是这种情况导致后期店铺的 cancellation rate 超出 2.5%，在亚马逊人工介入审核店铺时，卖家可以把这个情况反映给亚马逊客服，类似这种不属于卖家责任的订单取消都会被亚马逊工作人员移除，不会影响店铺的指标。

（3）late shipment rate，即"发货延迟率"，就是在一段时间内发货延迟的订单除以总订单数量得出的百分比。亚马逊规定这个百分比最好控制在 4%以下。发货是否延迟取决于在后台上传产品时在 offer 栏里的 handing time 选项里填写的天数（如果不填写天数，则系统默认为 2 天）。注意这里的"天数"指的是 business day（工作日），而不是 calendar day（自然日），也就是说，周六、周日不计算在内。最直观和精确地判定某个订单要在哪天前发货的方法就是进入某个特定订单的详情页面查看 expected ship date。

（4）policy violations，即"违反政策"，这个是在亚马逊平台销售最需要注意的地方。一般来讲，如果在亚马逊卖仿货、假货等一系列与侵犯知识产权的动作被买家或者竞争对手投诉，若投诉成立，这项指标就会受到影响，而且这种影响不像其他指标后期可以控制和优化，这个指标是累计的，同时很难撤销，但达到了一定量，亚马逊会直接移除店铺的销售权限。运气不好的违反一次账户就完了，运气再好也撑不过几次，亚马逊平台对知识产权特别重视，所以千万不要在这点上犯错误。在亚马逊平台上销售最不应该做的就是"卖仿货，卖假货"。

（5）on-time delivery，即"及时投递率"，这个指标有两个组成部分：一个是特定时间段内及时投递完成的订单率；另一个是这个时间段内有跟踪号的订单百分率。亚马逊对这两块的要求分别是大于 97%和大于 98%。及时投递率是基于在亚马逊后台的 shipping setting 里设置的默认订单到达时间，从卖家确认发货到订单信息签收成功，必须保持在 shipping setting 的那个时间段之内，否则就是投递时间超时，从而影响"及时投递率"这个指标。

（6）contact responce time，卖家在 24 小时之内回复或者反应买家发给的站内消息。注意，这里的"24 小时之内"是不管过年、过节、周六、周日的，所以肯定有人会问：如果没有及时回复会怎么样？其实这个指标应该是所有六个指标中最不那么重要的，在工作日及时回复就好，实在在 24 小时内回复不了的，也可以通过登录亚马逊的注册邮箱进行回复（就不需要登录亚马逊后台了）。这个指标只要控制在 90%以上，及时回复率也就可以了。所以，对上班族来说这应该不是大问题。

2）符合以下条件的差评可以向亚马逊申请移除

What can I do about incorrect negative feedback?（对于不正确的负面反馈，我该怎么办？）

As a general rule, Amazon does not remove buyer feedback even if it is unwarranted or the issue has been resolved. Amazon will remove feedback only in the following cases：（一般来说，亚马逊不会删除买家的差评，即使这是不必要或问题已经解决。只有符合以下条件的差评，才可以向亚马逊申请移除。）

（1）The feedback includes words commonly understood to be obscene or profane.（评价中包含淫秽和猥亵的词语。）例如：I finally receive the parcel from the stupid seller, shit quality, very dispointed.

（2）The feedback includes seller-specific, personally identifiable information, including e-mail addresses, full names, or telephone numbers.（评价中包含了卖家私人信息，如邮箱、全名、电话号码。）

（3）The entire feedback comment is a product review.（全部的反馈意见只针对产品，没有提到卖家的服务。）例如，这把户外小刀不是很锋利（在这种情况下，有些可以申诉成功，有些还是不能移除）。但如果评价到了卖家的服务，就不可能移除，例如，派送太慢了，而且收到货时发现小刀不是很锋利。

（4）The entire feedback comment is regarding fulfillment or customer service for an order fulfilled by Amazon. Feedback reviewed and determined to be relating explicitly to fulfillment and customer service for an order fulfilled by Amazon will not be removed, but a line will appear through the rating with the following statement: （FBA 引起的物流问题，亚马逊不会将差评移除，但是会将差评划掉，然后写一行字：）"This item was fulfilled by Amazon, and we take responsibility for this fulfillment experience." 评论如图 7-11 所示。

图 7-11　评论

（5）有些顾客在留评价时，在 arrive on time、item as described、customer service 三项

中都写的"Yes",然后又评价是正面的,但是留一个差评,像这种也可以向亚马逊要求移除。

(6)还有一种情况是顾客威胁说不按他的要求做就给差评,可以将这样的话截图直接交给亚马逊处理,同时如果卖家向客户提供一些好处让客户消除差评,这种做法被亚马逊查到了,是会对账户有影响的,情节严重的话,会导致账户被移除销售权限。

亚马逊原文规定:You may request that a buyer remove feedback. However, you may not offer nor pay any incentive to a buyer for either providing or removing feedback.(你可以要求买家删除差评。但是,除了删除差评,你不得向外国买家提供或支付任何激励措施。)

(7)建议买家留差评后,卖家积极主动地和买家沟通,争取和买家达成一致协议,让他把差评移除(留差评后60天内买家可以移除该差评)。卖家向亚马逊申请移除差评成功以后,亚马逊是会通过邮件通知买家与卖家,而买家有权利再一次留评。为了避免激怒客户,建议过几天再去申请移除差评。

(8)买家不知道如何移除差评,可按照以下步骤操作:https://bbs.ichuanglan.com/。

(9)咨询关于移除差评的入口和操作步骤:https://bbs.ichuanglan.com。

3)买家移除差评的操作步骤

If a buyer agrees to remove the feedback, you can provide them with these step-by-step instructions:

(1)Go to Amazon.com and click Your Account in the upper right hand corner.

(2)Click Your Orders.

(3)On the right, select a date range from the Date drop-down box. Click Go. A list of orders appears.

(4)Locate your order and click View Order Details in the left-hand column, under the Order Placed date.

(5)Scroll down to Your Seller Feedback and click Remove.The Remove Feedback page appears.

(6)Select a reason for removing the feedback, and then click Remove Feedback.

如果买家同意移除差评,你可以向他们提供以下步骤说明。

(1)进入亚马逊网站,点击右上角的"你的账户"。

(2)点击你的订单。

(3)在右侧的"日期"下拉列表框中选择日期范围,单击"继续"按钮,然后出现订单列表。

(4)找到你的订单,并单击左侧栏的"订单日期"下的"查看订单详细信息"。

(5)向下滚动到你的卖家反馈,并单击"删除",出现"删除反馈"页面。

(6)选择移除反馈的原因,单击"移除反馈"。

4)移除不符合规定的差评操作步骤

当卖家店铺收到客户差评时,卖家要清楚有些不符合亚马逊平台规定的差评是可以向亚马逊申请移除的,对此论坛的一篇帖子里面已经进行了详细的说明:https://bbs.ichuanglan.com。

那么这里想分享的是:当卖家觉得客户留下的差评是不符合上述平台规定时,怎样操作申诉？申诉的步骤是什么？

（1）找到联系客服入口（contact seller support），进入"Selling on Amazon"，然后单击"Customer feedback"，如图7-12所示。

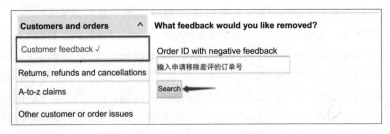

图 7-12　单击"Customer feedback"

（2）输入涉及差评的订单号，单击"Send"按钮，发送申请。

差评的移除申请提交以后，务必要关注亚马逊邮箱（或者后台的"Manage Your Case Log"），无论这个评价有没有移除，亚马逊都会发一封邮件到你的亚马逊邮箱将最终判定结果告知卖家。如果差评被成功移除，买家也会收到一封通知邮件，买家有权利再次给该订单留评。（自己的操作经验是：被移除的差评很少有买家因为不服气而再次留差评的，即使这个买家对订单非常不满意。）

提交后20分钟内会收到网站回复，选择相应操作即可。

7.2.3　亚马逊运营优化策略

1．控制 ODR

ODR（order defect rate，订单缺陷率）是非常重要的一个反映卖家能否提供良好的买家购物体验的指标。ODR 应控制在 1% 以内。

2．提高转化率

转化率高的产品会得到更多的曝光机会，可以从以下几点着手提高转化率。

（1）listing 页面优化，学习销量高的产品是如何设置图片、标题、描述、价格的。

（2）引导客户做出有价值的好评。所谓有价值的好评应该是对其他买家有帮助的。

（3）适当免运费或者进行节假日促销打折。

3．提高售后服务

卖家可以选择亚马逊平台提供的物流服务（FBA），或者选择自己负责的物流。选择自己负责的物流的卖家，需要保证发货时间和妥投时间在亚马逊要求的时间范围内。选择FBA 的产品会得到平台更多的流量倾斜。

4．注册商标并备案

保护好自建的 listing 有助于抵挡竞争对手跟卖，可以避免价格战，可以避免自建 listing 的编辑权被转移给其他销售更好的卖家。

7.3 亚马逊的物流与推广

7.3.1 亚马逊物流FBA

FBA（fulfillment by Amazon）是亚马逊提供的代发货服务，卖家把货物发往FBA的仓库，亚马逊提供包括仓储、拣货打包、派送、收款、客服、退货处理等一系列服务。亚马逊平台非常看重卖家的物流配送和售后服务的品质，为了达到平台的物流标准，对于大部分卖家来说都建议使用FBA服务。尤其是欧洲市场，国内寄往欧洲的物流时间长、费用高，如果卖家不能保证买家在7～10天内收到包裹，就会严重影响综合评分，所以选择FBA是比较明智之举。

1. FBA的优缺点

1）FBA的优点

（1）Amazon Prime为买家会员提供了2天送达服务和满足条件即可免运费服务，使用FBA的产品都可以在亚马逊的2日送达和免运费服务范围内，买家会更倾向于对这些产品进行下单。

（2）加入FBA服务可以提高listing排名，增加抢夺Buy Box的机会。

（3）不用担心因为物流而引起的差评。

（4）提供7×24小时客户服务热线，解决卖家的客户服务问题。

（5）拥有丰富的仓储和物流经验、先进的智能管理系统，让卖家的客户体验更好的物流服务。

2）FBA的缺点

（1）成本较高，尤其是仓储费用，如果商品滞销，卖家需要支付很高的仓储费用。

（2）FBA不负责清关和货物从中国运输到FBA仓库的过程，卖家需要自己解决头程运输的问题。

（3）买家退货很简单，容易导致退货率上升。

2. FBA的费用

FBA的费用包括以下几项。

（1）订单处理费，根据订单数量收费。

（2）打包费，根据产品个数收费。

（3）重量计费，首先依据产品的长、宽、高划分到相应的尺寸类别，然后根据这个尺寸类别对应的重量单价，按照具体的重量进行计费，这样既考查了产品体积，又考查了产品重量。

3. FBA的操作

1）将产品设置为FBA发货

进入卖家后台，单击"INVENTORY"→"Manage Inventor"，进入库存管理页面，选择要通过 FBA 发货的产品。

在选好的产品信息"Action"下拉列表中选择"Change to Fulfilled by Amazon"。

单击"Yes, continue"或"No, return to full list"按钮。

2)发货到 FBA

选择"Send/Replenish Inventory",勾选要发货的产品。

默认选项是"Create new shipping plan",发货地址会自动生成,如需改写,单击"Ship from another address",选择打包方式为"Individual products"或"Case-packed items",单击"Continue to shipping plan"按钮。

进入"Set Quantity"页面,填写发货产品的数量和尺寸,然后单击"Continue"按钮。

选择 Seller 或亚马逊打印标签,选择标签打印方式,这里选择亚马逊打印标签,选择"I agree to the Terms of Service",单击"Save"按钮。单击"Approve shipment"同意发货。

进入"Label Products"页面,在"Apply to all"下拉列表中选择产品类目,然后单击"Continue"按钮。

进入"Review Shipments"页面,单击"Approve shipment"按钮。

进入"Prepare Shipment"页面,填写发货信息并单击"Complete shipment"按钮。单击"Work on another shipment"按钮操作发货,打印标签,贴在包裹外面。

7.3.2 亚马逊站内推广

亚马逊广告平台是针对第三方卖家、供应商或品牌商提供的推广工具,可根据不同广告需求,提供不同类型的广告产品,有效提升商品曝光率、引流量,促进销售转化,提高品牌认知度。亚马逊有多种主要推广方式,最常用的是针对单个产品的亚马逊商品推广(sponsored products)服务、亚马逊标题搜索广告(headline search ads)和产品展示广告(product display ads)。

1. 亚马逊商品推广

1)展示位置

商品推广是基于关键词搜索的广告服务,亚马逊的这项服务为点击收费项目。如果消费者没有点击你的商品页面,卖家不需要付费。被推广的商品可以出现在关键词搜索页面的右侧(sponsored products)、产品详情页面(sponsored products related to this item)。

2)操作流程

卖家在后台可以进行如下设置来参与推广。

(1)在"Advertising"→"Champion Management",输入你为此次活动设定的名称、每日推广费用预算和推广时间。同时,卖家需要明确哪些搜索关键词与你推广的产品有关,在设置搜索关键词时,可以选择"自动投放"(automatic)和"手动投放"(mannual)两种方式的广告活动。如果非常熟悉如何设置关键词,可以自己手动设置关键词。如果尚不了解应该选择哪些关键词,可以进行自动投放,让系统自动帮你设置关键词和竞价,并持续优化关键词和竞价的选择。

（2）选择你希望推广的产品，你可以直接从库存产品列表中选择。

（3）确定你的竞标报价。default bid（默认竞价），表示顾客通过亚马逊商品推广点击页面时，你愿意支付的最高金额，这个竞标价可以随时更改。因为对于同一个搜索词，可能有很多卖家都设置了产品推广，亚马逊会根据搜索关键词的匹配度和卖家的竞标金额选择获得推广机会的胜方，但卖家只有拥有购物车时才可能竞标成功。

（4）如果刚才你选择了"自己设定关键词"，那么需要手动选择这次推广的关键词；如果你刚才选择了"使用亚马逊系统推荐的搜索关键词"，则可省略这一步。

（5）提交申请信息，你的推广在30分钟后显示。

2．亚马逊标题搜索广告

1）展示位置

亚马逊标题搜索广告为品牌提供广告展示机会。

2）操作流程

（1）注册。登录亚马逊广告平台（https://advertising.amazon.com/），按要求填写信息即可完成注册。

（2）广告活动设置页面。填写广告活动名称、预算总额、起止日期和投放方式，填写完毕后可在页面右上角"广告活动概述"部分看到广告活动设置的总情况，确认无误后单击"继续下一步"按钮。

（3）创建广告组页面。填写广告组名称，选择广告位，你可以选择亚马逊默认的所有广告位，如果你想让你的广告放在某一特定位置，也可以点击指定广告位，值得注意的是不同广告位的创意尺寸，以免影响广告效果。

（4）设置费用。选择你的竞价（CPC）及你愿意为该广告位单次所支付的最高费用。

（5）创建广告界面。选择你的促销目标及买家点击展示广告后将会跳转进入的详情页面，可以选择跳转链接到产品详情页、你的店铺以及自定义URL链接（仅限亚马逊网站内链接）。

3．亚马逊产品展示广告

1）展示位置

亚马逊产品展示广告显示在相关商品页面购物车下。卖家可以通过将广告展示在竞争产品或是相关互补商品页面，在较窄但是较准确的范围内设置广告；也可以通过兴趣点设置广告展示的位置，这种方式可以获得更多的消费者。

亚马逊产品展示广告和亚马逊商品推广的不同点在于：商品推广是基于关键词搜索的搜索性广告，卖家无法选择特定的广告位进行展示，也就是说，消费者搜索什么才会展示什么类别的广告，不搜索就不会展示，如消费者搜索口罩，那么只会展示与口罩相关的广告。但是展示广告是根据选择的卖家的兴趣点和广告位进行投放的展示性广告。亚马逊基于消费者在亚马逊上的浏览和购物行为，归纳出30个大兴趣点和100个小兴趣点。卖家可以选择目标客户群的兴趣点进行广告投放，还可以选择特定的广告位置进行展示。

2）操作流程

（1）注册。登录亚马逊广告平台（https://advertising.amazon.com/），按要求填写信息即可完成注册。

（2）广告活动设置页面。填写广告活动名称、预算总额、起止日期和投放方式，填写完毕后可在页面右上角"广告活动概述"部分看到广告活动设置的总情况，确认无误后单击"继续下一步"按钮。

（3）创建广告组页面。填写广告组名称，选择广告位，你可以选择亚马逊默认的所有广告位，如果你想让你的广告放在某一特定位置，也可以点击指定广告位，值得注意的是不同广告位的创意尺寸，以免影响广告效果。

（4）设置展示广告相关的兴趣点。亚马逊系统默认的是对所有的群体展示广告，你也可以选择基于兴趣点对展示对象做定向选择。选择你的竞价（CPC）及你愿意为该广告位单次所支付的最高费用。

（5）创建广告界面。选择你的促销目标及买家点击展示广告后将会跳转进入的详情页面，可以选择跳转链接到产品详情页、你的店铺以及自定义 URL 链接（仅限亚马逊网站内链接）。

案例 7-3

亚马逊广告上线三大全新功能　满足商户推广需要

4. 亚马逊促销

跨境电子商务卖家可使用亚马逊提供的工具进行商品广告和促销的设置。不同的亚马逊平台提供的工具也不同，其中可能包含"免运费""满减""买赠""其他优惠"。有关促销类型的详情，可访问促销"帮助"页面，也可访问创建促销，查看创建促销的步骤。另一个提高商品曝光率的方法就是利用亚马逊商品推广工具和展示广告。

创建促销包括三个环节：① 从卖家后台进入管理促销页面；② 单击"管理商品列表"，并创建新商品列表；③ 单击"创建促销"，从促销模板中选择一个模板，创建相应的促销活动。以下为亚马逊后台管理商品列表的步骤。

1）创建需要做促销的商品列表

（1）创建促销商品列表 1。创建促销商品列表的类型有多种，一般可以按 SKU、ASIN 来直接创建，也可以按商品的品牌、分类节点、类别等属性来创建。比较准确和直接的方法就是用 SKU 或者 ASIN 编码来创建促销商品列表。

（2）创建促销商品列表 2。选择 ASIN 列表创建；填入列表名称、内部说明；填入促销的商品 SKU；单击"提交"按钮。

2）创建促销

回到管理促销页面，单击"创建促销"。

促销模板的类型有免运费类、购买折扣类、买满再买优惠、赠品、固定价格。

只能使用促销模板创建促销，模板中的数字和金额可以修改，但是规则不能更改。例如模板中有这样的促销规则：购买指定商品 5 件，可获得 5%的优惠（即九五折）；购买 10 件，可获得 10%的优惠（即九折）；每购买指定商品 5 件，可免费获得 1 件优惠。商品里面涉及的数字可以更改。

3）选择促销模板，创建购买条件和优惠

促销优惠有两种形式：① 有折扣代码。顾客在结算时通过输入优惠代码，才能享受到优惠，在最终的付款金额中扣减掉优惠金额，如果不输入代码则不能享受优惠；② 无须折扣代码，顾客在结算付款时，系统会自动扣减掉优惠金额。

4）输入追踪信息

输入促销开始和结束时间（开始时间要在当前时间的 4 个小时之后）；填写追踪编码和内部说明；选择不需要折扣码（这样买家在结算时不需要输入折扣码，就可以直接享受优惠）。

5）创建促销的显示信息

系统根据促销策略自动生成促销的说明文本。例如，符合条件商品的样本详情页面显示文本：每购买由亚马逊网络培训演示账户提供的 1 件符合条件商品，可以免费获得 1 张 16 G 高速 SDHC 存储卡。审核促销，最终确认生效，促销生成。

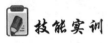

亚马逊全球开店

一、实验目的

通过在亚马逊刊登商品、物流、支付等环节的操作，使学生熟悉亚马逊全球开店的操作步骤，掌握通过亚马逊进行跨境电子商务的要领。

二、实验内容

1. 按照本章内容进行操作，登录亚马逊卖家账户，依次完成在亚马逊的资质审核、线上管理、物流管理、促销管理和评价管理等操作。

2. 总结在亚马逊平台上进行跨境电子商务需要特别注意的方面。

3. 以供应商的角度评价在亚马逊平台上进行跨境电子商务，思考亚马逊平台操作是否便利、服务是否完善、支付是否安全、物流是否顺畅等问题，并将其记录在实验心得中。

三、设备与所需软件

多媒体实验机房，配备每人一台可以访问互联网的计算机。

四、报告与考核

实验报告要求	实验考核要求
（1）实验目的； （2）实验内容及要求； （3）实验过程； （4）实验心得； （5）同学之间关于实验的交流	（1）学生根据实验要求提交实验报告； （2）教师根据实验报告评定单项实验成绩； （3）根据单项实验成绩和实验报告内容给出整体实验成绩； （4）整体实验成绩根据适当比例计入课程总分

 章节巩固与测评

1．亚马逊基于大数据驱动的推荐引擎是怎样的？
2．亚马逊平台怎么收费？
3．亚马逊店铺注册需要准备的信息有什么？
4．FBA 的优点是什么？

第 8 章　跨境电子商务平台（4）——eBay

知识框架图

学习目标

- 了解 eBay 平台的规则与费用；
- 了解 eBay 的物流与推广。

关键词

eBay 平台的规则　　eBay 平台的费用　　eBay 平台的物流

引例

eBay 推"新卖家金鹰计划"　扶持新卖家

8.1　eBay 平台的规则与费用

8.1.1　eBay 平台的规则

eBay 希望卖家能持续不断地提供优质服务以提高买家的满意度，为了让买家拥有更好的购物体验，卖家在刊登物品和提供物流服务时须符合以下规则。

1. 刊登规则

正确描述刊登的物品信息不仅可以提高成交率，也可以避免卖家交易过后因物品描述不符而产生不必要的交易纠纷，不正确的刊登描述会扰乱 eBay 市场交易秩序。刊登描述不当会导致违规商品被删除、账户受限，严重者账户会被冻结，在刊登物品时，卖家应特别注意以下规则。

1）选择正确的物品分类

物品必须刊登在正确的类别中，如某物品存在多级子分类，需将物品刊登在相对应的分类中。

2）正确设置物品所在地

卖家必须在"物品所在地"栏中如实填写物品寄出地点。一般情况下，物品所在地需与账户信息相符，如果物品所在地在外地或其他国家，务必在刊登时选择真实的所在地（不能仅在物品描述中作声明），以避免日后不必要的交易纠纷；需特别注意，运费的设置要与物品所在地相匹配。

若账户信息为中国，物品所在地为美国，物品被一个美国卖家拍下，运费价格需与美国当地运费相匹配，而不能设置为中国到美国的运费。

3）使用符合 eBay 标准的链接

在 eBay 刊登物品时，可以在物品描述中使用一些链接来帮助促销物品。但是，有些类型的链接是不被允许的，例如，不能链接到个人或商业网站。任何链接均不能指向 eBay 以外的含物品销售信息的页面。

4）物品图片标准

高品质的图片能给买家提供更好的购物体验，使物品更容易售出，因此 eBay 对物品图片刊登有一套详细标准：所有物品刊登必须至少包含一张图片；图片的长边不得低于 500 像素（建议高于 800 像素）；图片不得包含任何边框、文字或插图；二手物品刊登不得使用 eBay catalog 图片；请务尊重知识产权，不得盗用他人的图片及描述；预售刊登必须符合预售刊登规则。

预售刊登是指卖方刊登那些他们在刊登时未拥有的物品。此类刊登的物品，通常在对大众的交货日期前就已预先出售。

卖方需保证自物品购买之日（即刊登结束之日或从 eBay 店面购买刊登物品之日）起 30 天之内可以送货，eBay 允许其有限制地刊登预售物品。

在 eBay 刊登（预售）物品的卖方，必须在刊登时表明：该物品为预售物品，并说明交货日期，保证物品在刊登结束之日起 30 天内送出。此外，这些文字必须（至少）用 3 号 HTML 常用字体。对于未注明这些资讯的任何预售物品，eBay 都会结束其刊登。

2. 独特的销售方式

eBay 创立之初是一个拍卖网站，到今日，eBay 在销售方式上依然延续了拍卖的模式，这是 eBay 区别于其他平台的一大特色。在 eBay 上有三种售卖方式：拍卖、一口价和综合销售。

1）拍卖

以"拍卖"方式刊登物品是 eBay 卖家常用的销售方式，卖家通过设定物品的起拍价及在线时间，开始拍卖物品，并以下线时的最高竞拍金额卖出，出价最高的买家即为该物品的中标者。在 eBay 上以低起拍价的方式拍卖物品，仍然是能激起买家兴趣踊跃竞拍的最好途径，而且在搜索排序规则中，即将结束的拍卖物品还会在"Ending Soonest"（即将结束排序）结果中获得较高的排名，得到更多的免费曝光机会。

以 eBay 美国站为例，设置以"拍卖"方式刊登物品的步骤如下。

（1）进入选择物品刊登方式的页面，可以选择"More listing choices"让自己有更多的刊登选择，也可以选择"Keep it simple"快速完成设置刊登。如果需要更详尽的设置物品销售的方式，可以选择"More listing choices"，然后单击"Go"按钮。

（2）eBay 在详细的物品刊登设置页面中会有一个"Choose format and price"模块，即物品价格设置模块，可以单击"Auction"选择以"拍卖"方式销售物品。

（3）卖家可以在"Starting price"下方的文本框中输入物品"拍卖"的起拍价。

拍卖的形式虽然好，但并不是所有的产品都适合拍卖，适合拍卖方式的产品主要有以下特点：有特点的产品，明显区别于市场上常见的其他产品，并且是有市场需求的；库存少；非职业卖家，只是偶尔来销售产品；无法判断产品的准确价值时，可以设置一个能接受的起拍价，由市场决定最终价格。

2）一口价

以"一口价"方式刊登 eBay 店铺中热卖的库存物品，可以设置物品的在线时间最长达 30 天，让物品得到充分展示。

设置以"一口价"方式刊登物品的步骤如下。

（1）进入选择物品刊登方式的页面，选择"More listing choices"，然后单击"Go"按钮，进入详细的物品刊登设置页面。

（2）在详细的物品刊登设置页面的"Choose format and price"模块中，单击"Fixed price"选择以"一口价"方式销售物品。如果卖家没有可选择的"Fixed price"标签，则表明尚未符合该站点以"一口价"方式销售物品的资格条件。

适合"一口价"方式的产品具有如下特点：有大量库存；有丰富的 SKU，可以整合到一次刊登中；需要长时间在线销售；卖家希望有固定可控的利润。

"一口价"方式的特点是：物品刊登后，不能将"一口价"物品变更为具有"一口价"功能的"拍卖"物品；反之亦然。"一口价"物品如果结束时间在 12 小时后，则可编辑"一口价"价格。

3）综合销售

使用"拍卖"（auction）与"一口价"（fixed price）方式进行综合销售。卖家可以在选择拍卖方式时既设置一个起拍价，又设置一个满意的"保底价"，也就是"一口价"，让买家可以根据自己的需求灵活选择购买方式。这种贴心的设计不仅综合了"拍卖"和"一口价"方式的所有优势，还能给商品带来更多的商机。

设置以"拍卖"与"一口价"方式综合刊登物品的步骤如下。

（1）进入选择物品刊登方式的页面，选择"More listing choices"，然后单击"Go"

按钮进入详细的物品刊登设置页面。

（2）在详细的物品刊登设置页面中会有一个"Choose format and price"模块，这就是物品价格设置模块，可以单击"Auction"选择以"拍卖"方式销售物品。在"Starting price"下方的文本框中输入物品"拍卖"的起拍价，在"Buy It Now Price"下方的文本框中输入物品的"保底价"，也就是"拍卖"物品的"一口价"。

综合销售适合如下商品。

（1）销售很多种物品，希望同时吸引那些想要通过竞拍达成交易的买家，以及更倾向于选择方便的"一口价"交易的买家。

（2）希望尽可能扩大买家对库存商品的需求，并通过竞拍和"一口价"方式来帮助竞拍者和买家了解其他销售物品或店铺。

综合销售物品的注意事项如下。

（1）物品刊登后，将不能修改物品的销售形式，但是在特定情况下，可以增加、编辑或移除拍卖物品的"一口价"功能。

（2）拍卖物品如果结束时间在 12 小时后，同时刊登的物品仍无人出价竞拍，则可新增、编辑或移除"一口价"功能。

3．交易行为规范

1）严禁卖家成交不卖

当卖家刊登在 eBay 上的物品有买家成功竞标，买卖双方相当于签订了交易合同，双方必须在诚信的基础上完成交易。根据这一合约，卖家不可以在网上成功竞标后拒绝实际成交、收到货款不发货。

如果卖家因为物品本身的原因（如损坏）无法完成交易，卖家需及时与买方沟通，解释说明并提供解决方案，以获得买家的理解与谅解。在这种情况下，eBay 鼓励买家与卖家进行沟通，获取新的解决方案，但买家不一定要接受卖家的新建议。所以，请卖家在刊登商品时务必熟知商品库存，在收到款项后及时发货，以避免违反此政策。

2）禁止卖家自我抬价

"自我抬价"是指人为抬高物品价格，以提高物品价格或增大需求为目的的出价行为，或者是能够获得一般大众无法获得的卖家物品信息的个人的出价行为。也就是说，卖家在竞拍的过程中，通过注册或操纵其他用户名虚假出价，或者是由卖家本人或与卖家有关联的人进行，从而达到将价格抬高的目的。

"自我抬价"以不公平的手段来提高物品价格，会导致买家不信任出价系统，为 eBay 全球网络交易带来负面的影响。此外，这种行为在全球很多地方都是被法律所禁止的，为确保 eBay 全球交易的公平、公正，eBay 禁止抬价。

卖家的家人、朋友和同事可以从卖家那里得到其他用户无法得到的物品信息，因此即使他们有意购买物品，为保证公平竞价，亦不应参与出价竞投。但是，家人、朋友和同事可在不违反本政策的条件下，以"一口价"的方式直接购买物品。如果卖家认为有会员利用假出价动作，提高价格或热门程度，可向 eBay 检举，并请确保在检举问题中提供"会员账号"和物品编号。

案例 8-1

eBay 上线 SpeedFreight 海外仓头程服务 首月开展促销活动

8.1.2 eBay 平台的费用

eBay 平台收取的费用主要有以下五种。

（1）刊登费：在发布一个商品时就需要支付的固定费用，不同类目的标准不同。

（2）成交费：成交后按照成交总金额支付一定比例的费用，未成交则不收取费用。

（3）特色功能费：卖家可以为刊登的商品添加特色功能，需要在发布时与刊登费一同支付。

（4）店铺费：即店铺月租费，不同级别卖家的店铺月租费不同。

（5）PayPal 费用：即使用 PayPal 工具的手续费，在 PayPal 上单独收取。

eBay 平台卖家分为非店铺卖家和店铺卖家，刊登产品数量不足 40 个的为非店铺卖家，刊登产品数量达到 40 个及以上的为店铺卖家。

下面以美国站卖家的收费标准为例进行说明。

非店铺卖家需要支付的费用包括刊登费、成交费、特色功能费（如果使用的话）和 PayPal 费用。刊登费和成交费的计算方式如表 8-1 所示。

表 8-1 刊登费和成交费的计算方式

刊登产品数量	刊 登 费	成 交 费
每月前 50 个刊登产品	免费	成交总额的 10%，上限$750；向买家收取的运费计算成交费，税费不计算
每月 50 个以后的刊登产品	$0.30	

特色功能费的收费情况如表 8-2 所示。

表 8-2 特色功能费的收费情况

升 级 功 能	拍卖起价或一口价低于$150		拍卖起价或一口价高于$150	
	拍卖、一口价刊登（1 天、3 天、5 天、7 天、10 天在线）	一口价刊登（30 天、无限期在线）	拍卖、一口价刊登（1 天、3 天、5 天、7 天、10 天在线）	一口价刊登（30 天、无限期在线）
定时刊登（scheduled listing）	免费		免费	
页面设计师（listing designer）	$0.10	$0.30	$0.20	$0.60
橱窗展示大图（gallery plus）	$0.35	$1.00	$0.70	$2.00
副标题（subtitle）	$0.50	$1.50	$1.00	$3.00

续表

升级功能	拍卖起价或一口价低于$150		拍卖起价或一口价高于$150	
	拍卖、一口价刊登（1天、3天、5天、7天、10天在线）	一口价刊登（30天，无限期在线）	拍卖、一口价刊登（1天、3天、5天、7天、10天在线）	一口价刊登（30天，无限期在线）
优惠包（value pack）	$0.65	$2.00	$1.30	$4.00
字体加粗（bold）	$2.00	$4.00	$3.00	$6.00
同时刊登在两个物品分类中（list in 2 categories）	刊登费和特色功能费按照不同类目标准收取；商品成交时，成交费只收取1次			
多站点曝光（international site visibility）	拍卖刊登		一口价刊登	
	起价	费用	$0.50	
	$0.01~$9.99	$0.10		
	$10.0~$49.99	$0.20		
	$50或以上	$0.40		

店铺卖家需要支付的费用包括店铺月租费、刊登费、成交费、特色功能费（如果使用的话）和 PayPal 费用。

8.2 eBay 平台的物流与推广

8.2.1 eBay 平台的物流

1. 线上国际 e 邮宝——美国/俄罗斯路向

线上国际 e 邮宝类型为标准型直邮物流方案。区别于经济型直邮物流方案仅带部分物流跟踪，标准型直邮物流方案是带有全程物流跟踪信息的，且运费也要比经济型方案高一些。

国际 e 邮宝方案由中国邮政与境外邮政合作开发，为国内跨境电子商务卖家提供方便快捷、时效稳定、价格优惠、全程查询的寄递服务。e 邮宝产品的国内揽收及运输都是由中国邮政承运，包裹到达目的国后交给目的国当地邮政进行派送投递或通知买家到邮局领取。如果一次发包 5 件以上，中国邮政可以提供上门揽收服务。

注意事项：由于航空禁令限制，国际 e 邮宝暂时无法寄递纯电池以及含电池类产品，含电池类产品务必将电池拆除或使用其他渠道寄递。

2. DHL 电子商务可追踪包裹服务——美国/洲路向

DHL 电子商务可追踪包裹服务——美国/洲路向为针对中国内地及中国香港市场推出的高性价比的标准型直邮物流方案。

特点：计费方式为 1g 起重，续重按克计费。全程带有追踪，具有收件扫描及派送扫描功能。包裹最大尺寸为长、宽、高三边不得超过 90cm，包裹重不得超过 2kg。全程可视化追踪，卖家可以通过 DHL 电子商务的平台实现在线追踪。

运送时间：以 DHL 电子商务可追踪包裹的美国专线为例，如果从 DHL 中国香港仓库开始计算派送时效，一般需要 6～9 个工作日派送到门，如果是从深圳仓始发加 1 天，从上海仓始发再加 1 天。不同的目的地，根据产品设计不同，时效也略有不同。

3．UBI 利通智能包裹

UBI 利通智能包裹的类型指在澳大利亚、加拿大、俄罗斯、墨西哥和印度的路向上，为 eBay 卖家订制的直邮方案。

特点：利通智能包裹国际专线具有"妥、快、好、省"四个特点。

妥是指物流专线提供门到门全程追踪，且物流跟踪轨迹已与 eBay 系统集成，支持在 eBay 平台查件。

快是指专线运送，时效更快、更稳定，揽件范围覆盖珠三角及江浙沪等多个主要城市，提供上门揽件和卖家自送仓两种收件服务。揽收件数 5 件起，不同路向可合并计算；不足 5 件，仅收提货费 5 元。

好是指服务多样化，UBI 为卖家制定了多样化的增值服务，如退运、更换标签、更改收件地址、快件截留等，并且支持中英文双语服务，承运符合安全运输标准的带电包裹。

省是指运费更优惠，UBI 利通智能包裹为 eBay 卖家提供专享的特惠运费。

4．海外仓

1）卖得更多

即通过将货物预先运送至海外仓库，提升 listing 的曝光率和点击率，增加销售机会。因为在 eBay 对于"item location"在国外的商品刊登有流量倾斜，搜索排名优先，而且相关的 listing 拥有"fast & free"标示，可增加点击浏览商品详情的概率。

2）货量更大

海外仓可以通过单次承运货量更大、单位运输成本更低的海运来进行国际运输。特别是那些单品重量较高、体积较大的商品，例如家具、家电、户外、汽配、机电等。这些产品的平均销售单价普遍较高，利润也较高。海外仓备货模式大大扩展了卖家可以在 eBay 平台销售的商品品类，同时进入竞争相对较少的商品领域，也有利于提高商品的平均售价。

3）物流更快

通过海外仓提前备货，商品在售出之前就已经在买家所在的国家了，那么在 eBay 平台产生交易后，海外本地派送相比从国内发货，所需运输时效大幅缩短，这样可以大幅降低产生物流差评的概率，提升卖家的 eBay 账号表现，也让消费者的购买体验更好，相应地提升口碑和复购率。

4）成本更低

以目前的市场价格水平测算，在绝大多数情况下，如果商品超过 400 g，那么通过海外仓模式产生的全段物流成本摊入单品的占比，相对国内直邮就可以大大降低。同时，通过专业的第三方海外仓服务，简化卖家在国内备货、包货的操作流程，也可以降低物流管理和人工投入的成本。

5. eBay——亚太物流平台（ASP）

eBay 亚太物流平台是 eBay 为适应国际电子商务寄递市场的需要，提高中国卖家物流处理效率而推出的平台。用户通过 eBay 亚太物流平台可以实现：同步 eBay 订单信息、申请跟踪单号、打印标签、线上发货/单号上传、查询货件状态。

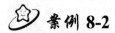

案例 8-2

eBay 被封账号的常见原因和解决办法

8.2.2　eBay 平台的推广

1．利用"auction"（拍卖）物品及"buy it now"（一口价）物品推广商店

"auction"（拍卖）及"buy it now"（一口价）物品会出现在 eBay 的基本搜寻结果和类别页。可在"item description"（物品说明）中加入商店页面的链接，如首页、商店类别、商店长期刊登物品等。在所有"item description"中，利用商店招牌加入商店的视觉特色（颜色、商标、背景主题），以及其他商店页和类别页的链接。

2．运用商店推广工具

eBay 提供了一些可以用来推广商店的推广工具，包括卖家直销电邮、自订商店招牌、推广传单、连带推广和物品 RSS Feeds。只要点击一下"My eBay"中的"推广工具"链接，即可使用这些工具。

3．建立商店招牌

建立商店招牌，在物品页中推广自己的商店，提供买家更好的购物经验。

4．利用"我的档案"页面

建立商店专用的"我的档案"页面，通过它描述业务，提供商店链接、商店视觉特色等。

5．提高登记使用等级

提高登记使用等级可增加物品在 eBay 商店搜寻页及其他页面的"Exposure"（曝光率）。

6．"discussion boards"（讨论区）发表意见时加入商店名称

在 eBay 的"discussion boards"（讨论区）上沟通时，可加入自己的商店名称和网址，作为签名的一部分。

第8章 跨境电子商务平台（4）——eBay

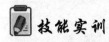 技能实训

eBay 全球开店

一、实验目的

通过在 eBay 刊登商品、销售商品、物流、支付和纠纷处理等环节的操作，使学生熟悉 eBay 全球开店的操作步骤，掌握通过 eBay 进行跨境电子商务的要领。

二、实验内容

1. 按照本章内容进行操作，登录 eBay 全球卖家账户，依次完成在 eBay 的线上管理、物流管理、评价管理等操作。

2. 总结在 eBay 平台上进行跨境电子商务需要特别注意的方面。

3. 以供应商的角度评价在 eBay 平台上进行跨境电子商务，思考 eBay 平台操作是否便利、服务是否完善、支付是否安全、物流是否顺畅等问题，并记录在实验心得中。

三、设备与所需软件

多媒体实验机房，配备每人一台可以访问互联网的计算机。

四、报告与考核

实验报告要求	实验考核要求
（1）实验目的； （2）实验内容及要求； （3）实验过程； （4）实验心得； （5）同学之间关于实验的交流	（1）学生根据实验要求提交实验报告； （2）教师根据实验报告评定单项实验成绩； （3）根据单项实验成绩和实验报告内容给出整体实验成绩； （4）整体实验成绩根据适当比例计入课程总分

 章节巩固与测评

1. eBay 交易行为规范包括哪几个方面？
2. eBay 平台收取的费用主要有哪几种？
3. 卖家做行业调查需要从哪几个方面入手？
4. eBay 平台物流有哪些？
5. eBay 平台推广的方法有哪些？

第 9 章　跨境电子商务的其他平台

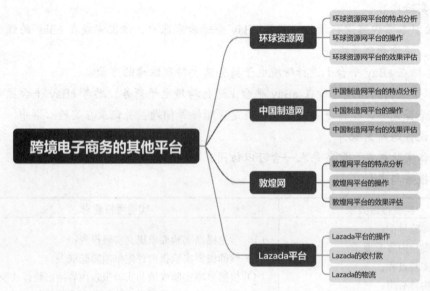

 学习目标

- 了解环球资源网平台的操作；
- 掌握中国制造网平台的操作；
- 了解敦煌网平台的特点；
- 了解 Lazada 平台的操作。

 关键词

环球资源网　中国制造网　敦煌网　Lazada 平台

 引例

Lazada"春风计划"服务升级　上线全新退货增值服务

9.1 环球资源网

9.1.1 环球资源网平台的特点分析

事实上,环球资源多年以来一直将自己定位为一家广告公司,是以采购商为主要对象,为其提供内容丰富而翔实的行业资讯的英国的老牌企业,而非传统意义上的 B2B 平台。只是近十年来,由于互联网的兴起,环球资源也意识到互联网为商业贸易所带来的巨大价值,因此上线了环球资源在线(Global Sources Online),为从事生产贸易的广大卖家提供在线服务平台。

多年来,环球资源因在中国的市场水土不服等各种原因一直开展得不是非常顺利,但我们也必须看到环球资源网平台的特点和优势是其他平台所不具备的。

首先,环球资源最初是发行以各国采购商为主要对象的行业采购杂志,因此经过数十年的积累,环球资源已经积累了相当丰富的买家资源。它的成立时间要比中国制造网和阿里巴巴平台长,而且从平台运营的逻辑上看,环球资源与上述两家平台均不同。我们可以这样理解,环球资源是通过在线平台来运营买家社群的。

其次,目前环球资源还是世界上屈指可数的能提供各行业专业采购杂志的平台之一,其出版的采购杂志在买家中的口碑还是相当不错的。虽然跨境电子商务平台的发展已经势不可挡,但传统杂志对一部分老牌买家的吸引力还是存在的。因为世界各国的互联网发展不平衡,造成不是所有国家的买家都习惯于通过互联网来寻找自己的供应商,在一定程度上还是比较倾向于通过传统的杂志来完成供应商的积累。但是近十年来,电子商务在世界范围内不断发展,无论是哪种传统的贸易渠道都开始向互联网转移,正是由于这一趋势,环球资源也做出了很大的调整,开始把重心向互联网平台发展转移。

近几年来,环球资源在电子商务平台上的投入也是非常大的,尤其是针对中国市场的投入。由于受到传统思想的影响,环球资源在中国市场的发展一直不温不火,然而我们应该看到的是,环球资源结合自身强大的买家社群资源,逐步地结合了线下自有展会来开展贸易撮合等服务。环球资源每年在不同国家和地区举办"China Sourcing Fair"(环球资源展),也期望能结合网络平台供应商数据与线下的展会达成一个相对较为理想的结果。

另外,环球资源的买家社群主要集中在欧美发达国家,所以在环球资源网上,针对发达国家的产品往往能获得较好的效果。当然,近几年,环球资源不断将买家社群向发展中国家和新兴市场渗透,也期望通过互联网产品从这些国家和新兴市场获取新的资源。

9.1.2 环球资源网平台的操作

环球资源网的类型相对比较单一,源自环球资源网自身的特点。这些年来,环球资源网并未对平台本身做出太大的改变,多次的改版均停留在对平台原有的优化上。我们可以这样理解,环球资源网主要是为庞大的买家社群服务的。所以在环球资源网中,对供应商是以星级来进行划分的，从1~6星分了6档服务方案，不同的星级在网站中所获得的服务也是不同的，包括可供展示的产品数及其他的服务等。在这里，我们不对价格等因素做出评价，仅针对环球资源网所提供的基本功能做一些简要的说明。

1．账号注册

进入环球资源网官网，会有"Register as a Supplier"和以Buyer身份进行"Register"两个注册选项，这里以Buyer身份进行"Register"为例，展示如何注册成为环球资源买家。单击"Register"按钮，如图9-1所示。

图9-1　以Buyer身份进行"Register"

填写注册信息以及联系方式，如图9-2所示。

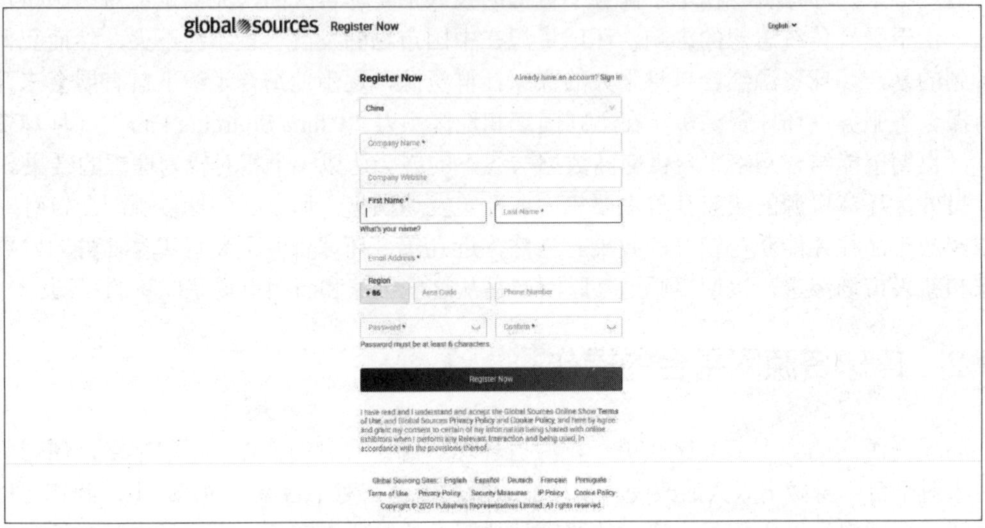

图9-2　填写注册信息以及联系方式

第9章 跨境电子商务的其他平台

单击"Register Now"按钮，系统会跳转到下一页，确认邮箱链接，单击"Ok"按钮，到这里就注册成功了，如图9-3所示。

图9-3 系统提醒确认邮箱

如果有需要，可以查看邮箱订阅的环球资源网杂志，如图9-4所示。

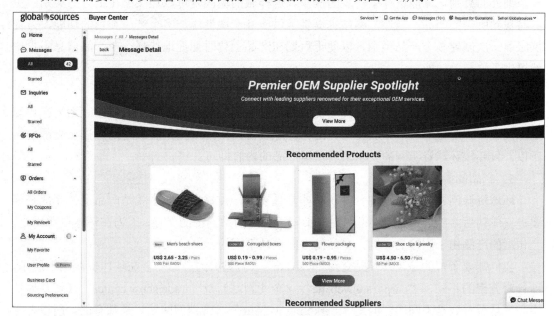

图9-4 查看邮箱

2. 产品的上传

在环球资源网上，产品的上传与其他平台有一个显著的不同，就是环球资源网对上传产品的要求非常严格,甚至可以说是苛刻。环球资源网期望网站中的供应商能提供最优秀的产品给自己的买家社群,因此希望买家能在网站上得到最好的体验。当然,这并不是说在环球资源网上传产品非常麻烦,而是在环球资源网上,供应商所上传的每一款产品均会经过环球资源位于中国香港及新加坡的产品质量控制中心的审核,对产品的图片进行优化等。因为在环球资源网上,对产品图片的外观、表现形式等均有相对严格的标准,所以供应商在上传产品图片时,对于产品的表现力等,都会被严格地审核和把控。

在环球资源网中,将产品上传的过程称为"创建产品到供应商专用目录",创建的产品将出现在供应商专用目录中。

1)产品的类别

在环球资源网中,这是一个交互的过程,在下拉菜单中无法找到需要看的类别时,可以单击选择框下方的"这里进行添加"来添加一个类别,在弹出的界面中,可进行类别的添加。

2)产品的关键字

在环球资源网上,输入产品的关键字,系统会给出合适的类别提示,从而选择合适的类别来进行产品类别的选择。

3)产品类别划分

在环球资源网中,对产品的类别有非常详细的划分,所以每一个产品均需要具体到每一个细分的类别,才能进行下一步的操作。这样做的原因是可以让买家在细分的类别中更容易找到所需的产品。当然,网站也提供了供应商一次性添加多个产品类别的功能,方便供应商一次创建多个产品类别,以便于后期在产品上传时便捷地选择。在产品信息主页中就提供了这样的功能。

4)产品内容的填写

至于产品详细内容的填写,环球资源网中相较其他的平台没有那么复杂。因为在环球资源网中,并非是靠排名来获得曝光的;环球资源网中的规则是星级越高,排名越靠前。所以,只要按环球资源网的要求认真填写产品的内容即可。

5)产品的展示

环球资源网中对于产品部分,还有非常重要的一点需要说明,就是产品上传完成是需要提交成功后才能展示的,这里的提交不同于普通网站当中的保存,因为在环球资源网中,上传后的产品由于用途的不同,产品的去向也是不同的。

我们需要了解的是,只有提交到"website"(网站)的产品才会在环球资源网上展示。而针对方案的不同,"corporate website"(企业网站)及"trade show center"(贸易展览中心)是否有效是不同的,但是"marketing website"(营销型网站)是都有的。所以在上传完产品后,需要主动提交产品到"marketing website"中,否则上传的产品是不会出现在网站中展示的。

另外,还需要说明的是,环球资源网中对于产品操作的概念似乎与中国人传统的思维有些不同:产品有上架和下架之分,简单的理解就是产品上架后才能展示,下架就是不再

第 9 章　跨境电子商务的其他平台

9.1　环球资源网

9.1.1　环球资源网平台的特点分析

事实上，环球资源多年以来一直将自己定位为一家广告公司，是以采购商为主要对象，为其提供内容丰富而翔实的行业资讯的英国的老牌企业，而非传统意义上的 B2B 平台。只是近十年来，由于互联网的兴起，环球资源也意识到互联网为商业贸易所带来的巨大价值，因此上线了环球资源在线（Global Sources Online），为从事生产贸易的广大卖家提供在线服务平台。

多年来，环球资源因在中国的市场水土不服等各种原因一直开展得不是非常顺利，但我们也必须看到环球资源网平台的特点和优势是其他平台所不具备的。

首先，环球资源最初是发行以各国采购商为主要对象的行业采购杂志，因此经过数十年的积累，环球资源已经积累了相当丰富的买家资源。它的成立时间要比中国制造网和阿里巴巴平台长，而且从平台运营的逻辑上看，环球资源与上述两家平台均不同。我们可以这样理解，环球资源是通过在线平台来运营买家社群的。

其次，目前环球资源还是世界上屈指可数的能提供各行业专业采购杂志的平台之一，其出版的采购杂志在买家中的口碑还是相当不错的。虽然跨境电子商务平台的发展已经势不可挡，但传统杂志对一部分老牌买家的吸引力还是存在的。因为世界各国的互联网发展不平衡，造成不是所有国家的买家都习惯于通过互联网来寻找自己的供应商，在一定程度上还是比较倾向于通过传统的杂志来完成供应商的积累。但是近十年来，电子商务在世界范围内不断发展，无论是哪种传统的贸易渠道都开始向互联网转移，正是由于这一趋势，环球资源也做出了很大的调整，开始把重心向互联网平台发展转移。

近几年来，环球资源在电子商务平台上的投入也是非常大的，尤其是针对中国市场的投入。由于受到传统思想的影响，环球资源在中国市场的发展一直不温不火，然而我们应该看到的是，环球资源结合自身强大的买家社群资源，逐步地结合了线下自有展会来开展贸易撮合等服务。环球资源每年在不同国家和地区举办"China Sourcing Fair"（环球资源展），也期望能结合网络平台供应商数据与线下的展会达成一个相对较为理想的结果。

另外，环球资源的买家社群主要集中在欧美发达国家，所以在环球资源网上，针对发达国家的产品往往能获得较好的效果。当然，近几年，环球资源不断将买家社群向发展中国家和新兴市场渗透，也期望通过互联网产品从这些国家和新兴市场获取新的资源。

9.1.2　环球资源网平台的操作

环球资源网的类型相对比较单一，源自环球资源网自身的特点。这些年来，环球资源网并未对平台本身做出太大的改变，多次的改版均停留在对平台原有的优化上。我们可以这样理解，环球资源网主要是为庞大的买家社群服务的。所以在环球资源网中，对供应商是以星级来进行划分的，从 1~6 星分了 6 档服务方案，不同的星级在网站中所获得的服务也是不同的，包括可供展示的产品数及其他的服务等。在这里，我们不对价格等因素做出评价，仅针对环球资源网所提供的基本功能做一些简要的说明。

1．账号注册

进入环球资源网官网，会有"Register as a Supplier"和以 Buyer 身份进行"Register"两个注册选项，这里以 Buyer 身份进行"Register"为例，展示如何注册成为环球资源买家。单击"Register"按钮，如图 9-1 所示。

图 9-1　以 Buyer 身份进行"Register"

填写注册信息以及联系方式，如图 9-2 所示。

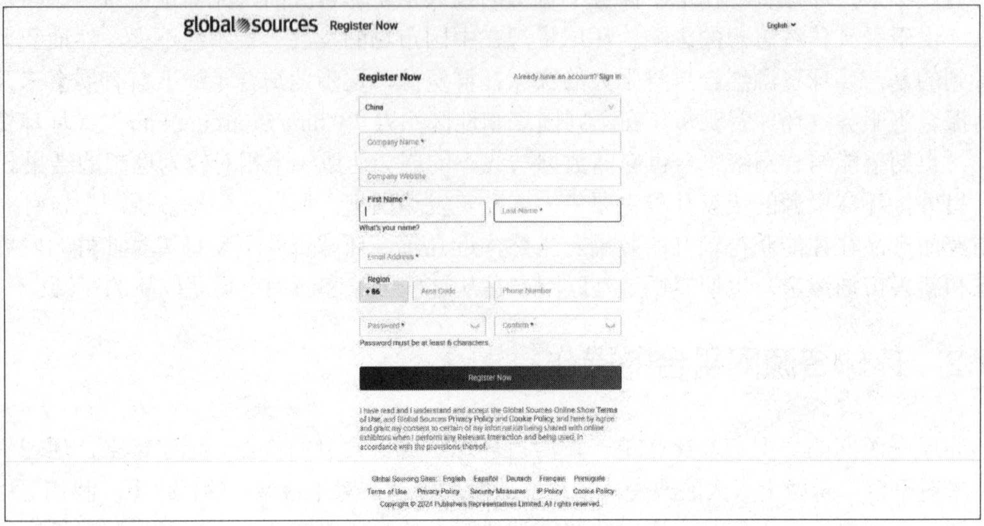

图 9-2　填写注册信息以及联系方式

第9章 跨境电子商务的其他平台

单击"Register Now"按钮，系统会跳转到下一页，确认邮箱链接，单击"Ok"按钮，到这里就注册成功了，如图9-3所示。

图9-3 系统提醒确认邮箱

如果有需要，可以查看邮箱订阅的环球资源网杂志，如图9-4所示。

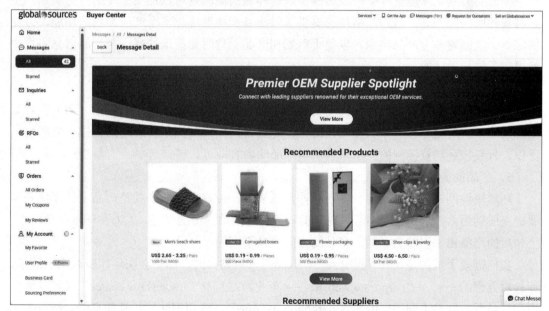

图9-4 查看邮箱

2. 产品的上传

在环球资源网上，产品的上传与其他平台有一个显著的不同，就是环球资源网对上传产品的要求非常严格，甚至可以说是苛刻。环球资源网期望网站中的供应商能提供最优秀的产品给自己的买家社群，因此希望买家能在网站上得到最好的体验。当然，这并不是说在环球资源网上传产品非常麻烦，而是在环球资源网上，供应商所上传的每一款产品均会经过环球资源位于中国香港及新加坡的产品质量控制中心的审核，对产品的图片进行优化等。因为在环球资源网上，对产品图片的外观、表现形式等均有相对严格的标准，所以供应商在上传产品图片时，对于产品的表现力等，都会被严格地审核和把控。

在环球资源网中，将产品上传的过程称为"创建产品到供应商专用目录"，创建的产品将出现在供应商专用目录中。

1）产品的类别

在环球资源网中，这是一个交互的过程，在下拉菜单中无法找到需要看的类别时，可以单击选择框下方的"这里进行添加"来添加一个类别，在弹出的界面中，可进行类别的添加。

2）产品的关键字

在环球资源网上，输入产品的关键字，系统会给出合适的类别提示，从而选择合适的类别来进行产品类别的选择。

3）产品类别划分

在环球资源网中，对产品的类别有非常详细的划分，所以每一个产品均需要具体到每一个细分的类别，才能进行下一步的操作。这样做的原因是可以让买家在细分的类别中更容易找到所需的产品。当然，网站也提供了供应商一次性添加多个产品类别的功能，方便供应商一次创建多个产品类别，以便于后期在产品上传时便捷地选择。在产品信息主页中就提供了这样的功能。

4）产品内容的填写

至于产品详细内容的填写，环球资源网中相较其他的平台没有那么复杂。因为在环球资源网中，并非是靠排名来获得曝光的；环球资源网中的规则是星级越高，排名越靠前。所以，只要按环球资源网的要求认真填写产品的内容即可。

5）产品的展示

环球资源网中对于产品部分，还有非常重要的一点需要说明，就是产品上传完成是需要提交成功后才能展示的，这里的提交不同于普通网站当中的保存，因为在环球资源网中，上传后的产品由于用途的不同，产品的去向也是不同的。

我们需要了解的是，只有提交到"website"（网站）的产品才会在环球资源网上展示。而针对方案的不同，"corporate website"（企业网站）及"trade show center"（贸易展览中心）是否有效是不同的，但是"marketing website"（营销型网站）是都有的。所以在上传完产品后，需要主动提交产品到"marketing website"中，否则上传的产品是不会出现在网站中展示的。

另外，还需要说明的是，环球资源网中对于产品操作的概念似乎与中国人传统的思维有些不同：产品有上架和下架之分，简单的理解就是产品上架后才能展示，下架就是不再展示。在环球资源网中，还有替换产品这样一种操作，可以理解为先锁定一款产品，然后上传新的产品，上传的产品在提交后会自动替换已经锁定的产品。为什么这么做？我们前面讲到过，在环球资源网上，一次性展示的产品数量是做了限制的，所以当供应商上传并展示的产品数量到达限制后，不能再增加展示的产品时，就可以通过选择产品进行替换。为了避免出错，环球资源网就用锁定、替换的方式来解决这个问题。

3．产品的认证

环球资源网还提供了产品认证功能，允许供应商将上传成功的产品与产品的认证关联起来，方便买家查阅产品所获得的认证证书等。

在产品信息中，选择了创建产品认证后，即可创建供应商已经获得的产品认证，随后可以将产品与该认证信息进行关联。

在产品管理栏目中，供应商可以将相关的多个产品与认证进行链接。

正如上面提到过的，环球资源网的最大优势是买家社群，因此在网站中同时提供了将已上传的产品群发给建立联系的买家的功能。通过选择需要的产品，在地址簿中选取需要发送的买家后，可以一次将产品群发给这些买家，建立与买家的联系。

环球资源网中也针对供应商页面提供了相关的信息编辑功能，但是，与上传的产品一样，当完成了企业信息的编辑后，供应商还是需要将页面提交到"marketing website"中去，否则也不会正式地展示到网站上。

4．精品展示厅

与中国制造网所提供的"加密产品组"相类似的功能，在环球资源网中也有提供，被称作"精品展示厅"。创建了"精品展示厅"后，供应商可选择需要展示的产品加入"精品展示厅"中，并创建一个密码，生成一个链接，然后把这个链接连同创建的密码通过电子邮件或其他方式发送给目标客户，邀请目标客户通过"精品展示厅"查阅供应商所推荐的产品。二星以上的客户还可以在"精品展示厅"中上传PDF格式的产品目录或企业白皮书，邀请目标买家下载及查看。另外，"精品展示厅"还提供了一个比较特别的功能，就是"幻灯片播放精品展示厅"功能，通过这个功能实现买家以幻灯片播放的方式查看展示厅中的产品。在一些没有网络的场合，如展会上，供应商还可以通过"精品展示厅"提供的功能实现离线幻灯片展示的功能。

9.1.3 环球资源网平台的效果评估

环球资源网为购买收费服务的供应商（也就是购买了1~6星的供应商）提供了包括热门产品排行、我的竞争对手、查询分析（在环球资源网中，把所有的询盘都称为查询）、买家线索、精品展示厅登录报告等系列分析效果的工具，以便供应商对平台的效果进行评估。

环球资源网的星级会直接影响产品在搜索页面中的排名，因此在环球资源网中并没有提供太多的可供用户使用的推广产品，相反地，环球资源网与展会的结合非常紧密。因此在选择环球资源网时，我们需要结合自身的产品和环球资源网的特点来做出更合理的星级方案选择。

9.2 中国制造网

9.2.1 中国制造网平台的特点分析

我们可以这样比喻阿里巴巴电子商务平台与中国制造网的不同：阿里巴巴就像是将一个大网撒向大海，对于"捕捞"上来的是什么，在一开始并不是非常关注，需要进行筛选，之后再按照自己的需求进行分类和归类并进行下一步处理。中国制造网的逻辑并非如此，在中国制造网中，每一位用户就像是一位"钓翁"，面对大量的"鱼"，根据放下的"诱饵"不同，所获得的猎物也不同。因此，与阿里巴巴平台相比，中国制造网所得到的询盘数量就不是那么多。

9.2.2 中国制造网平台的操作

其实，无论是哪一种跨境电子商务平台，我们基本的操作思路都是一样的。正如我们在上文中提到过的，只要是电子商务平台，它们都具备一个最基本的特点，那就是基于互联网。所以，互联网所具备的特点，它们都是具备的。因此，在中国制造网上，与阿里巴巴跨境电子商务平台的基本操作逻辑是相似的。

从中国制造网的运营逻辑上来看，我们也可以将它分为三个基本的模块：一是产品模块；二是推广模块；三是数据模块。

在中国制造网中，我们没有发现作为一个跨境电子商务平台所必需的两个部分：在线交易和在线组织安排物流部分。因此，我们不可以将中国制造网认定为一个完整的跨境电子商务平台，而只能将其视为一个正在发展中的电子商务平台。我们将其列入本书的原因是任何一个跨境电子商务平台的发展都需要一个长期而又漫长的过程，不可能一蹴而就。虽然我们并未将中国制造网列入跨境电子商务平台，但是并不能否认它本身也是一个优秀的电子商务平台。因为作为贸易的双方，毕竟在平台上要实现交易的第一步还是相互认识，那么中国制造网可以很好地完成这一个过程。中国制造网目前将其自身定义为一个 B2B 平台，而非一般意义上的跨境电子商务平台。

1. 账号注册

进入中国制造网官网，如图 9-5 所示。

第 9 章 跨境电子商务的其他平台

图 9-5 中国制造网官网

单击"Sign In",进入中国制造网注册页面,如图 9-6 所示。

图 9-6 中国制造网注册页面

单击"免费注册",验证手机号之后在打开的页面中填写注册信息,如图9-7 和图 9-8 所示。

填写完注册信息后,单击"注册"按钮,系统会跳转到下一个页面,如图 9-9 所示。

此时已经完成注册,可以在此页面中完善公司信息,上传营业执照,如图 9-10 所示。

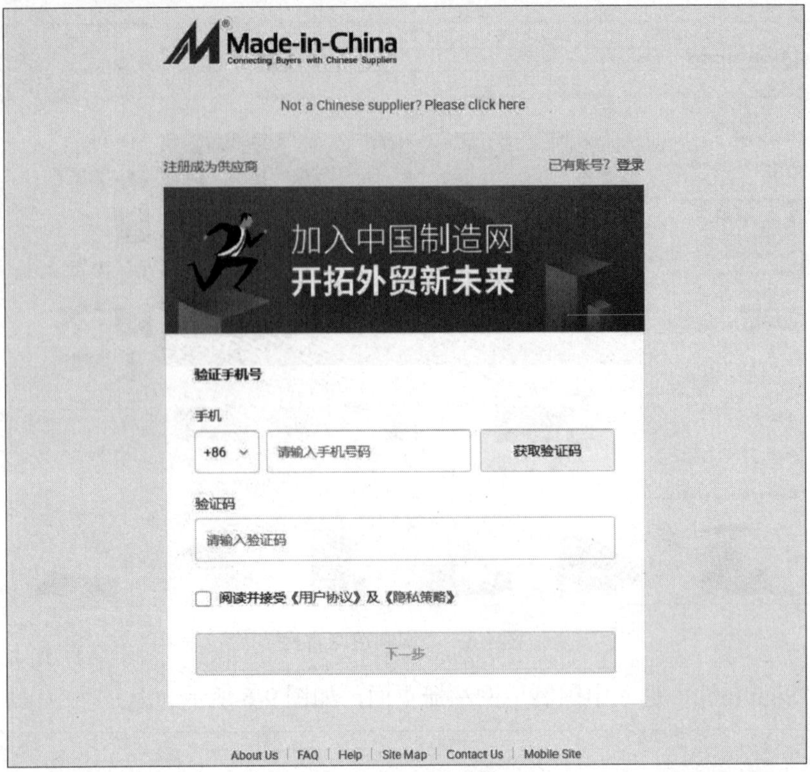

图 9-7　验证手机号

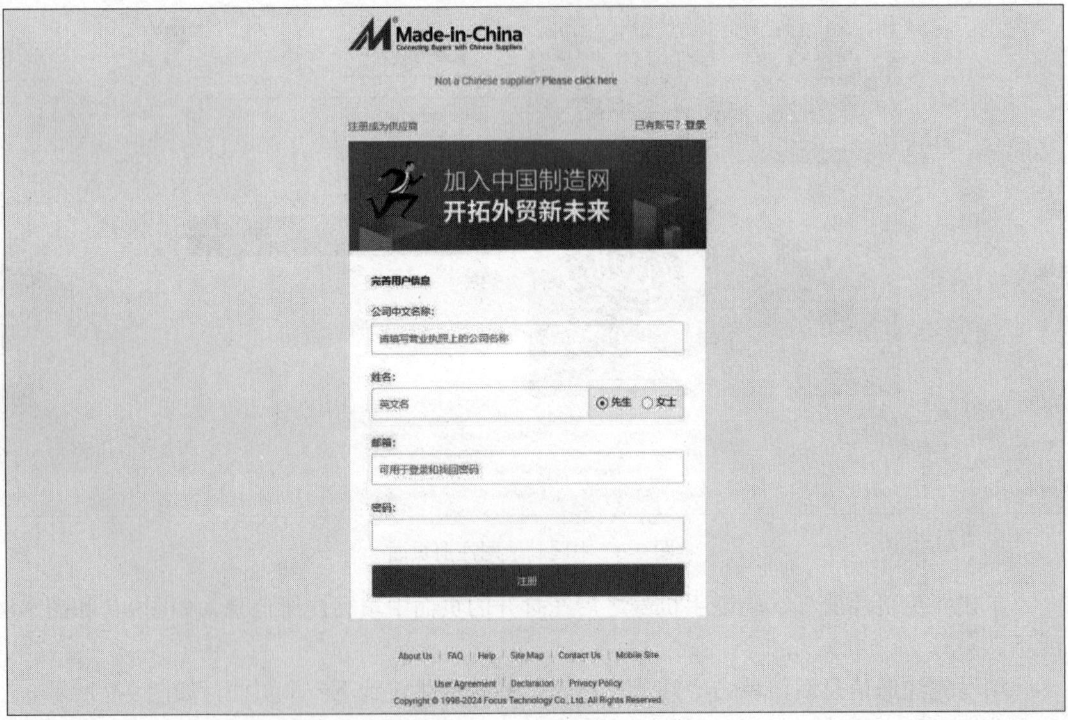

图 9-8　填写注册信息

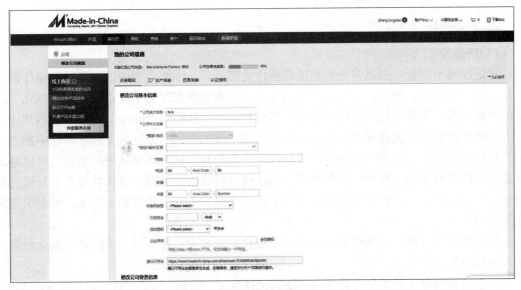

图 9-9　注册完成

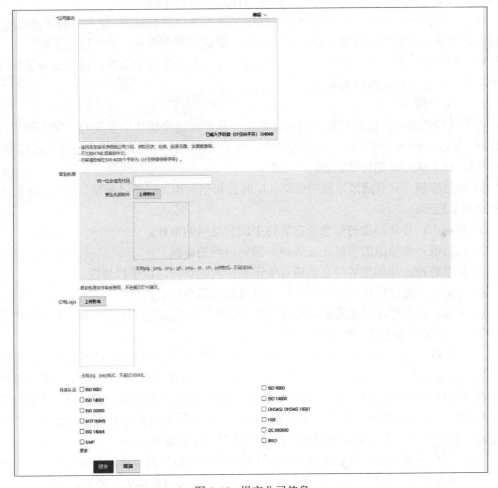

图 9-10　提交公司信息

2. 产品模块

1）产品发布

无论在哪个平台，产品发布都是所有操作的第一步。因此，在中国制造网上操作的第一步也是上传产品。但是，与其他平台相比，中国制造网在平台中将办公环境虚拟化了，它的产品上传、管理等与产品相关的功能都放到了一个被称为"virtual office"的模块中。

添加产品的功能就在菜单的左侧，直接点选"添加产品"或是从上部菜单栏中的"产品"栏目进入。在中国制造网中，图片是以正方形为标准的图片形状来展示的，所以网站也建议将图片修整为正方形，当然也可以通过网站提供的在线图片编辑功能来进行适当的剪切工作。同时，中国制造网也建议用户上传多张照片来从多角度展示产品，从而引起潜在买家的关注。

与其他平台一样，中国制造网也提供了图片添加水印这样类似的功能来帮助企业防止图片被盗用等。

几乎所有的电子商务平台都相当关注买家体验度，因此，为了更好地适应买家的感受，中国制造网要求供应商在上传产品时对产品属性的描述越详细越好。

对于上传其产品的要求其实与阿里巴巴电子商务平台是类似的，如产品的详情描述等，主要也是要求供应商将产品展示给潜在买家时，要让买家更直观、更快速地了解产品。在这里要强调的是，所有用户对于产品详情描述部分应给予足够的重视，包括交易条件等，这也是提升买家选择速度的重要因素。

2）产品管理

在中国制造网中，比较有特色的部分是在产品管理这个模块中实现的。除常规的产品的分组、修改、删除之外，在中国制造网中，对于已经上传的产品有几个特殊的状态存在。

（1）已上传产品的特殊状态。

① 通过审核：只有通过审核的信息（同时公司信息也为"通过审核"状态）才能在中国制造网上展示。

② 新加入：你新添加的信息正在等待中国制造网的审核。

③ 已修改：你修改的信息正在等待中国制造网的审核。

④ 需要修改：你提交的信息未通过中国制造网的审核，请予以修改。

⑤ 冻结：你提交的信息违反了信息审核规则或用户协议。

⑥ 下架：产品暂时停止展示，只有"通过审核"的非绑定广告的产品、非主打产品才可以下架，下架产品无须审核可直接上架。

（2）主打产品。这里我们需要特别注意的是，在中国制造网中，针对高级会员提供了"主打产品"这个概念，主打产品在中国制造网是有特别作用的。在规则中，每一家高级会员都可以设置7个主打产品，而这7个主打产品有1~7分的内部分值。分值从高到低决定了产品优先排名的顺序。因此，用户完全可以根据中国制造网中针对不同行业的产品竞争度对优势产品进行合理的分值调整，以最终获得最好的效果。

（3）产品分组。在中国制造网中也有针对产品的分组设置，通过产品的分组，供应商可以将产品按照类型或是针对任何产品特色来分类，给访问者以更清晰的逻辑。

① 子分组。中国制造网还允许用户在已分组产品中设置子分组，如"light"这个组的下面还可以增加一个"LED light"组，用来将大类和大类中的小类更明显地区分开来。

② 加密产品组。中国制造网在分组中有一个非常特殊的组别，被称作"加密产品组"（private group）。要知道，供应商的有些产品是专利技术产品，或是还未大规模投放到市场中去，但同时也希望通过邀请的方式，让一部分特殊的客户先行查阅，那么这个加密产品组就可以起到很好的作用。当建立一个加密产品组后，可以针对这个组设置相对应的访问密码，这样通过告知的方式，客户可以通过被告知的密码来访问这个组了，而不会让其他买家看到，具有很高的实用价值。

虽然中国制造网提供了这样一个实用的功能，但也不建议把所有的产品都设置成加密产品组产品，因为在加密的同时，也就意味着放弃了被平台搜索到的机会。一旦产品被加入加密产品组中，那么这个产品就不会在搜索结果中显示了。另外，主打产品是不能被设置到加密产品组中的，这也是需要注意的。

（4）产品排序。由于中国制造网还提供了产品排序的功能，而这个功能的使用将会影响供应商在网站中产品的排序。那么，在产品排序功能中，就要妥善地处理好这个功能，保证这个公司网站的美观和有序。用户可以在产品排序功能中通过拖曳来实现产品的排序，也可以通过直接更改产品图片的序号来改变产品的排序，序号越小，则位置越靠前。

（5）产品图册。有时，当我们知道买家对哪几款产品感兴趣时，我们会提供一个相对完整的产品表给客户做参考，这个产品表中包含了产品的图片及相关的产品信息等。通常情况下，我们会通过 Excel 或是 Word 来制作这个图册，但是在中国制造网中已经考虑到这个需求，用户可以在"产品图册"功能中"添加产品图册"来选择产品，然后由网站自动生成所需要的图册，在这个自动生成的图册中，已经包含了我们需要的产品相关的所有信息，这些信息已经在上传产品时完成了。所以大大节省了供应商在这个环节的工作量和时间，也可以为客户提供最优的体验。这个功能输出的"产品图册"，中国制造网提供了三种格式，分别是 PDF、Excel 和 Word 格式，方便用户在需要时进一步修改。

（6）采购需求。阿里巴巴平台中有一个非常重要的部分，就是采购直达，简称为 RFQ。那么在中国制造网中有没有 RFQ 呢？答案当然是肯定的，因为 RFQ 是买家在线上最快能获取报价的方式之一，只不过在中国制造网中不被叫作 RFQ，而被称为"采购需求"。

这些"采购需求"是买家发布后，经过中国制造网审核成功之后展示在"采购需求"的公开频道上。中国制造网也会将一定数量的这些"采购需求"直接推送给网站的高级会员，高级会员一方面可以收到中国制造网推送的"采购需求"，在公开频道中报价，另一方面在报价之后，网站的高级会员还可以到"virtual office"中查看买家对其"采购需求"报价的回复。

3．推广模块

在介绍完上面的产品模块之后，下面介绍在中国制造网上的推广部分。目前，中国制造网上采用的还是相对比较"传统"的方式，主要原因在于它还是依托于网站本身的广告方式来进行的，不同于阿里巴巴平台上的通过点击付费、竞价排名等。在中国制造网上，关键字的排名服务被称为"名列前茅"，在搜索页面的右侧广告被称为"精品橱窗"，在首页正中间展示的广告被称为"首页展台"。同时，在中国制造网中，对于上面提到过的比较有特点的主打产品，如果供应商需要，还可以通过额外付费的方式，购买额外最多两组的主打产品，以提高产品的精准曝光率。

在跨境这一方面，中国制造网将自身定位在 B2B 平台，而非跨境电子商务平台，因此，我们并没有在中国制造网上看到过多的完全符合跨境电子商务平台所具备的功能，但我们并未将其排除在这个范畴之外，因为中国制造网与其他跨境电子商务平台采取了不同的方式来实现跨境服务。

中国制造网提供了一种线上与线下相结合的方式来满足供应商实现跨境电子商务的服务。2015 年，中国制造网收购了美国的 Doba，这是一家主打与美国当地零售服务商合作的网站，在美国有相对完善的服务渠道，包括美国的仓储、物流等。中国制造网收购该公司后，面对中国供应商推出了"直销美国"的服务，协助中国供应商在美国建立本地化的公司，解决当地的品牌推广、物流运输，以与美国的亚马逊、eBay、BigCommerce 等合作，帮助中国供应商完成美国的本地化运营工作，这与阿里巴巴在线的方式是完全不同的。

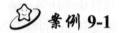

案例 9-1

中国制造网携百家中小企业参展 CES

9.2.3 中国制造网平台的效果评估

事实上，评估电子商务平台效果的标准是相似的，基本上都是从曝光量、询盘量及询盘转化（也就是成交率）来评价的。但如果我们对所有的电子商务平台都完全采用这个标准来评估，那是有失公允的。所以，我们在对电子商务平台效果评估时，会首先看平台是否在整个贸易流程中提高了效率，是否为买卖双方提供了便利的贸易手段，然后再针对平台本身与其他用户之间的对比来评价平台的效果。

首先，供应商可以通过中国制造网所提供的"数据罗盘"功能查看基于中国制造网整体数据和企业本身在平台上体现的趋势。

在互联网中，我们更关注的应该是趋势而非数据本身。在数据化的时代，单一的数据是没有价值的，在一个区间中的数据对比才能反映出问题。因此，我们从中国制造网的"数据罗盘"中看到了流量的趋势。结合平台所提供的这些数据，我们可以简单地了解到，在平台上我们的效果是上升了还是下降了，结合自身的操作去找到问题所在，从而进一步地提升平台的效果。

当然，通过中国制造网所提供的行业分析、热点数据等也可以帮助供应商更好地优化平台，从而获取互联网电子商务平台中的关键流量等。

另外，在中国制造网平台中，我们还可以看到针对贸易的一些服务。

第9章 跨境电子商务的其他平台

可见，虽然按照一个跨境电子商务平台的基本特点来看，中国制造网平台并不是一个完整意义上的跨境电子商务平台，但是，平台所提供的各种服务仍然是为了解决贸易所有环节的效率低下的问题。

9.3 敦 煌 网

9.3.1 敦煌网平台的特点分析

敦煌网与上述的两个平台的运营模式是完全不一样的。无论是中国制造网平台，还是环球资源网，采用的都是收费制会员的方式，且采取的都是 B2B 的运营模式，但是在敦煌网，我们可以发现它与上述两者的不同，简单意义上的理解，可以将其称为一个小 B2B 的模式，因为敦煌网主要面对的是小批发型的供应商和买家，同时，成为敦煌网的会员是不需要基础会员费的。只有在成交后，敦煌网才会根据成交的金额收取一定比例的佣金，而且佣金是由买家支付的，也就是说，在敦煌网上做生意，几乎是零成本。

但是，我们都清楚流量带来点击和反馈，因此在任何一个平台中，流量都是最重要的，我们已经反复说到了这点，那么在敦煌网中是否有推广服务包呢？答案是当然有，敦煌网针对推广服务推出了高级版，通过支付不同的服务包获得更多的推广，自然也可以获得更多的流量。当然，除流量之外，更重要的是成为高级会员后，供应商可以得到敦煌网行业经理的支持服务，如优先产品审核、快速产品上架及交易纠纷优先处理等服务。而作为普通的免费用户，是享受不到这些服务的。

敦煌网提供的运营模式是有异于中国制造网及环球资源网的平台运营的，那么我们不得不提到敦煌网的运营模式。在敦煌网中，所有的用户都是以"网店"的方式存在，而在敦煌网的规则中，是允许个人注册店铺的，也就是说，敦煌网中存在的供应商并非传统意义上的供应商，更趋向于从事电子商务贸易的个人或是企业，而不像上述两个平台，要求供应商必须是经过工商注册的法人企业。那么我们把敦煌网理解为小 B2B 网站就不足为奇了。同时，敦煌网规定，个人最多可以注册 3 个店铺，企业卖家最多可以注册 10 个店铺。

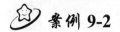

敦煌网宣布开展服务型拒付率相关考核

9.3.2 敦煌网平台的操作

在敦煌网上传产品包含产品标题、产品图片、产品描述（参数、性能、属性）等内容，只要根据平台提示进行准确的填写即可。

在敦煌网中,我们真正需要关注的操作点是在这个平台中,引流的概念比其他平台都显得突出得多。在敦煌网中,将流量区分为站内流量和站外流量两种。

所谓站内流量就是来自站内搜索得到的流量,这就要求卖家对店铺中的所有商品的关键字投放及产品内容的填充都要准确和有吸引力。同时,正由于敦煌网的运营模式中,小卖家的店铺模式决定了在敦煌网中买家关注的是以产品为重心的,而非供应商自身的实力。所以在以产品为核心的平台中,买家的反馈就显得尤为重要。在敦煌网中,买家对卖家的反馈、退款行为、口碑、返单等数据都会直接影响买家的决定。这些数据同时也影响着网站中关键字搜索后的产品排名。例如,店铺中某个产品发生过退款行为或是未能按期发货,又或是提供了虚假的出货单据等,都会受到网站的处罚,从而严重影响产品在网站中的排名,为了获得良好的排名,所有的卖家都非常关注以上提到的几点。

如果卖家具备一定的经济实力,可以选择精准的关键字,在敦煌网中选择购买"金橱窗"或是"黄金展示"的位置来投放定向广告,这里提到的"金橱窗"指的就是位于搜索页面中靠近顶部中间的位置,而"黄金展示"同样位于搜索页面,在搜索页面的右侧。这两个位置的定向广告吸引力很强,必然会给曝光带来很大的效果。

除站内流量之外,操作敦煌网就必须在意站外流量。由于敦煌网针对的是产品营销,因此在敦煌网中,结合了SNS营销及视频营销,这要求操作者不但要注意站内引流,还要注意通过平台中提供的"share"功能将产品分享到包括"Facebook"等知名的社交网络平台上去,将外部的流量引到敦煌网上。敦煌网平台的注册流程如下。

首先登录卖家首页:https://seller.dhgate.com,单击"轻松开店"或者"轻松注册"按钮,如图9-11和图9-12所示。

图9-11 登录敦煌网首页

第 9 章 跨境电子商务的其他平台

图 9-12 单击"轻松注册"按钮

按照页面提示，单击"同意协议"按钮，然后填写真实的注册信息。

在提交信息后你的注册邮箱会收到一封激活邮件，请你登录到你的注册邮箱并打开邮件，点击激活链接，如图 9-13 和图 9-14 所示。

图 9-13 激活账号

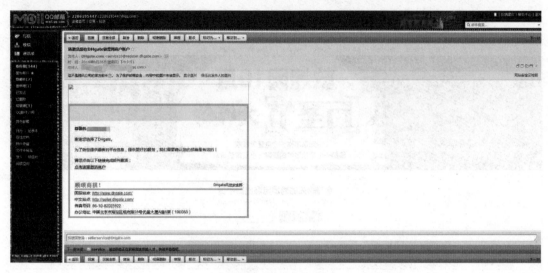

图 9-14 邮箱确认

在通过手机和邮箱验证后，你成功开启了赚美元之旅，为更好地保障你在网络交易中的安全，防止网络交易欺诈，最后根据要认证的身份类型提交对应的身份认证资料，如图 9-15 所示。

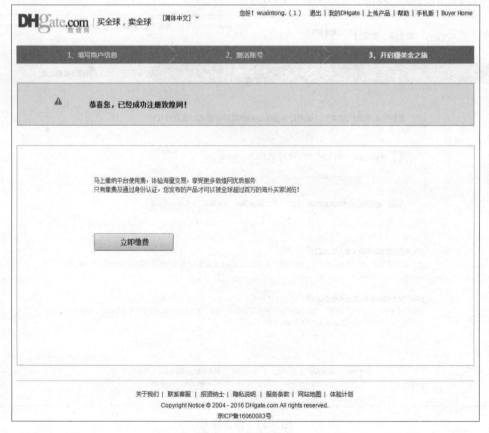

图 9-15 注册成功

9.3.3 敦煌网平台的效果评估

敦煌网平台的效果评估方式与其他平台的评估方式略有不同，由于敦煌网的投入成本相对较低，所以我们在评估该平台效果时，更关注的是成交效果，而非像其他平台上的询盘量或是转化量。在敦煌网上，采取的应该是"短、平、快"的原则，也就是说，我们运用敦煌网来开展贸易的目的就是快速成交，因此在敦煌网上，我们评价其效果只有一个维度，即能否在平台上快速成交。另外，敦煌网所采取的运营方式决定了在平台中的买家也是以小型的买家为主的，就目前来看，单笔交易的金额并不大，多数是小于 1 万美元的订单。所以在敦煌网上，我们关注的对象也与其他三个平台上的对象不同，建议所有用户关注到这点。

9.4 Lazada 平台

9.4.1 Lazada 平台的操作

1．卖家注册

跨国卖家在注册 Lazada 平台时，一般选择首先在马来西亚站点销售，然后扩展到其他国家，如印度尼西亚、泰国、新加坡和菲律宾。卖家注册步骤如下。

（1）申请表格：在 Lazada 平台上填写申请表格并上传有效的营业执照扫描件，在线签署电子协议。

（2）激活卖家中心：卖家收到主题为"Registration for Seller Center"的邮件，重设密码并激活卖家中心账户。

（3）参加培训：卖家收到主题为"Get trained and pass the test"的邮件，可选择参加"线上真人入驻培训"或"自行观看入驻视频和课件"，并通过入驻考试，入驻考试达到 85 分为通过。

（4）Payoneer 注册对接：卖家收到主题为"Sign up to Payoneer to get paid"的邮件，按要求提供文件并注册 Payoneer 第三方支付账户。

（5）至少有一个 SKU 通过审核：卖家收到主题为"Upload your first SKUs"的邮件，按要求上传 SKU 到卖家中心，至少有一个 SKU 通过审核（审核通常需要 3 个工作日）。

2．产品图片

上传产品图片时，为了保证质量，需要注意以下几个要素。

（1）图片背景：所有类别的产品均可使用非纯白色背景，允许图片内含有生活场景、多场景和模特。

（2）产品所占画布比例：允许产品所占画布比例低于 80%。

（3）图片中的 logo、水印、文字：允许图片中有 logo、水印、文字。

（4）赠品模板：可使用任何赠品模板。

（5）产品裁剪：允许产品非全貌，但必须保证产品的主要特征清晰可见。

（6）反光、倒影：允许产品含有反光或倒影内容概览。

3. 订单管理

1）卖家评级

Lazada平台每周更新一次卖家评级，根据前一周的平均权重计算，以1~5颗星代表卖家评分总绩效。影响卖家评级的因素有准时发货率及分拣中心准时到达率、取消订单率和退货率。

Lazada平台卖家评级会影响店铺销量，对于评分低的卖家设有每日订单限量，即OVL。

2）如何提升卖家评级

产生交易后要尽量避免取消订单，平台对于订单取消会有相应的惩罚措施。

Lazada对于上一周内取消订单率达到50%及以上的卖家，要求店铺下线，卖家必须参加培训并提交行动计划，才能重新开店。在重新开店之前，卖家无法登录卖家中心。若被关店多次，账号将被冻结。Lazada平台会降低卖家评级的每日订单限量。

订单被取消的主要原因有：在收到订单后的48小时内，卖家未能将订单状态从"pending"（待处理）转换为"ready to ship"（准备发货）；在收到订单后的7日内，包裹未抵达分拣中心；卖家因为库存不足，无货可发；卖家因为定价错误，不肯发货。

（1）订单管理。避免订单取消采取的有效措施如下：经常更新库存数据，确保店铺显示的库存是真实的；及时发货，一定要在48小时内将订单状态转换为"ready to ship"；产品要以当地货币定价，不要以美元或人民币定价。

Lazada平台的订单管理需要注意以下几点：不要合并订单发货；如果收到订单后48小时内没有发货，即使系统内还未取消订单，也不要发货（之后会被取消订单）；已被取消的订单，不要发货；付款方式为"no payment"（未付款），若客户选择的是优惠券支付，这种情况请正常发货；如果付款方式为COD（现金支付），请不要发货（一定要联络HK PSC，即香港合作伙伴支援中心）；务必从卖家中心打印invoice（发票）和LGS物流标签，invoice随产品置于包裹内；LGS物流标签贴在包裹上；如果一笔订单下的多件物品分开"ready to ship"，即为拆单发货，必须使用不同的包裹和不同的物流标签发货。

（2）退货管理。Lazada跨境卖家所售产品必须加入"10%消费者保护"退货政策保障。当买家收到的商品与承诺不符时，可以在7日内退货并获得全额退款。

在Lazada平台上经营的卖家不需要直接与买家进行沟通，卖家的客服工作统一由Lazada平台提供服务。卖家不需要配备具备当地语言的客服，对于不符合退货条款的退货要求会被Lazada客服拒绝。

对于退货成立的订单，买家退回的货物统一寄到Lazada仓库，再由Lazada做质量检查并退还给卖家。

Lazada在印度尼西亚和泰国设置了跨境中心，处理投递失败退货但仍可继续销售的产品。在印度尼西亚或泰国停留的4个星期中，如果产品被重购，将直接从印度尼西亚或泰国当地寄送；如果在此期间并未出单，将按照一般退货程序推送给卖家。

如果退货出现以下状况，卖家可以向Lazada申请退货索赔：Lazada未在60天内将货物退回至指定仓库（按照中国香港时间标准）；因 Lazada 错误执行而未收到货物（因具体问题而异）；商品价格高于 10 美元，但无法退回（换算为等值的当地货币，商品价值为订单生成时的销售价格）。

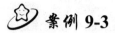

案例 9-3

Lazada 时尚类目孵化项目泰国时尚饰品火箭班正式开班

9.4.2 Lazada 的收付款

东南亚买家的银行付款方式尚不成熟，70%的用户没有传统的银行服务，一些市场的信用卡渗透率低于 5%。

Lazada 平台根据市场特点为买家提供了以下付款方式：Cash On Delivery（现金）；Credit/Debit Card（信用卡/储蓄卡）；PayPal/Mex（贝宝/美国运通）；MasterPass（万事达）；HelloPay（Lazada 推出的支付工具）；Lazada 平台卖家必须使用 Payoneer 账户进行收款。

货物妥投后，Lazada 会每周向卖家提供一次财务报表，并按周付款到卖家的 Payoneer 账户，卖家可随时以当地货币提取款项到当地银行账户，款项处理过程需要 1~3 个工作日。

9.4.3 Lazada 的物流

LGS（Lazada global shipping）是 Lazada 平台提供的全球物流方案。中国卖家将订单寄往国内的分拣中心，再由分拣中心统一送往东南亚。中国的 3 个分拣中心设在香港、深圳和义乌。中国卖家产生订单时，应在 48 小时内将订单状态转换为 "ready to ship"，并保证在 7 天内将包裹送达分拣中心。

包裹到达分拣中心之后，直到货物妥投之间需要 5~11 天，这段路程的物流责任由 Lazada 负责。对于派送不成功的情况，包裹会被退回 Lazada 当地仓库，由 Lazada 当地仓库退回中国香港仓，包裹抵达香港仓后，卖家会收到退货通知并将包裹从香港仓退回卖家。

对于买家退货的情况，包裹会被退回 Lazada 当地仓库，由 Lazada 对商品进行质量检查，价值超过 10 美元的商品会被安排退运给卖家，同样是先抵达香港仓后再退回给卖家。

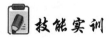

Lazada 开店

一、实验目的

通过在 Lazada 上刊登商品、销售商品、物流、支付和纠纷处理等环节的操作，使学生熟悉 Lazada 全球开店的操作步骤，掌握通过 Lazada 进行跨境电子商务的要领。

二、实验内容

1. 按照本章内容进行操作，登录 Lazada 卖家账户，依次完成在 Lazada 的相关操作。
2. 总结在 Lazada 平台上进行跨境电子商务需要特别注意的方面。
3. 以供应商的角度评价在 Lazada 平台上进行跨境电子商务，思考 Lazada 平台操作是否便利、服务是否完善、支付是否安全、物流是否顺畅等问题，并记录在实验心得中。

三、设备与所需软件

多媒体实验机房，配备每人一台可以访问互联网的计算机。

四、报告与考核

实验报告要求	实验考核要求
（1）实验目的；	（1）学生根据实验要求提交实验报告；
（2）实验内容及要求；	（2）教师根据实验报告评定单项实验成绩；
（3）实验过程；	（3）根据单项实验成绩和实验报告内容给出整体实验成绩；
（4）实验心得；	（4）整体实验成绩根据适当比例计入课程总分
（5）同学之间关于实验的交流	

 章节巩固与测评

1. 环球资源网的产品是如何认证的？
2. 中国制造网已上传产品的特殊状态有哪些？
3. Lazada 有哪些收款方式？

参考文献

[1] 段文奇. 跨境电子商务平台选择与运营仿真实验教程[M]. 杭州：浙江大学出版社，2016.

[2] 陈战胜，卢伟，邹益民. 跨境电子商务多平台操作实务[M]. 北京：人民邮电出版社，2018.

[3] 周婧，谢芳，易胜兰. 跨境电子商务的多平台运营[M]. 北京：现代出版社，2018.

[4] 叶杨翔. 跨境电子商务多平台运营[M]. 北京：电子工业出版社，2017.

[5] 黄军明. 跨境电商实务：速卖通平台运营实战[M]. 北京：电子工业出版社，2019.

[6] 杨兴凯. 跨境电子商务[M]. 沈阳：东北财经大学出版社，2018.

[7] 徐凡. 跨境电子商务基础[M]. 北京：中国铁道出版社，2017.

[8] 韩琳琳，张剑. 跨境电子商务实务[M]. 上海：上海交通大学出版社，2017.

[9] 井然哲. 跨境电子商务导论[M]. 上海：格致出版社，上海人民出版社，2019.

[10] 钟卫敏. 跨境电子商务[M]. 重庆：重庆大学出版社，2016.

[11] 程新杰. 电子商务平台操作实战[M]. 杭州：浙江科学技术出版社，2017.

[12] 马述忠. 跨境电子商务案例[M]. 杭州：浙江大学出版社，2017.

[13] 黄仕靖，曹红梅. 跨境电商实务[M]. 北京：北京理工大学出版社，2019.

[14] 马述忠，卢传胜，丁红朝，等. 跨境电商理论与实务[M]. 杭州：浙江大学出版社，2018.

[15] 陈道志. 中小企业跨境电商运营[M]. 北京：中国商业出版社，2018.

[16] 胡国敏，王红梅. 跨境电商网络营销实务[M]. 北京：中国海关出版社，2018.

[17] 柯丽敏，洪方仁. 跨境电商理论与实务[M]. 北京：中国海关出版社，2016.

[18] 易静. 跨境电商实务操作教程[M]. 武汉：武汉大学出版社，2017.

[19] 刘世鹏. 跨境电子商务实操教程：全球速卖通平台[M]. 哈尔滨：哈尔滨工业大学出版社，2016.